AF450902

**M**einer lieben Frau

**A**nja verdanke ich die

**C**hance, dieses Buch

**H**erauszubringen.

**T**ausend Dank für deine
Liebe und Geduld.

# Inhalt

# 00 GELEITWORT

Es war im Herbst 2020, die ganze Welt stöhnte unter den Auswirkungen der Viruskrise und viele Unternehmer und Angestellte machten sich große Sorgen um ihre Existenz. Es war nicht abzusehen, wie sich die Lage weiter entwickelt und es gab in vielen Bevölkerungsgruppen Existenz- und Zukunftsängste.

Als Unternehmer seit 30 Jahren ist mir dieses Thema nicht neu, es gab in meinem Leben auch immer wieder „Achterbahnfahrten" durch die rasante Entwicklung der Technik, Änderung der Märkte, persönliche Fehleinschätzungen und gesundheitliche Probleme.

Daß dies aber nun ganze Bevölkerungsgruppen und Staaten betrifft, ist eine neue Dimension.

Ich selbst bin seit vielen Jahren im Vertrieb medizinischer Produkte und der Naturheilkunde tätig und schreibe seit einigen Jahren eigene Bücher zu diesen Themen, inzwischen auch für renommierte Ärzte, Heilpraktiker und andere Therapeuten.

Viele dieser Bücher wurden auch schon „Bestseller" bei Amazon und damit sehr viel verkauft.

Ich überlegte mir, daß es an der Zeit wäre, auch einmal ein Buch zu schreiben über Lebenskrisen und die Ängste und Sorgen, die damit zusammenhängen.

Dann lernte ich Ende 2020 das Unternehmerehepaar Anja und Alexander Knebel aus Hamburg kennen, wo jeder für sich schon eine sehr spezielle Geschichte zu erzählen hatte.

Alexander Knebel war damals schon einige Zeit auch als Coach und Mentor für andere Menschen tätig und war gerade dabei, sein eigenes Buch zu veröffentlichen.

So entstand die Idee, sein neues Buch bei Amazon zu veröffentlichen, als Lebenshilfe und Beispiel dafür, wie man mit Lebenskrisen umgeht.

Die heile Welt einiger Menschen, die uns oft suggeriert wird in den Medien, bröckelt jetzt und fällt zusammen und man sieht deutlich, daß jeder Mensch auf dieser Erde mehr oder weniger Probleme hat, mit denen er umgehen muß.

Egal ob im Geschäft, Beruf oder im partnerschaftlichen Bereich.

Hier ist es wichtig, sich von Anfang an professionelle Hilfe zu holen, nicht von Theoretikern, sondern von Menschen, die sich Wissen angeeignet haben und durch ihre persönliche Erfahrung auch in der Lage sind, dies weiterzugeben.

Anja und Alexander Knebel sind solche Menschen, mit sehr viel Lebenserfahrung als Unternehmer und auch als Ehepaar in Krisensituationen.

Insofern freuen Sie sich auf dieses Buch nicht nur als spannende Lebensgeschichte, sondern auch als Mach(t)- Werk und Anleitung für die Bewältigung eigener Krisen.

Die Erstausgabe von Alexander Knebel erfolgt im Februar 2021, das Buch von Anja Knebel, die ihre eigene, sehr dramatische Lebensgeschichte darin erzählt, folgt im März 2021.

Diese beiden Bücher sind aus meiner Sicht sehr gut geeignet, um zu lernen und Lehren für die Zukunft zu ziehen aus den Erfahrungen anderer Menschen und sie können und sollen auch Mut machen, egal in welcher Situation sich der Leser im Moment befindet.

Uwe Rechenbach / Therapeut und Buchautor
Bad Dürkheim im Februar 2021

# 01 WARUM DIESES BUCH?

Vor knapp drei Jahren habe ich angefangen ein Buch zu schreiben. Es ist seit einem Jahr fertig und wird wohl nie veröffentlicht.

**Warum ?**

Weil meine Entwicklung immer weiter ging und jedes mal, wenn ich es gelesen habe, kamen mir so viele Ideen an Ergänzungen und Veränderungen und auch immer stärkere Zweifel an der Zielrichtung des Buches.

Gleichzeitig lief mein eigener Wachstums- und Veränderungsprozeß und ich gewann ständig neue Erkenntnisse, über mich und das Leben. So kam es im Herbst 2019 dann zu einer, für mich, sehr bedeutenden indirekten Begegnung mit einer Frauencoachin. Meine Frau hatte bei ihr ein Programm gebucht und es war ihre zweite Sitzung. Die Sitzung lief per Zoom ab, so konnte ich mich ausserhalb der Kamera dazusetzen und die Coachfragen für mich mitbeantworten. Es ging um Thema / Inhalt, Positionierung, Zielgruppe etc., alles Fragen, die ich mir schon beantwortet hatte, meine Ausrichtung als Coach und Trainer stand ja fest und ich fühlte mich auch total gut damit und war völlig überzeugt, alles passt und bedarf keiner Korrektur.

## Und dann kam die Frage an meine Frau, „Was war / ist Dein größter Schmerz ?"

Diese Frage hat bei mir alles umgeworfen. Bisher war ich an meiner Lebensaufgabe orientiert, die ist immer einmalig auf der Welt und dadurch bin ich auch automatisch der Experte für das Thema. Und das hat auch tatsächlich was mit mir zu tun, allerdings ging nie so ein inneres Feuer damit einher, eine Art Sendungsbewusstsein.

Nachdem ich mir nun versuchte diese Frage zu beantworten und spürte, dass meine bisherigen Antworten dazu nicht mehr stimmten, führte ich noch ein Gespräch mit meiner Frau. Gemeinsam kamen wir dann zur Lösung

# 01.1 MACHTLOSIGKEIT OHNMACHT AUSGELIEFERT SEIN

Und in dem Moment fing das Feuer an in mir zu brennen. Alle Fragen, Zweifel und Bedenken waren schlagartig weg und die Gewissheit da, stampf das alte Buch ein und schreib ein Neues. Machtlosigkeit zieht sich wie ein roter Faden durch mein Leben, seit meiner Geburt. Und bis heute hat sie die Achterbahn meines Lebens bestimmt. Für dieses Thema bin ich ein echter Experte. Besonders jetzt, da ich den Weg daraus Stück für Stück erprobt, beschritten und erfolgreich absolviert habe. Gedacht getan. Alles auf Null und noch mal neu.

Die erste Frage war nun, welche konkrete Zielgruppe ? MÄNNER, vor allem jenseits der Vierzig. Bevor nun alle Frauen das Buch aus der Hand legen und sich anderen Dingen zuwenden, bitte überlegt noch mal kurz. Es gibt zwei Gründe auch als Frau weiterzulesen, entweder Du bist von dem Thema selbst betroffen, oder Du möchtest etwas über Männer erfahren, oder beides. Das ist letztendlich auch meine Intention zu meiner

Zielgruppe, die Situation der Männer heutzutage und die Art und Weise, wie die meisten Männer damit umgehen. Tatsache ist für mich, Frau ist deutlich kommunikativer, für sie ist Veränderung und stetiger Wandel eher Normalität ( durch die Kinder ), ihr Fokus ist breiter und für Neues ist sie offener.

Dementsprechend sind alle Arten von Workshops, Gruppen und Literatur im Bereich Spiritualität, Wachstum, Veränderung und neue gedankliche Ansätze zur Lebensgestaltung, incl. Ernährung und Gesundheit, zu mindestens 75%, teilweise 95%, in Frauenhand. Männer trifft man da als Autor, Trainer etc., kaum als Teilnehmer. Es gibt auch kaum noch Literatur speziell für Männer und ihre bessie oondere Rolle und Situation in der heutigen Gesellschaft.

Eigentlich erstaunlich, da ja angeblich diese Welt von Männer dominiert und geführt wird und immer noch an allen Ecken über Frauenquoten diskutiert wird. Und um so erstaunlicher, wenn man darüber nachdenkt, dass die absolute Masse aller Jungs eher von Frauen großgezogen wurde, denn von Männern. Aber lassen wir das mal so stehen. Ein anderer gedanklicher Ansatz ist, das unbestrittene, genetische Erbgut unserer frühzeitlichen Vorfahren, mit dem wir uns heute alle noch rumplagen müssen.

Die Männer waren hauptsächlich als Jäger unterwegs, viel Zeit außerhalb der Höhle und Familie, völlig fixiert auf das Erspähen von Beute um diese dann zu verfolgen und zu erlegen. Gleichzeitig waren sie mit der Absicherung gegen Feinde aller Art beschäftigt. Das wars. Das Sammeln aller anderer Arten von Nahrungsmitteln, das Einlagern und Kochen, Kinder kriegen und auf sie Aufpassen, Kommunikation, Ordnung in der Höhle und diese gegen Eindringlinge verteidigen und ständig das Feuer erhalten, das waren alles Frauenaufgaben.

Ausser, dass sich unsere Lebensumstände und -gegebenheiten in den letzten paar tausend Jahren deutlich verändert haben und viel bequemer wurden, hat sich an dieser groben Aufgabenteilung und den damit verbundenen Fähigkeiten und Fertigkeiten der Geschlechter nicht wirklich viel geändert. Da, wo es Änderungen gab, betraf es in erster Linie die Frauen, die teilweise sich noch mit dem einen Aufgabenfeld der Männer beschäftigten.

Mein Ziel ist es nicht, hier irgendetwas zu bewerten, sondern einen einfachen Erklärungsansatz für die immer noch großen Unterschiede zwischen Männern und Frauen zu finden. Auf der Basis meines obigen Erklärungsansatzes ist es dann auch nicht verwunderlich, dass Männer überall zu finden sind, wo es um betriebliche Weiterbildung geht, oder Werkzeuge für noch mehr Erfolg im Job. Im Bereich persönliche Weiterbildung, persönliches Wachstum und Veränderung glänzen sie durch Abwesenheit. Für so einen Quatsch habe ich keine Zeit, denken die meisten dieser Spezies. Da Männer meistens lösungsorientiert denken, gehört die Reflexion der Vergangenheit auch nur äußert selten zu ihren Tätigkeiten. So entgeht ihnen die Chance, bestimmte Muster und wiederkehrende Ereignisse und Situationen, in wechselnden Verkleidungen, zu erkennen. Klar erkennen sie eindeutige Fehler, die sie gemacht haben, und vermeiden diese in der Zukunft, aber eigene Denk- und Verhaltensmuster, incl. Charaktereigenschaften, die sich eben auch wie ein roter Faden durch ihr Leben ziehen und meistens auch immer wieder zu den selben Negativerlebnissen führen, da haben Männer echte Schwierigkeiten mit dem Erkennen und noch mehr mit der Lösung.
Das ist der Grund, weshalb ich mich also schwerpunktmäßig mit Männern beschäftigen will und auch in erster Linie für sie dieses Buch geschrieben habe.

Über fünfzig Jahre war ich genau so unterwegs, bevor ich mich vor zehn Jahren anfing, mit Energie und ihrer Wirkungsweise und ihren Gesetzen auseinanderzusetzen. Der Beginn war eine Ausbildung zum Feng Shui Berater.

Trotz einer Unmenge von unterschiedlichen Seminaren, Büchern,-Aufstellungsarbeit, Ausbildungsprogrammen, Arbeiten mit Schamanen und Heilern, Reisen nach Brasilien, USA, England, Österreich und in Deutschland und über
€ 120.000 Investment in mich, es dauerte rund zehn Jahre, bis aus diesen ganzen Puzzlestücken ein neues Ganzes wurde, Alexander reloaded.

Um anderen, an Veränderung und Selbstermächtigung interessierten Männern, eine Abkürzung anzubieten, habe ich dieses Buch geschrieben, weitere Tools entwickelt, Coachingprogramme und Workshops entwickelt, um Interessierten hier eine gezielte Abkürzung anzubieten.

Heutzutage reichen das Wissen und die Rezepte aus dem letzten Jahrtausend bei weitem nicht mehr aus. Vor allem der Ansatz, Wissen ist Macht, hat sich total überholt. Nicht wissen macht nichts, ist die Devise, solange ich weiß, wo ich was finde. In Zeiten einer ständigen Veränderung und Erneuerung, unvorstellbarer Vielfalt und Chancen und Halbwertzeiten neuer Produkte von teilweise unter einem Jahr, muss ich innerlich ganz anders aufgestellt sein, als noch vor zwanzig Jahren.

Dieses Buch ist faktisch in zwei Abschnitte unterteilt, es beginnt mit den wesentlichen und gravierenden Teilen meiner Lebensgeschichte und im zweiten Teil stelle ich Dir den Weg von der Machtlosigkeit zum machtvollen Gestalter Deines Lebens vor und meine Vision des Mannes von heute.

Die Lebensgeschichte hat keine exhibitionistischen Gründe, sondern soll als Muster darstellen, wie unterschiedlich und versteckt das Gefühl der Machtlosigkeit in uns arbeiten und wirken kann.

**Vielen Dank für den Kauf dieses Buches und herzlichen Glückwunsch an Dich, für Deine Bereitschaft neue Wege zu gehen.**

# 02 MACHTLOSIGKEIT=ANGST

Machtlosigkeit = Angst Angst ist der Oberbegriff für alle Arten von negativen Gefühlen und das Gegenteil von Liebe, dem positiven Gefühlen. Zur Angst gehören also Gefühle wie Scham, Unsicherheit, Beklemmungen, Schüchternheit, alle Aggressionen, Panik, Machtlosigkeit und nach meinem Verständnis auch Depressionen. Alle diese unangenehmen Zustände blockieren, produzieren Schweißausbrüche, schlechte Träume, verleiten zum Weglaufen, Kopf in den Sand stecken, aufgeben, kurz gesagt, sie lassen Dich nicht wirklich leben, Dein volles Potential entfalten und Deine Träume realisieren. Es ist völlig egal, welchen dieser Begriffe Du Dir ausgesucht hast, ich die Machtlosigkeit, am Ende geht es immer um Angst. Das wunderbare daran ist, es gilt für alle, es findet nur in uns als Gefühl statt und es ist keine in Stein gemeißelte Tatsache im Leben aussen. Also ist es auch jederzeit für uns möglich, dieses Gefühl in uns zu verändern oder zu überwinden. Und auch wenn Du es nicht glauben willst, wir alle sind mit Angstgefühlen ausgestattet, nur sehr viele Menschen haben sich eine Maske zugelegt, so wie ich, hinter der sie ihre Ängste verstecken. Andere haben sie gezielt konfrontiert, sind durch sie durchgegangen und haben sie überwunden. Aus der Evolution ist die Angst auch ein starker Garant für unser Überleben als Menschen gewesen, also sie hat auch was Gutes. Und niemand sollte sich ihrer schämen. Trotzdem sind wir alle aufgerufen unsere Ängste zu überwinden, so wie schon in der Bibel David beim Duell gegen Goliath. Wie hat er es geschafft ? Nein nicht mit der Steinschleuder, die war nur ein Werkzeug / Hilfsmittel. Er hat es durch seinen uneingeschränkten

Glauben geschafft. Das ist der Weg für uns. Angst in der heutigen Zeit setzt immer fehlende Selbstliebe, zu geringen Selbstwert und fehlenden Glauben und Vertrauen voraus. Menschen, die mit diesen Attributen in ausreichender Menge und Größe gesegnet sind, die haben keine Angst, Unsicherheit, Panik oder Machtlosigkeit. Darum geht es im weiteren Buch, in meiner Lebensgeschichte und dem Teil, der die Lösungen und den Weg daraus aufzeigt. Wichtig ist für Dich zu verstehen, NIEMAND kann Dir die Angst nehmen, nicht mal Psychofarmaka. Der einzige Mensch, der Dich da rausholen kann, bist Du selbst. Alle anderen können Dir nur einen Weg aufzeigen und Hilfestellung geben. Das will ich mit diesem Buch, ich reiche Dir die Hand für Deinen Weg.

# 03 WIE WURDE ICH DER, DER ICH HEUTE BIN?

Worum geht es im Leben tatsächlich? Um Wachstum und persönliche Entwicklung.

Alles Lebende auf diesem Planeten wächst als natürliches Ziel. Wenn das nicht mehr möglich ist, stirbt es. Ein Naturgesetz. Daran können wir nichts ändern, auch wenn wir uns das einbilden. Ergo sollten wir danach leben. Es kommt aber darauf an, wie wir Wachstum definieren.

Bei allem Pflanzlichen ist das recht einfach und jeder kann sich erinnern, was mit einer Pflanze passiert, die nicht mehr wachsen kann. Egal ob es an fehlendem Wasser, oder zu wenig Licht liegt. Bei Tieren ist es ähnlich, wenn kein Zellwachstum = Zellteilung mehr möglich ist, sei es wegen fehlende Nahrung oder einer Verletzung, stirbt es. Bei uns Menschen gibt es aber verschiedene Ebenen, auf denen wir wachsen können. Auf der körperlichen Ebene gilt grundsätzlich das selbe, wie bei den Tieren. Wobei das äußerlich sichtbare Wachstum allgemein mit 20 Jahren abgeschlossen ist und mit zunehmendem Alter die Zellteilung langsamer wird. Aber solange sie noch funktioniert und wir keine gravierenden Krankheiten haben, leben wir weiter. Manche verwechseln auch wachsen mit in die Breite oder nach vorne wachsen :).

Meiner Überzeugung nach geht es bei den Menschen aber nicht um das körperliche Wachstum, das ist eher ein heutzutage überbewertetes Randthema, sondern um persönliches inneres Wachstum, d.h. geistiges und seelisches Wachstum. Ein Bereich, der von den meisten Menschen total vernachlässigt wird, u.a. auch von allen, die Wissen ansammeln mit Wachstum verwechseln. Viele versuchen lieber im Aussen maximal Materie anzuhäufen - Geld, Immobilien und andere Wertgegenstände und Statussymbole - und glauben, dass sie damit wachsen. Sie verstehen nicht, dass fehlende Selbstliebe, Selbstwert und Selbstvertrauen, nicht automatisch dadurch mitwachsen oder zu ersetzen sind, wenn das Bankkonto wächst. Äussere Werte unterstützen und stärken unsere Maske und Rolle im Leben, aber sie führen nicht zwangsläufig zu innerem Wachstum und auch nicht zu Zufriedenheit. Umgekehrt wird aber häufig ein Schuh draus, sehr häufig wächst das Bankkonto mit einer inneren Entwicklung mit. Wie ist es sonst zu erklären, dass so viele Männer, vornehmlich aus gehobeneren Positionen, innerhalb von drei Jahren nach dem Rentenbeginn einfach wegsterben? Sie haben sich ausschließlich über ihren Job und ihre Position selber definiert und mit dem Wegfall stirbt ihr Sinn und Wachstum. Trotz bester äusserlicher Rahmenbedingungen und grundsätzlicher Gesundheit. Sie können das neue Vakuum in sich nicht füllen und finden keinen neuen Sinn für ihr Leben.

Rente / Pension im Sinne von Nichtstun ist also im Lebensplan der Menschheit gar nicht so vorgesehen wie heute häufig praktiziert und kann zu einem frühen Tod führen, wenn wir das Vakuum nicht sinnvoll füllen. In der Vergangenheit haben die Menschen auch viel länger und härter gearbeitet und dann in ihren Familien Funktionen übernommen. Weshalb sonst haben fast alle Top-Manager nach Auslauf ihrer Arbeitsverträge immer noch Aufsichtsratsposten und Beraterverträge mit Firmen ? Nicht wegen des Geldes, da haben sie meistens schon mehr als genug, nein, sie bleiben in Bewegung. Sie haben noch Termine und Kontakte zu Menschen, die sie fordern und weiter wachsen lassen. Das Selbe gilt für viele Selbständige und Unternehmer, die in ihren ehemaligen Betrieben noch weiter tätig sind, ohne 12-Stunden-Tag. Und sie können etwas zurückgeben, indem sie ihren Nachfolgern helfen und sie unterstützen.

Nach diesen grundlegenden Gedanken zum Thema Leben und Wachsen, auch über die Rente hinaus, nun meine Lebensgeschichte. Zwei völlig traumatisierte Menschen, meine Eltern, haben im Dezember 1950 geheiratet und jeweils an den Partner unerfüllbare Erwartungen gehabt.

Mein Vater, Jahrgang 1922, aus gutbürgerlichem Elternhaus, ist faktisch ohne Vater aufgewachsen, die Eltern liessen sich früh scheiden, und er ist von einer ewig kränkelnden Mutter als Mädchen erzogen worden. Das brachte in dieser Zeit, beginnender Nationalsozialismus, für ihn viele Probleme, die sich dann in der Schulzeit besserten, aber aus ihm einen hardcore Jungen machten.

Mit fünf schon eingeschult und früh in ein Internat nach Misdroy abgegeben, machte er im Frühjahr 1939 das Abitur und meldete sich sofort als Offiziersanwärter zur Wehrmacht. So durfte er den gesamten 2. Weltkrieg mitmachen und als Hauptmann und Kompanieführer einer Panzerkompanie, mit zig Verwundungen, 1945 sich den Russen ergeben und dort in Gefangenschaft ziehen.
Zwischendurch hatte er seine erste Frau geehelicht und 1944 kam mein Halbbruder zur Welt.
Ende 1949 haben die Russen meine Vater aus der Gefangenschaft entlassen, seine Frau hat ihn rausgeworfen, sie hatte einen neuen Lover. Da er Freiwilliger der Wehrmacht war, also Systemvorbelastet, nahm in die Polizei nicht in den Dienst und auch 1956 die neue Bundeswehr nicht.

Er musste also mit 27 Jahren eine Ausbildung zum Industriekaufmann absolvieren, sich in einer völlig neuen Welt zurechtfinden und sein Leben aktiv in die Hand nehmen. Dazu war er nur äußerlich in der Lage, seine Welt war die Welt vor dem Krieg und vor allem der Krieg und die Gefangenschaft . Die Traumata aus den über 10 Jahren hat er nie aufgearbeitet.

Irgendwann um die Jahreswende 1950 lernte er meine Mutter kennen, Jahrgang 1926 und gräflicher Herkunft. Ich vermute, ihn reizte mehr die Herkunft, als meine Mutter selbst. Ausgehend vom Gesellschaftszustand bis 1940, stellte er sich sicher für die Zukunft in der BRD eine ähnliche Gesellschaftsstruktur vor und sah in meiner Mutter die Eintrittskarte nach oben. Wie wir alle wissen, hat sich die Gesellschaft der BRD völlig anders entwickelt und die Herkunft spielte eine immer deutlich nachrangigere Rolle in der Gesellschaft.

Meine Mutter stammte aus altem deutschen Landadel und durch Adoption durch einen Onkel bekam ihr Vater auch noch einen Grafentitel und ein zweites Gut in Hinterpommern, heute polnisch. Sie war die  Zweite von fünf Geschwistern und wuchs in der Idylle des ländlichen Lebens auf. Ihre Mutter, für die damalige Zeit als Frau recht stark und modern, sie hatte schon früh einen Führerschein und eigenes Auto, schickte sie mit Beginn des Krieges aus dem heimeligen Dorf auf ein Internat, meine Großmutter investierte in Bildung für ihre vier Töchter. Das war zu der Zeit extrem selten, die Funktion von Frauen bedingte keine Bildung.
Das Internat war schon das erste Trauma meiner Mutter, sie fühlte sich allein und abgeschoben.
Den positiven Aspekt ihres Abiturs hat meine Mutter zu Lebzeiten nie erkannt.

Im Frühjahr 1945, kurz vor Kriegsende, war ihr Vater, obwohl aktiver Offizier, auf seinem Gut in Gerzlow, als die Russen dort einmarschierten und ihn gefangen nahmen. In einem der Nebengebäude wurde er intensiv verhört und dann freigelassen. Als er dann über den Gutshof zum Wohnhaus ging, wurde er von den Russen von hinten erschossen. Das zweite Trauma meiner Mutter.

Meine Großmutter schnappte sich ihre drei jüngsten Kinder und machte sich auf den Weg nach Westen. Dabei wurde sie zig mal von Russen vergewaltigt, aber sie hat nie aufgegeben und ihren Stolz und Glauben immer behalten. Bei Verwandten kam sie irgendwie unter, in der ehemaligen DDR.

Meine Mutter war von ihrer Familie getrennt und schlug sich auch bei Verwandten, oder Freunden ihrer Eltern, im Gebiet der Ex-DDR, durch. Ende 1949 kam sie nach Hamburg und begann eine Ausbildung als Schwesternschülerin im Krankenhaus.

Wie und wann sich meine Eltern genau kennengelernt haben, weiß ich nicht. Mein Vater war sein Leben lang ein Frauenheld und Gernegroß und sie ein naives Landei, dass er sicher schnell beeindrucken konnte. Besser wäre gewesen, er hätte Menschenkenntnis, dann wäre ihm sicher schnell klargewesen, dass meine Mutter null Lebensenergie und Antrieb hatte und alles von ihm erwartete.

**Hart wie Kruppstahl, zäh wie Leder und flink wie die Windhunde war ein Leben lang sein Mantra und die**

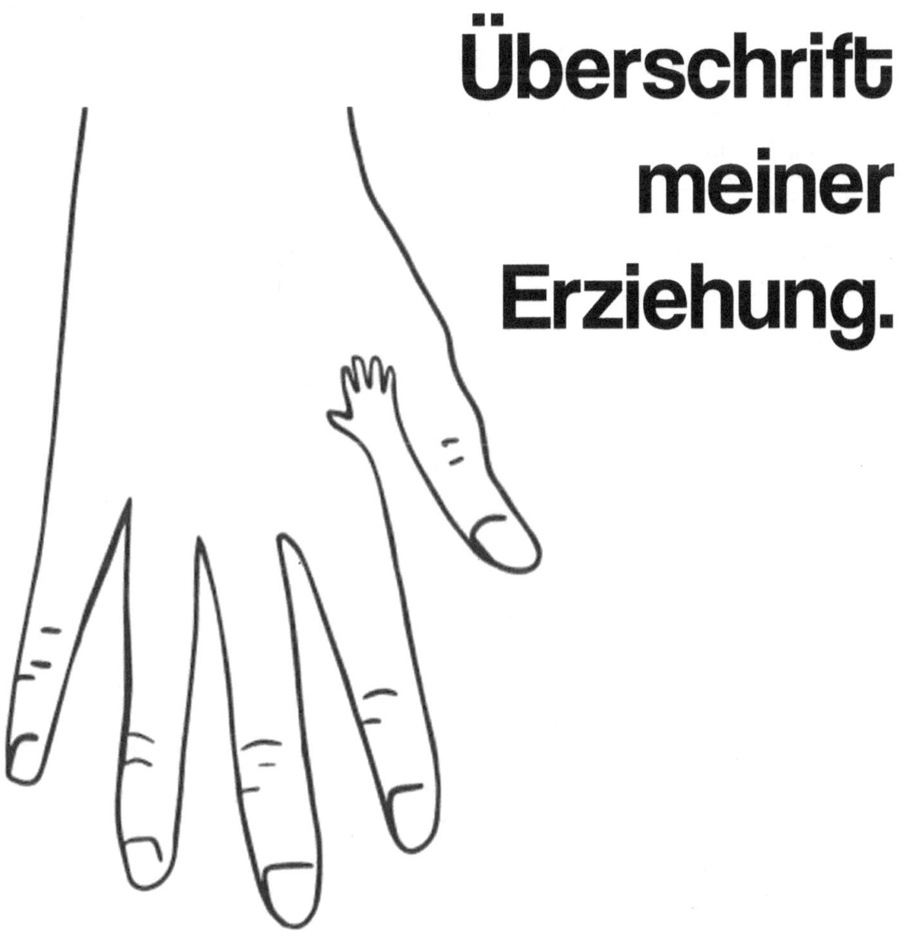

# Überschrift meiner Erziehung.

Statt dessen wurde geheiratet, Weihnachten 1950, und im Januar 1952 kam mein Bruder zur Welt. Wie das alles finanziell funktionierte ist mir bis heute ein Rätsel, zumal meine Mutter dann auch noch eine Kinderfrau bekam, da sie anscheinend mit dem Kind überfordert war.
Da es gerade so gut lief kam ich im März 1956 auch noch zur Welt und stand die meiste Zeit im Garten unterm Apfelbaum, so hatte meine Mutter Zeit für sich.

Was ich da empfunden habe, oder vermisst, weiß ich nicht. Was ich heute aus späteren Aufstellungen etc. weiß ist aber, dass ich meine Mutter schon als Embryo in ihrem Bauch als „MEINE MUTTER" abgelehnt habe. Seltsamer Weise war ihr Umgang mit mir auch immer so, als wenn sie ähnlich empfunden hätte. Nicht böse oder bewusst schlecht behandelt, nein, einfach immer gleichgültig und ohne Emotionen. Das blieb so bis zu ihrem Ende im September 2019, mit knapp 93 Jahren. Und es wurde auch nicht besser, als sechs Wochen nach meiner Geburt, mein Bruder in der Bille, in Hamburg-Bergedorf, ertrank. Ihr drittes Trauma. Sie trauerte und mein Vater schwängerte sie gleich wieder um sie abzulenken und zu trösten. So kam im Juni 1957 meine ewig heulende Schwester auf die Welt. Sie war ein Mädchen, hatte die ganze Schwangerschaft in der Trauerphase verbracht und bekam nun alle Aufmerksamkeit der Eltern. Auch von meinem Vater habe ich mich schon gleich nach meiner Geburt emotional abgetrennt. Was wohl auch lebenslang auf Gegenseitigkeit beruhte.

Liebe, Wärme, Zuneigung und vor allem Anerkennung bekam ich von meinen Eltern nie. Die musste ich mir immer woanders suchen.
Bei meinem Vater hatte ich, seit meinem Einstieg ins Berufsleben, sogar immer das Gefühl, er wäre irgendwie neidisch auf mich.

So waren früh die Grundsteine für ein, notwendiger weise, sehr selbstbestimmtes Leben bei mir gelegt, das man natürlich auch gehässig als „eigensinnig" bezeichnen könnte. Der Nachteil diese Elternhauses war klar, keine emotionale und sonstige Unterstützung und Bindung zu und von den Eltern und somit automatisch in mir wenig Selbstliebe und Selbstwert. Zwei Fähigkeiten, die unbedingt liebevolle, frühkindliche Beziehungen zu den Eltern voraussetzen. So war meine Notwendigkeit, meinen Weg durch Ausprobieren im Aussen zu suchen. Das führt auch leicht zu vielen Fehlern.

Aber es gab doch jemanden, der sich um mich gelegentlich kümmerte. Die gräfliche Großmutter war seit 1955, mit ihrer jüngsten Tochter, nun auch in Hamburg angekommen und lebte in einer sehr kleinen 2-Zimmer-Stiftswohnung am Berliner Tor. Immer wenn meine Mutter kränkelte oder sonst wie unpässlich war, was damals häufig der Fall war, sprang ihre Mutter bei uns ein. Sie war quasi meine emotionale Rettung.

Ami, den Spitznamen hatte sie von meinem toten Bruder bekommen, kümmerte sich nun um ihren ältesten Enkel so gut es ging. Sie war keine Kuscheloma, aber ich spürte immer ihre Zuneigung und ihr Interesse an mir. Symbolisch für meine Situation als Kleinstkind waren auch meine ersten Worte, Auto und Ball, dann kam erst Mama. Eine Reihenfolge, die lebenslang Bestand hatte. Wenn wir spazieren gingen, erzählte ich Ami welche Autos vorbeifuhren und sie erzählte mir von den Zeiten vor dem Krieg. Da ich sie ja als eine Art Mutter empfand, fühlte ich mich auch im Laufe der Zeit wie ein Kind von ihr, wie ein kleiner Graf, ohne eigentlich zu wissen, was das ist. Aber es fühlte sich gut an und gab mir Selbstwert. Sie lebte mir ihren Glauben vor und Haltung bewahren, zwei Dinge, die sie immer begleitet und überleben lassen haben, trotz all der furchtbaren Erlebnisse und Verluste . Obwohl sie unter einfachsten Verhältnissen wohnte und lebte, hat sie mir ihren Schöngeist, künstlerisches Interesse und ihren weiten Blick vermacht. Der Verlust ihres Mannes, aller großer Besitztümer, Ihres Standes und zigfache Vergewaltigungen haben ihre Haltung und ihren Glauben nie gebrochen.

Von meiner Mutter habe ich nichts bekommen, außer eine erbliche Disposition für eine unangenehme Krankheit, dazu später mehr. Mein Vater hat mein Interesse für Politik und Geschichte geweckt, aber aus seiner Sicht stand ich auf der falschen Seite der politischen Lager.
Wenn ich heute so darüber nachdenke und in mich reinfühle ob da nicht mehr übriggebliebene ist, fühlt es sich ganz seltsam an. Wobei mir dann lieber gewesen wäre überhaupt nichts vermacht zu bekommen, denn auf die Krankheit hätte ich gut verzichten können. Ansonsten verbrachte ich meine Kindheit mit anderen Kindern, hauptsächlich Jungs und wir spielten, wenn irgend möglich draussen. So konnten wir uns relativ einflussfrei entwickeln, eine Chance, die heutzutage fast nicht mehr möglich ist. Helikoptermütter kannte man damals noch nicht. Da wir keinen Fernseher hatten, und draussen, ohne den Einfluss von Müttern, spielten, entwickelten wir eigene Ideen, Kreativität, waren gesund und beweglich. Heutige Kinder können das in Städten nur eingeschränkt, meist in größeren Gruppen und dem damit verbundenen Gruppendruck, und unter Aufsicht von Pädagogen. Hauptsächlich im Kindergarten. Ansonsten bestimmen moderne Elektronik und Medien den geistigen und körperlichen Verfall bzw. die Anpassung an die Ziele der Gesellschaft, der heutigen  Kinder und Jugendlichen.
Es geht da nicht um die individuelle Entwicklung des Einzelnen, sondern um das systemkonforme Verwalten dieser jungen Menschen, unserer Zukunft.

Das Highlight meiner Kindheit war unser Ein-Raum-Ferienhaus auf Stelzen in Sierksdorf an der Ostsee. Es war sehr einfach, die Toilette war im

Nachbarhaus, hatte keine Dusche ( es gab ja das Meer ), aber das war mein Paradies. Wochenlang vor der Einschulung, dann die kompletten Sommerferien und manchmal auch Herbst- und Pfingstferien, waren wir dort. Meine Mutter, meine Schwester und ich. Mein Vater ging fremd, arbeitete und störte mit seiner Anwesenheit nur ein, zwei Wochen im Sommer.

Meine Schwester hatte dort feste Freundinnen und ich vier Freunde, die auch immer da waren. Meine Mutter störte nicht, sie saß im Strandkorb, grillte in der Sonne und las Bücher. Zu essen gab es Milch, Kellogsflocken und Erdbeeren das stand immer alles im Kühlschrank.
Wir Jungs brauchten nicht viel, eine Badehose, Luftmatratze und Taucherbrille für den Strand und an Land Spielkarten, Monopoly und Öl für uns alle. Auch Ami besuchte uns dort meistens für ein paar Tage. Wir reden hier über Freiheit pur, ohne Ängste der Mütter, gesellschaftliche Normerfüllung und Anpassung. Geld hatten wir keins und brauchten es auch nur extrem selten für eine Tüte Pommes und Labels kannte keiner. Es war also egal was wir für Klamotten trugen. Es war auch fast egal, was für ein Wetter war, wichtig war, wir verspürten keinen Druck und konnten unserer Fantasie und dem Spass folgen.

Meiner Entwicklung hat das sehr gut getan. Ich war frei von emotionalen Bindungen, Druck und Erpressung ( wenn nicht ....., dann ......). Ich war sehr selbstständig, unabhängig, hatte eigene Ideen und versuchte sie umzusetzen. Das alles machte mein zukünftiges Leben nicht unbedingt leichter, aber war die Grundlage für Selbstvertrauen, eigene Gedanken und ein Leben als Selbstständiger. Und extrem viele Kämpfe auf dem Weg, da die Gefühlsseite völlig unterbelichtet war. Ami war für mich auch immer der Höhepunkt an Weihnachten und unseren Geburtstagen. Sie spielte mit uns, so einfache Spiele, wie Topfschlagen, Sackhüpfen,

Eier-Wettlaufen, Alle-Vögel-Fliegen-Hoch, Ich-Sehe-Was-Was-Du-Nicht-Siehst und Schokolade-Wettessen mit Würfel, Schal, Handschuhen und Messer und Gabel. Einfach, lustig und extrem unterhaltsam. Alle hatten Spaß und es gab keinen teuren Wettbewerb der Mütter, wer gestaltet den grandiosesten Kindergeburtstag.

Durch Ami`s vorgelebten Glauben ging ich gerne in die Kirche und war Mitglied im Kinderchor. Weihnachten durften wir, als Engel mit zwei Kerzen in der Hand, aussen um die Sitzplätze stehen und kräftig singen. Das habe ich geliebt und mir kommen jetzt beim Schreiben noch die Tränen.

Gefühlt fehlte mir in meiner Kindheit nichts, so war ich auch nie auf irgendjemanden meiner Freunde neidisch. Eine Welt, der ich mich bis heute entziehen konnte und worüber ich sehr froh bin.

Heute erscheint mir die ganze Welt als ein einziger großer Dauerwettbewerb, in den auch in den meisten Familien schon sehr früh die Kinder eingebunden werden. Das führt zu einem ständigen Druck, dem auf Dauer fast keiner standhalten kann, ignoriert jede Art von Individualität und gibt genormte Ziele vor, die für viele Kinder, Jugendliche und junge Erwachsene überhaupt nicht passen und deren individuelle Fähigkeiten, Interessen und Visionen völlig negieren.

Sehr bedauerlich, so entstehen lauter kleine Pflichterfüller mit Zielen ihrer Eltern und der Gesellschaft, die sich selbst früh verloren haben. In der Masse dieser Fälle werden dann die verdrängten Wünsche und Seelenanteile ab der Lebensmitte zu größeren Brüchen und Problemen führen.

Meine Mutter wollte mich gerne mit gerade 6 Jahren einschulen, was 1962 noch nicht Usus war. Vermutlich wollte sie mich schon mal zeitweise von der Backe haben. So musste ich also einen Eignungstest absolvieren, den ich glatt bestand. Danach kam dann noch eine schulärztliche Untersuchung. Auch die habe ich bestanden, doch der Schularzt redete ewig auf meine Mutter ein, ihr Junge wird immer der Jüngste sein und auch tendenziell immer zu den Kleineren gehören etc. Nach einiger Zeit gab meine Mutter nach. Aber ich kam dann in den Schulkindergarten. Die gibt es heute wohl gar nicht mehr. Wir hatten dort viel Spass. Die Zeiten haben sich ja enorm verändert, heute kommen Kinder teilweise schon mit fünf Jahren in die Schule, um früh gedrillt zu werden und mit 21 Jahren schon fertig studiert zu haben. In meinen Augen ein echter Jammer, denn den Kindern wird schon früh ihre Kindheit und freie Entwicklung genommen. Aber das zählt ja nicht im internationalen Vergleich der Länder. Da ist es wichtig nicht den Anschluss zu verpassen. Ich frage mich dann immer, welchen Anschluss ? Und was die Mehrheit macht, ist dadurch nicht automatisch richtig.

Ist die Produktivität der Wirtschaft und die maximale Ausbeutung der Bürger wirklich die Priorität Nummer 1? In Zeiten des weltweiten Globalismus anscheinend schon. Was belegt wird, dadurch dass einige wenige Wirtschaftsbosse irgendwo auf der Welt auch auf uns mehr Macht ausüben können, als unsere Politiker vor Ort.

Im Schulkindergarten, er fand auch in der Grundschule statt, war dann auch schon ein bisschen Schule drin. Das erleichterte dann ein Jahr später den Einstieg in die Schule. Das Schuljahr startete seinerzeit noch im April, nach den Osterferien, und ich war dann im Mai / Juni gleich hintereinander zwei mal krank, Masern und Mumps.
Aus lauter Langeweile habe ich mir da das Lesen selber beigebracht.

In der Schule lernten wir, als letzter Jahrgang, noch einzelne Buchstaben und das Alphabet. Erst ein Jahr später, bei meiner Schwester, hielt die Ganzwort-Methode Einzug. Trotzdem habe ich in der Krankenzeit alle drei Bücher „Die Kinder von Bullerbü" durchgelesen. Dann kamen Pippi Langstrumpf und Karlsson vom Dach.

Nach den Sommerferien war es dann für mich beim Lesen lange Zeit sehr langweilig, aber irgendwann konnten dann alle in der Klasse lesen. Wir hatten zu der Zeit noch keinen Fernseher und dadurch wurde dann Lesen ein wesentlicher Bestandteil meines Lebens. Damals habe ich den fehlenden Fernseher manchmal bedauert, heute weiß ich dass Fernsehen etc. generell verdummt und Lesen die Fantasie, Vorstellungskraft und Kreativität anregt.

Was folgern wir daraus ? Liebe Eltern fördert das Lesen bei Euren Kindern ! Und mit einem guten Buch kann man Kinder genauso ruhig stellen, wie mit einem Fernseher, aber fürs Leben hat Euer Kind mehr davon. Lesen fördert die Fantasie, Fernsehen und alle Arten von Bildschirmspielen lassen die Fantasie zurückgehen, also klar gesagt, sie verblöden den Menschen.

Zu dieser Zeit, Nachkriegszeit, gab es in der BRD einen sogenannten „Lastenausgleich". Alle Bürger, die in den ehemals deutschen Gebieten des heutigen Polens und Russlands Immobilien hatten und nun de facto enteignet waren, bekamen vom Staat dafür einen finanziellen Ausgleich. So auch Ami für die beiden verlorenen Güter in Hinterpommern. Da meine Großmutter Witwe war, kam auch noch das deutsche Erbrecht zum Einsatz. 50% der Entschädigungssumme ging an Ami und die anderen 50% gingen an die fünf Kinder. Also rund 10% an jeden. So auch meine Mutter. Sie bekam gut DM 30.000 und mein Vater schwatzte ihr das Geld gleich wieder ab, als Anzahlung für ein neugebautes Reihenendhaus in Lohbrügge-Nord. Auf einem ehemaligen Bauernacker, am Arsch der Welt.

Im November 64 zogen wir dann um. Das Haus hatte eine Menge Baumängel, der Garten war noch eine Matschwüste, das Wetter bestand nur aus Regen und den ganzen Tag liefen noch Handwerker durchs Haus.

# Was für eine Scheiße !

Und die Krönung war meine Mutter, sie war grottenunglücklich und heulte sich den ganzen Tag, nach der Schule, bei mir aus. Ich konnte damit überhaupt nichts anfangen und wusste auch nicht darauf zu reagieren, geschweige denn mich zu erwehren. Also habe ich alles in mich reinfressen, auch meine Wut auf diese Situation des ausgeliefert seins und der Ohnmacht. Mein Vater war ja nie da und wahrscheinlich war ihm das auch alles egal. Er hatte was er wollte und irgendwann würde sie sich sicher beruhigen.

Nach und nach wurden alle Häuser dort bezogen, mit ähnlichen Problemen. So lernten sich alle schnell kennen. Zumal eine fünfköpfige Familie aus Leipzig, die einen Tag vorm Mauerbau noch schnell „rübergemacht" hatten und seit dem schon bei uns gegenüber wohnten, kurz nach uns auch dorthin zogen. Die Kinder fanden sich als erste. Schnell entstand da eine große Gruppe von Spielkameraden für Himmel und Hölle, Gummitwist und Völkerball, oder Cowboy und Indianer.

Nach sechs Monaten war dann auch die neue Schule nebenan fertig und wir konnten dann dort zum dritten Mal eingeschult werden. Und meine Mutter beruhigte sich dann auch langsam. Das freute mich am meisten, aber für meine Belastung vorher habe ich nie ein Ventil gefunden. Sie blieben in mir und arbeiteten weiter.

Zwei Jahre später musste ich für zwei Wochen ins Gymnasium, um dort einen Aufnahmetest und Prüfung abzulegen. Alles gut bestanden, aber total nervig war die Fahrerei mit dem Fahrrad dahin, 45 min jede Tour. Durch dunkle unbeleuchtete ehemalige Gewerbegebiete, aber keiner machte sich darüber Gedanken, oder hatte Angst. Zu der Zeit war das anscheinend völlig normal. Das wäre was für die heutigen Helikopter-Mütter, die ihre Brut am liebsten mit dem Auto direkt ins Klassenzimmer fahren wollen.

In der 6. Klasse habe ich von meinem Kunstlehrer mal eine Ohrfeige bekommen und nichts passierte weiter. Mein Vater meinte, die hast Du Dir sicher verdient. Aus die Maus.

Ansonsten war es auf dem reinen Jungen-Gymnasium recht unterhaltsam. 30 Schüler in einer Klasse, ab der 7. durch die ersten Sitzenbleiber sogar 36 Schüler. Nach den ersten beiden, vergleichsweise ruhigen Jahren und guten Zensuren, kam dann in der 7.Klasse langsam Stimmung auf. Auch die 68-er-Bewegung hielt auf der Schule Einzug. Die Zeit der Schüler-Demos begann und wir durften nicht daran teilnehmen, wir waren noch Unterstufe. Das gefiel mir als Klassensprecher aber gar nicht und so überredete ich meine Mitschüler zu einem Sitzstreik, Stühle auf dem Tisch und wir auf dem Fußboden darunter. Unser Klassenlehrer hat die Aktion zwar zur Kenntnis genommen, aber seinen Unterricht einfach weiter durchgezogen. Schade.

In dem Jahr hat dann auch ein früher von der Schule geflogener Ex-Schüler eines Nachts unsere Aula in Brand gesetzt. Wir hatten dann ein paar Tage schulfrei und danach gingen wir eine kurze Zeit im Haus der Jugend zum Unterricht. Da die Schäden wohl sehr erheblich waren und durch die notwendigen Sanierungsmaßnahmen ein normaler Schulbetrieb nicht möglich war, suchte man nach einer anderen Lösung. Die dann folgende Dauerlösung war, dass wir noch ein Schulhalbjahr nachmittags zur Schule gingen, auf das nahegelegene Mädchengymnasium.

Das war spannend. Üblich war zu der Zeit, dass sich Jungs- und Mädchenklassen ein mal jährlich zu Klassenfesten gegenseitig einluden, um auch bisschen Tanzen zu können. Und nun sassen wir sechs Monate jeden Tag auf den Stühlen dieser Mädchen. Es war die Zeit der „Deutsch-Künstler", sprich der sprachgewandten Jungs, denn es wurden quasi täglich Briefchen geschrieben und unterm Schultisch hinterlegt.

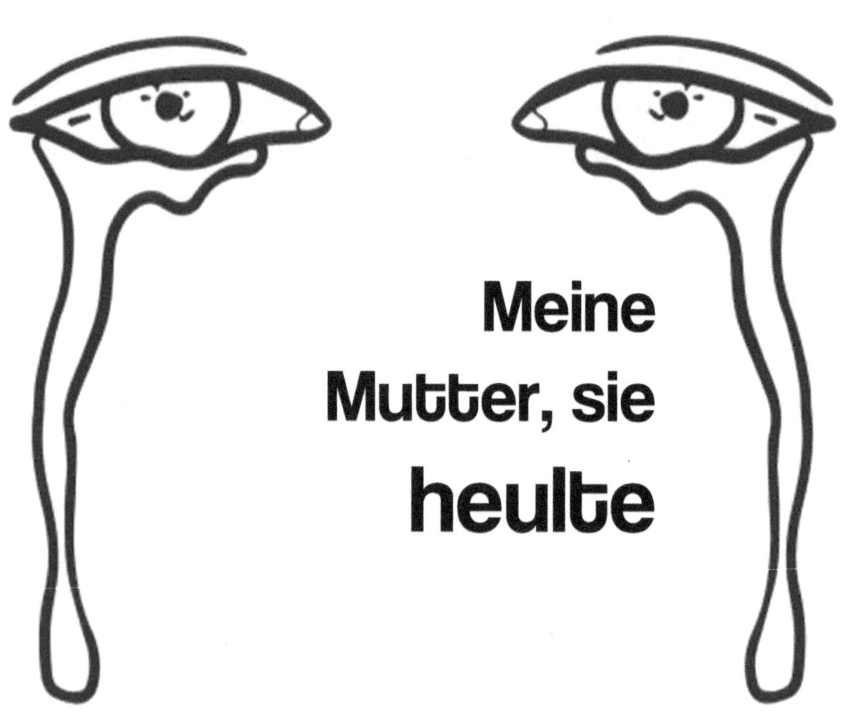

Meine
Mutter, sie
heulte

Das einschneidendste Ereignis meiner gesamten Jugend war aber im Februar 1969, da ist mein Vater bei uns ausgezogen kurz vor meinem 13. Geburtstag.

Auch wenn ich keine besondere emotionale Bindung zu meinem Vater hatte und er überhaupt keine Gefühle zeigte und sechs Tage die Woche arbeitete, so war er doch das einzige männliche Vorbild, dass ich hatte. Und vieles habe erst mal von ihm kritiklos übernommen, völlig in Frage gestellt habe ich ihn erst Jahre später. So machte sich also MEIN Vorbild vom Acker und lies mich allein. Das war wirklich scheiße und so fühlte ich mich auch. Das bei weitem Übelste daran war aber der Missbrauch durch meine Mutter, zum zweiten mal in meinem Leben. Wieder fungierte ich als seelischen Mülleimer und sie weinte sich ständig bei mir aus. Ich fühlte mich ihr völlig ausgeliefert und machtlos. Ich fand keinen Weg, noch nicht, mich ihr zu entziehen, oder mit ihr darüber zu sprechen. Ohnmächtig entwickelte ich eine riesige Wut, hauptsächlich auf meinen Vater, er hatte mir das ja alles eingebrockt, aber auch auf meine Mutter. Zumal sie nichts unternahm und der Alte immer noch einen Schlüssel hatte und bei uns ein- und ausging, wie es ihm passte. Das ebbte mit der Zeit etwas ab, ging aber über ein Jahr so und änderte sich erst, als sie arbeiten gehen musste.

Auch diesmal konnte ich nur äußerlich Haltung bewahren und alles in mich reinfressen. Damit war dann endgültig mein Trauma erschaffen. Ein Leben lang habe ich ich solchen Situationen versucht, sie so schnell wie möglich zu beenden. Mit allen Mitteln und ohne Rücksicht auf Verluste, manchmal auch mit juristischen Auseinandersetzungen.

Heute weiß ich, dass Ohnmacht und Machtlosigkeit mein Trauma und mein Thema sind. Ich habe auch begriffen, worauf dieses Gefühl basiert und was notwendig ist, damit es überhaupt so stark entstehen kann. Das sind die fehlenden emotionalen Bindungen. Kinder mit Eltern, wo es gegenseitig starke Bindungen gibt, machen die Erfahrung, dass die Mutter reagiert wenn sie rufen, heulen oder schreien. Sie bekommen Aufmerksamkeit und körperliche Nähe für ihr SEIN. Vom Vater bekommen sie im Idealfall auch Aufmerksamkeit und Unterstützung und Anerkennung für ihr TUN. Lob fürs Laufen können, oder für ihre „Werke" beim Malen und Basteln. Das schafft Verbindung und Zutrauen in ihr Sein und in ihre Handlungen. Sie gewinnen ganz tief ein Gefühl von Macht, „wenn ich das tue, passiert etwas".

Für mich galt das alles eben nicht, ich fühlte mich machtlos und suchte mir einen anderen Weg, um aus der Situation rauszukommen. Mit 14 Jahren bekam ich, durch meine jüngere Schwester, Kontakt zu jungen Leuten im Bergedorf Schlosspark. Sie waren alle zwischen 16 und Anfang 20, sie sie machten Musik und sie kifften. Da ich schon seit meinem 12. Lebensjahr rauchte, hatte ich da keine große Hemmschwelle. Dort gefiel es mir gleich richtig gut und ich hatte nun „meine" Familie und ein neues Zuhause.

Meine Mutter bekam davon nicht viel mit, sie war mit ihrem Elend beschäftigt und ging Vollzeit arbeiten. So war ich frei in meinem Tun und nistete mich dort täglich ein. Und obwohl wir auch Speedtabletten nahmen und Alkohol tranken, war nun Geld ein Dauerthema. Ich hatte DM 15,— als wöchentliches Taschengeld von meinem Erzeuger, das reichte aber meistens nur bis Dienstag. Und ewig schnorren ging auch nicht. So klaute ich also meiner Mutter Zigaretten und Kleingeld, trank mit Freunden die edlen Weißweinvorräte meines Vaters aus, Riesling und Mosel aus dem Jahrhundertjahrgang 1959, und verscherbelte langsam meine ehemalige Münzsammlung.

In der Schule war ich häufig auch unter Tabletten- oder Drogeneinfluß und fing zusätzlich an, den Unterricht zu schwänzen. Dort herrschten abenteuerliche Zustände, obwohl wir in unser altes Gebäude zurückgezogen waren. Wir waren 39 Schüler, die Hälfte Sitzenbleiber und bis zu anderthalb Jahre älter als ich. Gleichzeitig war die Politisierung unserer Schule extrem weit fortgeschritten und ständig Radau. Es herrschte akuter Lehrermangel und die Schulbehörde versuchte bereits pensionierte Lehrer zu reaktivieren. Teilweise mit Erfolg, aber viele Stunden fielen mangels Lehrkräften aus und dann konnte man eigentlich auch gleich ganz wegbleiben. Ich hatte Fehlstunden und Klassenbucheintragungen ohne Ende, aber keine Info an die Eltern und keine Konsequenzen für mich. Mein Mathelehrer, ein siebzigjähriger „Reaktivierter", war noch der Beste unter all den schwachen Lehrern.

Fast keiner konnte sich durchsetzen. Und meinen Mathelehrer traf ich jeden Morgen am Busbahnhof und fragte ihn ob wir eine Arbeit schreiben würden. Er sagte mir dann die Stunde und das Fach. So ging ich dann fast nur noch zu den jeweiligen Klassenarbeiten, schrieb sie und verschwand wieder. Das funktionierte in der achten Klasse noch ganz gut, aber die großen Unterrichtslücken fingen dann in der Neunten langsam an zu wirken, bei den Zensuren. Hauptsächlich in den Naturwissenschaften und in Latein.

Bei meinen Eltern kam aber, trotz der sich verschlechternden Zensuren, nicht viel hoch und die neunte Klasse lief so durch, mit wesentlich weniger Schwänzen. Mein Drogenkonsum nahm aber ordentlich zu und wurde auch härter, es kam noch LSD dazu. Die Geldnot wurde immer größer und meine politischen Ansichten immer radikaler. „Macht kaputt, was Euch kaputt macht", Rio Reiser und Ton, Steine, Scherben, das waren meine Helden. So kam es dann auch bei mir zur berühmten Beschaffungskriminalität. Lederjacken und Langspielplatten aus großen Kaufhäusern (Bonzen), wenig in Bergedorf, meistens in der Mönckebergstraße. Die liessen sich am leichtesten sofort zu Geld machen und man konnte sie gut in Bahnhofsschließfächern bunkern. Mit der S-Bahn fuhren wir nur schwarz, auch zu allen möglichen Demos. Das funktionierte damals noch ganz gut, weil man während der Fahrt die Türen noch öffnen konnte und früh rausspringen.

Erwischt wurde ich beim Schwarzfahren nie und beim Klauen nur einmal bei Karstadt, als ich mit „Schmiere Stehen" dran war. Der Kaufhausdetektiv wusste genau, wie alles ablief, konnte mir aber nichts nachweisen. Ich hatte kein Diebesgut dabei und die Dingen aus meinen ausgeleerten Hosentaschen, u.a. ein Schließfachschlüssel und Shit in Alufolie, durfte ich wieder einpacken. Ich bekam nur ein Hausverbot ausgesprochen.

Zu dem Thema Demos und politische Aktivitäten habe ich aber doch im Laufe meines Lebens etwas dazugelernt. Das menschliche Gehirn kann eine Verneinung nicht verarbeiten. Aus „Atomkraft- Nein Danke" wird „Atomkraft- Danke". So ist es mit den Anti-USA-Kriegsdemos natürlich seinerzeit auch gewesen.

Das wirklich fatale ist, energetisch befeuert man dann das, was man ablehnt und erreicht im Zweifel das Gegenteil. Das gilt natürlich für alles im Leben. Daher ist es so wichtig, beim Denken, Wünschen, Affirmieren etc. immer die Formulierung positiv zu wählen und ohne Verneinung. Das ist anfangs etwas anstrengend, Du stellst aber fest, dass man jeden Negativ-Satz auch positiv formulieren kann. Die Demos gegen den G 20 Gipfel in Hamburg wären sicher nicht so aus dem Ruder gelaufen, wenn es sich um Friedensdemos gehandelt hätte. Einige Zeit später ging meine Mutter mit mir nach Hamburg einkaufen und wollte zu Karstadt rein. Da musste ich ihr ja sagen, dass ich sie nicht begleiten darf. Sie hat nicht mal groß nachgefragt und wir sind woanders reingegangen. Vielleicht lag es auch an ihrer aufkommenden ernsten Krankheit, sie bekam einen heftigen Colitis Ulcerosa Schub ( chronische Dickdarmentzündung ). Im ersten Krankenhaus wäre sie fast gestorben, da hat man sie falsch behandelt. In der Uni-Klinik haben die Ärzte die Krankheit dann langsam in den Griff bekommen. Sie war wochenlang in den Krankenhäusern und meine Schwester und ich waren allein zu Hause und mussten uns selbst versorgen.

Für mich steht fest, dass der Ausbruch dieser Erkrankung noch eine Folge des Auszugs meines Vaters war, den meine Mutter sicher nie richtig verarbeitet hatte und vor allem nicht ihren eigenen Part dabei gesehen hat. Zur Ehrenrettung meines Vaters muss ich allerdings sagen, dass er sich während der Krankheit meiner Mutter sehr für sie eingesetzt und gekümmert hat und ohne ihn wäre sie sicher nicht verlegt worden, sondern gestorben.

Mein Vater hatte wohl schon sehr lange vor seinem Auszug, ein Verhältnis mit der Dame aus Leipzig, die mit ihrem Mann und drei Kindern, seit 1962 uns gegenüber wohnte und mit meiner Mutter gut befreundet war. Genauso wie wir Kinder, wir waren alle in einem Alter. Ihr Mann war auf der Sternwarte in Bochum und kam nur gelegentlich nach Hause. So hatte mein Schürzenjäger-Vater freie Fahrt und alle Nachbarn wussten es, nur meine Mutter nicht. Selbst nach seinem Auszug hat mein Vater, trotz eindeutiger Beweise (fehlgeleitete Post etc.), noch jahrelang diese Beziehung verleugnet.

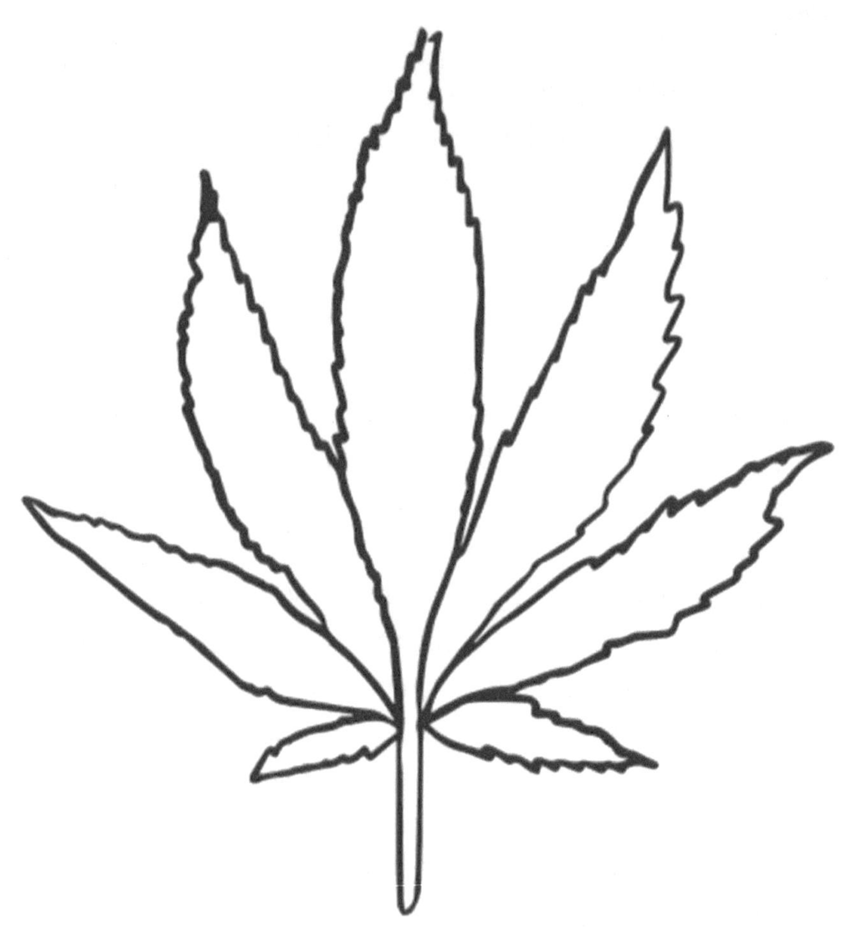

# Mein

# Drogenkonsum

## nahm aber ordentlich zu

Sie ist aber ein halbes Jahr nach ihm auch weggezogen. Sie blieben zusammen bis zum Tod meines Vaters 2010. Wobei sich meine Eltern erst 1989 offiziell scheiden ließen, das war dann für meinen Vater billiger, da gab es das Schuldprinzip bei Scheidungen nicht mehr. Die Lange Zeit der unbegrenzten Freiheit hat mir zwar gut gefallen, war aber meinen schulischen Leistungen nicht förderlich. Aber ich hatte jetzt eine gute Ausrede.

Im Sommer ´71, keiner konnte sich um uns Kinder kümmern, kam ich für drei Wochen in das Schullandheim der Bismarkschule nach Wenningstedt auf Sylt. Das gefiel mir und ich deckte mich mit ausreichend Shit ein. Dort angekommen stellte ich fest, dass ein spießiger Klassenkamerad von mir auch dort war. In den Dünen gab es damals noch Reste von ehemaligen Wehrmachtsbunkern, in denen lebten im Sommerhalbjahr teilweise Aussteiger. Zu denen hatte ich schnell Kontakt und verbrachte dort den Großteil meiner Zeit. Wir kifften zusammen und hatten Spass. Bis mich mein Klassenkamerad, das Kameradenschwein, bei der Heimleitung verpfiff und ich nach fünf Tagen rausflog. Meine Mutter haben sie nicht erreicht, Krankenhaus, aber meinen Vater. Er wollte gerade mit seiner neuen Sippe nach Tirol in den Urlaub fahren. Nun musste er umdisponieren und nach Westerland, mich abholen. Damit hatte ich ihm seinen Urlaub richtig versaut, aber ein schlechtes Gewissen hatte ich nicht mal ansatzweise.

Er hat nie Fragen gestellt und mir eine Postkarte in die Hand gedrückt, die ich auf dem Westerländer Bahnhof ausfüllte und an meine Mutter schickte, als wenn nichts wäre. Dann ging es los, wir sammelten auch meine Schwester ein und fuhren für zehn Tage durch Holland. Das war ganz interessant, aber die ganze Zeit ohne Shit gefiel mir nur bedingt. Wobei, es ging und körperlich süchtig war ich nicht. In Rotterdam hatte er sich ein günstiges Hotel von der Tourist Information aufgeben lassen und als wir nachmittags dort ankamen, wirkte alles ganz normal. Als wir aber abends, meine Schwester hatte keine Lust uns zu begleiten, aus dem Hotel rauskamen, waren wir mitten auf dem Straßenstrich von Rotterdam. Mein Vater wurde auch sofort angequatscht und als er auf mich verwies hatte die Dame sofort auch eine Freundin parat, die sich um mich kümmern wollte.  Zu dieser Belohnung für mich kam es leider nicht, schade. :)

In Amsterdam konnte ich mich dann mal für zwei Stunden von ihm befreien und mich in Ruhe auf den Dam setzen. Da sassen hunderte junge Leute und kifften. Ende des Jahres ging meine Mutter dann auch noch fünf Wochen zur Kur und wir hatten wieder sturmfreie Bude. Da habe ich dann mit ein paar politischen Freunden nachts Wahlkampfplakate der CDU zertreten, im See versenkt oder riesige Plakatwände versucht umzukippen. Dabei hat uns dann ein Mensch beobachtet und die Polizei alarmiert. Die hat uns dann durch die ganze Gegend gejagt und mich und einen weiteren Plakatschänder eingesammelt. Wir durften dann die Nacht auf der Wache verbringen und sie drohten mir die Sozialfürsorge an, aber da kam zum Glück nie einer.

Im Frühjahr habe ich dann auf alle Arten von Trips und Tabletten verzichtet. Ich hatte von einem Dealer eine Tüte mit Reststaub und Krümeln von Trips geschenkt bekommen, die teilte ich mir mit zwei Freunden. Die Dosierung war sehr schwierig und ich nahm viel zu viel. Nachts bekam ich akute Atembeschwerden und meine Mutter holte den Notarzt. Nach meiner Märchenerzählung, wie es zu der Situation gekommen war, und einer Spritze von ihm, ging es dann. Insgesamt war ich aber von Freitag bis Montag auf dem Trip.

Nach dem Ende der 9. Klasse, im Sommer ´72, ich war ja mit Ach und Krach versetzt worden, arbeitete ich wieder drei Wochen auf dem Bergedorf Friedhof als Gärtner. Danach wollte ich für drei Wochen nach London, um ohne Schule mein Englisch etwas zu verbessern. Eigentlich wollte ich nach London Shit mitnehmen und dort verkaufen, teurer als in Deutschland, und dann umgekehrt dort günstige Trips einkaufen und nach Deutschland schmuggeln. Aber es kam anders. Zum Beginn der Ferien bekam ich wieder Kontakt mit einem Freund und Klassenkamerad, mit dem ich in der Vor-Drogenzeit sehr eng befreundet war. Bei ihm war die Mutter abgehauen und sein Vater war zu der Zeit ein ganz hohes Tier bei der Polizei Hamburg, später Polizeipräsident. Er hatte für die Ferien ein offenes Haus und viele interessante junge Leute hielten sich dort auf, politisch gleichgesinnte. So ging ich nach der Friedhofsarbeit nicht mehr in den Schlosspark sondern zu ihm und diskutierte Nächte lang mit anderen jungen Leuten. Die waren ausgesprochen sympathisch und interessant und ich vermisste meine Drogen und die Leute vom Schlosspark überhaupt nicht. Das blieb dann auch so. Dorthin bin ich nie zurückgekehrt. In diesen Nächten habe ich mich dann auch still und heimlich in die zwei Jahre ältere Schwester eines Klassenkameraden verliebt. Leider blieb es bei der Einseitigkeit. Ich hab mich nicht getraut.

Nach den drei Wochen ging es dann mit dem Schiff nach London. In der Familie, bei der ich drei Wochen als einziger Deutscher wohnen sollte, öffneten mir dann gleich zwei Landsleute die Tür. Mist, keine Englischverbesserung. Viel schwerwiegender war aber, dass wir dort extrem schlecht ernährt wurden und mir nach vier Tagen in der Underground schwarz vor Augen wurde. Mir war klar, mit der Familie war eine Verbesserung der Situation nicht machbar, die lebten von den Einnahmen für die deutschen Schüler.

# Ich war gefordert !

Das erste mal in meinem Leben musste ich nun richtig Farbe bekennen, für mich einstehen und meine Dinge selber regeln. Ich musste mit der Englandniederlassung von Twen Tours in Southampton telefonieren, auf Englisch. Schlimmer war allerdings, es gab noch keine Handys, dass ich meine Herbergseltern bitten musste, ihr Telefon benutzen zu dürfen, warum wollten sie wissen und wo ich anrufen wollte. Zu allem Überfluss hing das Telefon an der Wand im Flur und alle konnten mithören. Was für eine große Scheiße. Das Telefonat an sich war dann, u.a. auf der schlechten Leitung beruhend, auch eine Katastrophe. Am Ende habe ich es aber irgendwie hinbekommen und am nächsten Vormittag eine neue Familie zugewiesen bekommen. Tschaka ! In der neuen Familie war es ein Traum und ich musste doch noch viel Englisch sprechen, was am Ende aber, weder in der Schule, noch im Leben gelangt hat. Im Rückblick muss ich bedauernd feststellen, dass mein Selbstwert leider von meinen beiden Glanztaten, Drogen aufgegeben aus eigenem Antrieb und die erfolgreiche Beschwerde in England, nicht gewachsen ist.

Wahrscheinlich habe ich mir diese beiden Aktionen und den Erfolg nie richtig deutlich gemacht. Die Politik der langen Leine, Gleichgültigkeit, meiner Eltern ist jedenfalls ein Stück aufgegangen. Damit sind wir beim Thema Pubertät, Liebe und erste Erfahrungen mit dem anderen, heute auch ggf. gleichen, Geschlecht. Wie der geneigte Leser sicherlich bis hierhin festgestellt hat, war es mit einem echten, inneren Selbstbewusstsein bei mir nicht gut bestellt. Nach Aussen hatte ich mir einen Schutzwall gebaut und gab gerne den Klassenkasper und Provokateur. Dieser Schutzwall basierte auch immer auf meiner gräflichen Abstammung, auf die ich sehr stolz war und mit der ich quasi die Leere in mir vor mir selbst gut überdecken konnte. Das war mein äusserer Halt, der innere Halt war die Orientierung an Ami, die mir Haltung bewahren so gut vorgelebt hatte. Eine Ahnung, was der Unterschied zwischen Innen und Aussen ist, hatte ich nicht.

Ich war bis zu meinem 13. Lebensjahr immer einer der Längeren in meiner Klasse gewesen, zu der Zeit 1,64 Meter. Doch dann zog meine jüngere Schwester an mir vorbei und war länger als ich. Ich vermute, mein „Stehenbleiben" kam vom rauchen und wurde durch die Drogen nicht besser. Und ich blieb auf diesem Stand bis zum Sommer 1972, als ich mit den Drogen aufhörte, danach wuchs ich dann in 8 Monaten 20 Zentimeter. Was für eine Erleichterung, puhhhhhhhh.

Das war ein großer Grund, nicht der Einzige, weshalb ich mich mit dem Angraben von Mädchen äußerst schwer getan habe und selten eine Freundin hatte. Die Auswahl an kleinen Mädchen war nicht so groß und irgendeine wollte ich auch nicht. Es gab auch Avancen von Mädchen, die deutlich jünger als ich waren, aber da war mein Interesse extrem klein, da hatte ja der Staatsanwalt noch die Hände drauf. Gedanken, die sich heute wohl kaum noch einer macht.

Mit Ausnahme meiner Frau, habe ich in meinem Leben, nie so richtig den ersten Schritt getan, sondern entweder das Mädchen, oder es hat sich so dahin entwickelt. Mit zunehmender Länge und nicht mehr im Schlosspark verstecken nahm das Mädchenthema dann gaaaaanz langsam Fahrt auf.

Meine Freizeit verbrachte ich nun mit einer Initiativgruppe von 16- bis 20-jährigen, dem Jugendforum Bergedorf. Wir wollten einen Staatsfreien-Jugendtreff schaffen, das gelang uns dann auch in der Tiefgarage einer ganz jungen Kirche in Lohbrügge- Nord.

Wir sind dann auch zu sechst, zwei Jungs und zwei Pärchen auch im Sommer 1973 nach Dänemark, Femmöller Strand, gefahren. Aufgrund

der unausgeglichenen Geschlechteraufteilung gab es da dann auch viele
Querelen. Im Großen und Ganzen war es ganz gut und ich bin dadurch
mal in den kleinen Ort Knebel in Dänemark gekommen, aus dem unsere
väterliche Sippe ursprünglich stammt.

Vorher stand aber noch das tolle Thema Sitzenbleiben und von der
Schule fliegen an. 1972 kam dann die große Veränderung in unserer
Schule. In der 10. Klasse, ich war wieder versetzt worden, kam ein neuer
Klassenlehrer zu uns. Ein geflüchteter Ossi, der ganz andere Vorstellungen von Schule hatte und, mit Ankündigung, hart durchgriff. Sein Ziel
war die Klasse zu halbieren und das hat er auch erreicht. Ich hatte längst
Nachhilfe in Latein, was aber nichts brachte, da mir die Vokabeln aus
den vielen Fehlstunden fehlten, und im Halbjahreszeugnis fünf Fünfen
und eine Sechs. Mein Vater war der Meinung, das könnte ich doch noch
schaffen, und wollte weiteres Geld für Nachhilfe investieren. Ich konnte
ihn davon abbringen und meinen Schlendrian alleine weiterführen. Da
ich seit der siebten Klasse schon ständig Lehrer provoziert und vorge-
führt hatte, waren bei dem „Harten Hund" meine Karten sehr schlecht.
Am Ende der 10. Klasse standen in meinem Zeugnis drei Fünfen und drei
Sechsen und ich hatte zwei Schulverweise und durfte das ehrwürdige
Hansa-Gymnasium im Sommer ´73 verlassen.

Da war dann wieder mein Vater gefragt, meine Mutter war damit überfordert. Eingedenk der Aktenlage bewegte er sich gleich aus Bergedorf
raus und ging zur Klosterschule am Berliner Tor. Die hatte damals noch
eine alte Schulleiterin, unter der die jüngste Schwester meiner Mutter
1956 ihr Abi gemacht hatte. Die Direktorin erinnerte sich anscheinend
sofort und sehr angenehm an meine Tante und ließ sich von meinem
Vater erweichen. Mich hat sie gar nicht zu Gesicht bekommen, er war
alleine dort. Da es gefühlt die einzige Chance war, sicher auch besser so.

*Lebensgeschichte*

So ging ich dann nach den Osterferien in ein ehemaliges Mädchengymnasium, drei Viertel Mädchen in der Klasse, und wollte dort die 10. Klasse wiederholen. Das war für mich wirklich hart. Die Klasse insgesamt deutlich kleiner, durch die vielen Mädchen herrschte dort ein ganz anderer Ton, der Umgang miteinander war auch sehr sanft, alle waren immer im Thema und bei der Sache und ich kannte niemanden. Ein Vierteljahr habe ich so gut wie nichts von mir gegeben und nur beobachtet und zugehört. Diese letzte Chance, doch noch zum Abi zu kommen, wollte ich mir dann doch nicht versauen. Der Schulwechsel hatte aber jeden Fall etwas Gutes, obwohl die Fahrerei täglich total nervig war, ich konnte nun mit meinem geänderten Rufnamen neu durchstarten.

Als ich mit 16 Jahren zum Einwohnermeldeamt ging um mir einen Personalausweis ausstellen zu lassen, habe ich dort, ganz spontan, gefragt, ob ich meinen Rufnamen wechseln könnte. Die Frage wurde bejaht, wenn ich mich innerhalb meiner vier Vornamen bewege. Wir hatten immer vier Jungs als Thomas in der Klasse, das nervte mich schon seit Jahren, da man immer mit zusammenzuckte, wenn ein anderer gemeint war. So wurde dann aus Thomas, Alexander, in der Schule. In der Familie dauerte es Jahre.

Weiterhin war für mich schön, dass ich nun in unmittelbarer Nähe von Ami war, fünf Minuten zu Fuß. Sie war noch immer der einzige Mensch in meiner Familie, zu dem ich eine Gefühlsbindung hatte. Durch die letzten, bewegten zwei Jahre hatten wir uns seltener gesehen. Nun besuchte ich sie einmal die Woche zu Mittagessen. Das haben wir beide sehr genossen und bis zum Abi gepflegt. Ich gewann dadurch auch etwas wie Sicherheit für die neue Schule. Nach den Sommerferien hatte ich mich dann akklimatisiert und konzentrierte mich auf den Schulstoff. In der Klasse fand ich dann auch langsam Kontakte.

Zuhause hatte ich dann auch meine erste Dauerfreundin, eine ehemalige Rockerbraut. Was für ein Team. ;)

In der Schule lief es zensurentechnisch recht ordentlich, bis auf Latein. Da behielt ich eine Fünf und bekam nicht das kleine Latinum. In allen anderen Fächern kam ich auf Vier und besser, so dass ich versetzt wurde und nun schon mal die Mittlere Reife hatte, passend zur Volljährigkeit. In Hamburg wurde 1974 das Schuljahr umgestellt, auf das Sommerschuljahr. Da habe ich dann mit drei Monaten Vorsemester (statt 11.Klasse) mein Sitzenbleiberjahr fast komplett wieder eingeholt. Gleichzeitig wurde auch das Kurssystem in den Oberstufen eingeführt, mit entsprechenden Wahlmöglichkeiten für die Schulfächer. Das ja wie für mich erfunden. Am Anfang, erster abgegebener Plan für die vier Semester, hatte ich noch nicht wirklich alle Möglichkeiten geschnallt. Wir hatten damals so gut wie keine Einschränkungen und Auflagen.
Es gab drei große Gruppen, Naturwissenschaften, Sprachen und Geisteswissenschaften und aus jeder der drei Gruppen mussten wir ein Prüfungsfach wählen. Bis zum Ende der 10.Klasse hatte ich, egal bei welchem Lehrer, immer in Kunst eine Vier. Im Vorsemester änderte sich mein Interesse dazu und ich bekam eine Drei. Und ich stellte fest, dass Kunst und Musik damals in der Sprachengruppe auftauchten. Das führte dann dazu, dass ich Kunst und Biologie als Leistungskurse wählte und Gemeinschaftskunde und Geschichte als weitere Prüfungsfächer.

So wurde ich alle Problemfächer in der Oberstufe los, lediglich zwei Semester Mathe, Englisch und Deutsch musste ich in die Gesamtwertung einbringen. Stattdessen hatte ich zwei Sportkurse, Rechtskunde und Philosophie.
Das war einer der glücklichsten Tage in meinem Leben, als ich am Ende des letzten Schultages vor den Sommerferien, meinen Plan entsprechend ändern konnte. Zwischenzeitlich war ich auch, nach ein mal

Durchfallen in der Theorie, mit viel Glück Eigentümer eines Führerscheins. Meine Mutter und ich bekamen von meinem Vater seinen alten Opel Commodore geschenkt. Da meine Mutter die Steuern und die Versicherung bezahlte, durfte ich nicht, wie ich geplant hatte, mit dem Auto zur Schule fahren. Scheiße !

In den Sommerferien arbeitete ich drei Wochen bei der „Fürst Bismarck Quelle" als Gärtner, ich hatte ja aus den Vorjahren als Friedhofsgärtner darin Erfahrung. Alle anderen Schüler mussten in die Flaschenfabrik, so auch meine Schwester und meine Freundin. Die hielt auch genervt durch, meine Schwester hat nach fünf Tagen, mit ständigen Kopfschmerzen, das Handtuch geworfen. Nach den Ferien, ich hatte zwischenzeitlich mit meiner Freundin Schluß gemacht, ging ich dann am Wochenende auch mal wieder auf die Piste. Ich fuhr mit dem Auto ins Madhouse. Da war ich schon in meinen „Wilden Jahren" nachts unterwegs, obwohl ich damals bei weitem nicht das richtige Alter hatte und es damals auch noch keine gefälschten Ausweise gab. Die Musik war gut und ich habe auch bei jemandem mitkiffen können. Morgens um zwei Uhr fuhr ich dann nach hause. Kurz vor der Alster hab ich mich dann verfahren und wechselte die Fahrspur, ohne in den Spiegel zu sehen und ohne Blinken, kurz vor einer roten Ampel. Da fuhr mir dann eine Taxe, mit angetrunkenem Fahrgast, hinten links ins Auto.

Die Polizei kam, ich musste Pusten, ohne Ergebnis. Auf Canabis waren die noch nicht eingerichtet. Ein Polizist wollte dann von mir eine Unterschrift, dass ich meine Schuld an dem Unfall zugebe. Das habe ich, trotz aller Verunsicherung in der Situation, abgelehnt.
Mein Vater hatte mir mal zwei Jahre vorher eindringlich beigebracht

„Zeichne hin, zeichne her, aber niemals quer", also nie einen Wechsel unterschreiben und „Gebe NIE bei der Polizei irgendetwas zu, egal worum es geht", daran habe ich mich rechtzeitig erinnert.

Ein halbes Jahr später kam es zum Prozeß und ich wurde frei gesprochen. Meine Aussage stand gegen die des Taxifahrers und sein betrunkener Fahrgast war nicht als Zeuge erschienen. Großes Glück gehabt. Da der Taxifahrer schon vorher in seinem Prozeß, mit Zeuge, freigesprochen wurde, trug jeder seinen Schaden. Ich hab ein bisschen am Auto rumgedengelt und konnte gleich weiterfahren.


Das wurde dann in den Herbstferien zwei Klassenkameradinnen zum Verhängnis. Beide gehörten zur Fraktion der in der ersten Reihe sitzenden und ständig sich schnippend meldenden Streberinnen. Trotzdem war ich in die eine still verliebt. Die andere war zu der Zeit die Freundin von Otto Waalkes. Er war 1974 eine beginnende Lokalgröße in Hamburg, wie auch Mike Krüger und Udo Lindenberg.

Die beiden hatten mich zuhause besucht und wollten dann am Nachmittag wieder nach Hamburg zurück. Ich wollte sie zum S-Bahnhof fahren, statt dessen kamen sie beide schwer und schwerst verletzt in die Boberger Unfallklinik, bzw. AK Altona. Wir hatten sehr lange trockenes Wetter und an dem Tag fing es an zu nieseln, so dass die Straßen sehr schmierig waren, durch die Verbindung von Staub und Feuchtigkeit. Das war mir leider als Fahranfänger nicht bekannt.

Die Ampel wurde grün, ich gab Gas, mit Automatik , und nach 100 Metern kam eine leicht abfallende Linkskurve, in der der Kick Down gerade runterschaltete. Die Räder drehten durch, das Auto brach hinten nach rechts aus und schoß, wie eine Rakete, über eine 20 cm hohe Verkehrsinsel in den Gegenverkehr. Ich saß machtlos hinterm Steuer und kann jetzt beim Schreiben dieses furchtbare Gefühl sofort wieder spüren. Auf der dreispurigen Gegenspur fuhr ein einziges Auto und direkt in die vordere Beifahrertür. Den dumpfen Knall vergesse ich nie.

Dort saß Ottos Freundin, ich nenne sie mal Ulla. Sie wahr nicht angeschnallt, saß mit den Schienenbeinen auf dem Sitz, nach hinten gerichtet und unterhielt sich mit ihrer Freundin Angela. Die saß hinten, auch nicht angeschnallt, auf dem mittleren Sitz. Zu der Zeit gab es noch keine Anschnallpflicht und hinten gar keine Gurte.

Ulla gab gar nichts mehr von sich, sie hatte einen Milzriss, doppelten Kieferbruch und doppelten Schädelbasisbruch. Sie war im AK Altona drei Monate im Koma, weshalb ihr Kiefer nicht richtig zusammenheilte. Wir haben sie versucht zu besuchen, nur ein mal in der Komazeit ist es uns gelungen. Ansonsten haben die Eltern jeglichen Kontakt, auch zu besten Freundin Angela, unterbunden.
Wir haben sie erstach den Sommerferien im nächsten Jahr wiedergesehen, nach ewiger REHA. Trotzdem war der Kiefer immer noch etwas schief und sie schwankte leicht beim gehen, vermutlich Gleichgewichtsstörungen im Kopf. Sie ging nun wieder  ins erste Semester und hielt sich von allen ehemaligen Mitschülern fern.

Auf dem Klassentreffen 2006, dreißigjähriges Abi, habe ich dann erfahren, dass Ulla wohl mit Mitte Dreißig verstorben ist. Woran, z.B. den Spätfolgen des Unfalls konnte ich nicht in Erfahrung bringen. In mir brach dann aber alles wieder auf und Selbstvorwürfe und schlechtes Gewissen feierten ein Stelldichein.

Angela schrie wie verrückt und blutete an einem Auge, aber sie war wenigstens bei Bewusstsein. Sie war wie ein Pendel rechts und links gegen die Türverkleidungen geknallt.

Bis die Unfallwagen da waren, dauerte seinerzeit noch deutlich länger als heute. Es gab keine Mobiltelefone und so dauerte alleine der Anruf dort hin. Später, im Unfallkrankenhaus Boberg, stellte sich heraus, dass Angela auch einen doppelten Schädelbasisbruch hatte und einige Glassplitter der kaputten Seitenscheibe direkt neben ihrem Auge in die Haut gedrungen waren, glücklicher weise nicht ins Auge.

Sie hat körperlich die Verletzungen vergleichsweise gut überstanden und, ausser den Narben, nichts nachbehalten. Auch in der Schule hat sie den Anschluß nicht verloren und ging weiter in unsere Kurse.


Ich selbst war mit der Situation völlig überfordert, ich wusste „Ich hab Schuld", konnte aber am Unfallort kaum etwas machen und lief auf und ab. Nachdem die beiden Mädchen in die Krankenhäuser gefahren waren und die Polizei alle Daten aufgenommen hatten und die Abschleppwagen den Schrott weggefahren hatten, fuhr ich mit dem Bus nach hause. Meine Eltern machten mir keine großartigen Vorwürfe, aber gekümmert hat sich auch keiner um mich. Man ließ mich mit meiner Schuld, der Verantwortung, meinen Sorgen etc. alleine. Ausser Angelas Mutter, die rief an und erkundigte sich nach mir und wie es mir geht. Was für eine großartige Frau sie war, konnte ich dann bei einigen Treffen nach Angelas Krankenhausentlassung, feststellen. Wir trafen uns dann als kleine Sorgen- und Gedenkgruppe bei Angela und sprachen viel über den Unfall und seine Folgen. Ulla lag da auch immer noch im Koma. Bei einem Treffen war auch Otto dabei. Eine erste Reaktion, nach dem Unfall, war bei mir, „ich fahre nie wieder Auto".

Durch die vielen Treffen und Gespräche, an denen Angelas Mutter immer dabei war, konnte ich wenigstens einen Teil der Geschehnisse, meines Schocks und meiner Schuldgefühle irgendwie verarbeiten.

# Jeder dieser Menschen hat in sich sein eigenes Universum

Ein halbes Jahr später bin ich auch wieder Auto gefahren. Ihrer Mutter bin ich lebenslang dankbar geblieben und immer wenn ich an diese Treffen denke, kommen mir noch heute die Tränen. Sie und Ami waren für ewig lange Zeit die einzigen Menschen, die ich kannte, die aus einem Grundgefühl der Liebe handelten und nicht sofort in die Verurteilung gingen, sondern sich versuchten in den Gegenüber zu denken.

Ich verneige mich vor diesen beiden großartigen Menschen. Dieses Verhalten ist ein prima Anlass, hier ein paar kurze Gedanken zum Thema Bewerten und Bewertung einzuflechten. Auf dieser Welt leben rund acht Milliarden Menschen und obwohl wir alle auf und in der selben Welt leben, hat jeder dieser Menschen in sich sein eigens Universum. D.h. es existieren hier rund acht Milliarden individuelle Universen. Das liegt daran, dass wir alle unter völlig unterschiedlichen Bedingungen aufgewachsen sind und in den ersten Lebensjahren auch total unterschiedlich in unserem Unbewussten konditioniert worden sind, durch die jeweiligen Bezugspersonen und deren Konditionierung. Diese individuellen Konditionierungen schaffen dann für unser Leben die Basis für alle unsere Bewertungen im Aussen, mit denen wir alles, was wir sehen und erleben, klassifizieren ( in Schubladen stecken).

Das erleichtert auf eine Art unser Leben, schafft aber gleichzeitig auch große Probleme. Jeder bewertet ja nach seinen Kriterien und die sind bei weitem nicht immer gleich. So können mehrere Menschen, die zusammen ein Ereignis miterleben, hinterher völlig unterschiedliche Erinnerungen und Bewertungen dazu haben. Heißt nichts anderes, als es gibt eben nie EINE Wahrheit, sondern Millionen andere auch. Sie sind alle subjektiv und haben alle die gleiche Berechtigung. Sie sind die Grundlage einer unzählbaren Menge von Streitereien und Konflikten, jeder ist der Meinung, dass er Recht hätte. Dabei hat er nur einen möglichen, von Milliarden anderen Standpunkten, die alle nebeneinander existieren und das auch dürfen. Was gut oder schlecht, richtig oder falsch ist, bzw. wer „Schuld" hat, darf zwar jeder für sich entscheiden, aber „Recht" hat er deswegen noch lange nicht. Eine Einsicht, die den meisten Menschen leider völlig abgeht und das Zusammenleben der Menschen so schwierig macht. Den „Rechthabern" gibt ihr Gefühl aber Bedeutung und Sicherheit, auf tönernen Füßen. Schuld gibt es nach meinem Verständnis überhaupt nicht, eine Erfindung der Kirche, um uns klein und willfährig zu halten. Nach den Hermetischen Gesetzten gibt es nur Ursache und Wirkung und darüber hinaus gibt es Verantwortung, die jeder am besten für sich selber trägt und nicht ständig auf andere zeigt.

Wir täten also alle gut daran, unser blitzartiges Bewerten zu unterlassen und statt dessen Dinge und Ereignisse einfach neutral anzunehmen, es IST einfach. Das erleichtert das Leben ungemein und die Masse aller Konflikte wären dann keine mehr. Wir gewännen dadurch viel Ruhe und Zeit um zu sehen, wie das Ereignis von heute in zwei Wochen, oder drei Monaten auf uns wirkt, häufig gegenteilig, und wir erhalten dadurch enorm viel Gestaltungsmacht für uns und unser Leben. Wir reagieren ja nicht mehr aus dem Unbewussten fremdgesteuert, sondern agieren aus dem Bewussten nach unseren Kriterien, d.h. wir gestalten. Willy Brand, noch als Bundeskanzler, ist hier ein schönes Beispiel. Als hochkam, dass in seinem Kanzleramt ein DDR-Spion arbeitete, hat er dafür, als Chef, die Verantwortung übernommen, Schuld daran trug er nicht. Er trat also zurück. Konsequente Selbstverantwortung, die wir heute weder in der Politik, noch in der Wirtschaft, oder in unserem privaten Umfeld, noch so erleben. Heute haben alle Angst vor dem Machtverlust und dem vermeintlichen Nichts, das dann folgt. Sie zeigen lieber auf andere und bleiben an ihren Sesseln kleben. Moral im Wandel der Zeit von knapp fünfzig Jahren und die Entwicklung weg von der Selbstverantwortung. Da dürfen wir uns auch nicht wundern, dass sich unsere Zukunft sehr ähnlich wie unsere Vergangenheit gestaltet. Die Basis unserer schnellen Reaktionen sind immer die alten Muster und Konditionierungen, also eine Art Hamsterrad. Erst die Bereitschaft zur Veränderung, der Gedankenkontrolle, schafft die Übernahme der Verantwortung und dann auch, Stück für Stück, die aktive Lebensgestaltung.

Positive Beispiele hierfür sind Mahatma Ghandi und Nelson Mandela. Ihren Erfolg mit dem passiven Widerstand und auch den Satz, „Stell Dir vor es ist Krieg und keiner geht hin", konnte ich mir Jahrzehnte nicht wirklich erklären. Dabei basiert es genau auf dem bewertungsfreien Akzeptieren einer Situation, keine Energie in das dagegen sein zu investieren und statt dessen von Innen nach Aussen die Welt neu zu gestalten. Um so mehr Anhänger mitmachten, um so größer wurde die Energie, bis sie schließlich ganz friedlich das alte System ablösten.

## Zurück zu meinem Autounfall.

Angela ist im Krankenhaus mit einem Medizinstudenten, der dort jobbte, zusammengekommen. Und ich mit einer anderen Klassenkameradin. Sie gehörte auch zu dieser „Vierer-Schnipp-Klicke" und hat mich an vielen Treffen und Krankenhausbesuchen begleitet. Da sind wir uns dann langsam näher gekommen.

Das war also mein viertes Trauma zum Thema Machtlosigkeit. Ab dem Moment, wo das Auto hinten ausbrach, saß ich quasi auf dem Beifahrersitz. Ich hatte nichts in der Hand, auch nicht später die Heilungsverläufe, was juristisch daraus wird, wie mir Menschen nun begegnen. Ausser mich selber fertig machen, blieb mir nichts zu tun. Äußerlich habe ich auch diesen Unfall überwunden, innerlich nicht. Genau so, wie anderen drei traumatischen Erlebnisse. Ich habe versucht, es mit mir selbst abzubacken, habe aber ganz sicher eher verdrängt und tief vergraben.  Dass

das die Grundsteine für ein Achterbahnleben sein würden ist mir erst über vierzig Jahre später bewusst geworden.
Ich kann nur jedem Menschen heute raten, einschneidende Erlebnisse sofort zu bearbeiten, am besten mit Hilfe.

In der Schule lief es dafür besser. Von meinen Mitschülern und Lehrern kamen keine Bemerkungen und auch Angela verhielt sich nach ihrer Rückkehr wie vorher. Auch Ullas Rückkehr im nächsten Sommer änderte daran nichts.

Das Verkehrsgericht hat mich dann nach dem Jugendstrafrecht wegen fahrlässiger, schwerer Körperverletzung in zwei Fällen, zu vier Sonntagen auf einer Pflegestation im Altenheim verurteilt und ein Wochenende Verkehrserziehung. Die Verkehrserziehung hat auf mich keinen Eindruck hinterlassen, aber die vier Sonntage auf der Pflegestation extrem. Ich habe jeweils die komplette Woche danach Alpträume davon gehabt.
Da sah ich Dinge im Zusammenhang mit Menschen und musste diese auch noch anfassen, für mich war das die Höchststrafe. Drei Monate Jugendarrest hätte nicht so viel bewegt. Geholfen hat mir auch, dass mir meine gewählten Kurse in der Schule sehr viel Spass machten, bis auf Bio-Leistungskurs. Das war teilweise interessant, aber furchtbar viel zu lernen, nicht meine Stärke. Der Hammer war der Kunst-Leistungskurs. Vermutlich, da nun alles auch für die Schulen und Schulbehörd neu war, bekamen wir aus der Schulbehörde, nur für diesen Leistungskurs, einen Regierungsdirektor, der sonst für die Ausbildung der Kunstreferendare zuständig war. Wie der uns motiviert und gekitzelt hat, was der uns alles beigebracht hat, jedes Semester ein neues Thema, fantastisch. Ich hielt mich ja immer für einen künstlerischen Krüppel, am Ende meiner Schulzeit war ich kurz davor eine Bewerbungsmappe an der Kunsthochschule einzureichen. Trotz aller Freude und Erfolg während der vier Semester

Kunstleistungskurs konnte ich mich nicht selber überreden. Ein Leben als arbeitsloser Künstler, damit kann man kein Geld verdienen, als Künstler eine Familie ernähren etc., das waren so die Klischees, die mir durch den Kopf gingen und mein Selbstvertrauen knickte ein.

Meine Freundin, Hiltraud, wohnte in Ahrensburg, ich in Lohbrügge Nord. Mit dem Auto rund 30 Minuten, mit dem öffentlichen Nahverkehr, über den Hauptbahnhof, gut zwei Stunden. So sahen wir uns meistens nur von Montag bis Freitag in der Schule, immer bis abends und mit vielen Freistunden. Äußerst selten passte es bei ihr, dass wir uns auch mal am Wochenende sahen, selbst als ich wieder ein Auto hatte. Mein väterlicher Großvater war verstorben und seine beiden Söhne hatten sich geeinigt, dass Bankvermögen gleich an die fünf Enkel ging. So fiel keine Erbschaftssteuer an und alle Enkel hatten etwas Geld. Mein Großvater war kein Kinder-Opa, aber als ich so sechs war, hat er mir das Skatspielen beigebracht und dann auch die drei Treffen im Jahr mit mir und meinem Vater gespielt. Die Differenz zwischen seinen und meinen Punkten bekam ich immer ausgezahlt, egal in welche Richtung der Unterschied bestand.

Am Abend vor seinem Tod habe ich ihn noch mal mit meinem Vater besucht und mich verabschiedet. Obwohl mir dieser Abschied sehr bevorstand, bin ich sehr froh, bei ihm gewesen zu sein.

Es hat mir geholfen den Tod zu sehen, zu erkennen, dass er auch friedlich kommen kann und wir keine Angst vor ihm haben müssen. Seit dem ist mir sehr bewusst, dass der Tod auch Bestandteil jedes Lebens ist. So kamen dann Wertpapiere im Wert von rund DM 11.000 auf mich zu und nach einiger Zeit habe ich die dann auch verkauft und mir das Geld auszahlen lassen. Daraus entstand dann mein erstes eigenes Auto. Mein Umfeld hatte mir Mut gemacht, wieder Auto zu fahren.

Wie gesagt, Hiltraud passte es an den Wochenenden fast nie und Sylvester hatte sie auch keine Zeit, angeblich eine Feier mit Familie. An Sylvester ist mir dann spontan ein Bruch in ihrer Geschichte aufgefallen und ich habe bei ihr angerufen. Da kam dann eine ganz andere Geschichte raus, sie hatte noch eine Beziehung zu einem Berufssoldaten, angeblich auslaufend. Sie hat dann anscheinend die Beziehung beendet und ich habe ihr geglaubt. Da ich schon damals das Sprichwort kannte, „Eifersucht ist eine Leidenschaft, die mit Eifer sucht, was Leiden schafft", habe ich in die Überprüfung keine Energie gesteckt. Jeder kann, und sollte, nur die Verantwortung für sein eigenes Handeln übernehmen. Hätte, könnte, wenn und aber machen einen nur selbst verrückt und zerstören am Ende jede Beziehung.

Ich weiß, es fällt den meisten Menschen schwer, negative Erlebnisse aus der Vergangenheit, nicht ihr Denken, Pläne und Erwartungen für die Zukunft beeinflussen zu lassen. Das ist aber extrem wichtig, sonst kann keine positive Veränderung stattfinden. Negatives Denken und positives Hoffen funktioniert definitiv nicht. Für neue, bessere Ergebnisse, muss man die Vergangenheit verarbeiten und analysieren, neue Entscheidungen treffen und darauf den Fokus ausrichten. Positives Denken erhöht dann die Erfolgsaussichten. Wer immer das selbe denkt und danach handelt, wird auch immer die selben (alten) Ergebnisse ernten. Auch hundert Wiederholungen werden daran nichts ändern.
Auch das geistige Vorwegnehmen von vermeintlich anstehenden Katastrophen hilft so gut wie nie. Es zieht einen aber schon sehr früh stark nach unten, schlechte Gedanken = schlechte Energie. So versaut man sich schon Tage, oder Wochen, obwohl noch nichts passiert ist. Besser ist abwarten, häufig sind die Ereignisse viel später da und in deren Auswirkungen auch viel weniger schlimm, bzw. sie treten gar nicht ein. Der

Mensch hat aber schon wochenlang in einer Negativspirale gelebt und alles durchlitten. Schade um die Lebenszeit, das Einzige, was nicht unbegrenzt ist.

Das Auto ermöglichte nun auch mehr Wochenendbesuche bei Hiltraud, wobei wir nur bei mir zu Hause dann auch ungestört waren. Bei ihr bestand ihre Mutter darauf, dass ich mit im Zimmer ihres vier Jahre jüngeren Bruders schlafen musste. Damals gab es im Gesetzbuch noch einen Paragraphen, der Kuppelei unter Strafe stellte. Heute weiß keiner mehr, was das ist :).

In den Sommerferien fuhren wir mit dem Auto an die Cote d Azure zum Zelten. Es war eine abenteuerliche Fahrt, der Hauptbremszylinder war defekt und ich musste täglich Bremsflüssigkeit nachfüllen. Die Franzosen gaben sich sehr deutschfeindlich, wir fanden keinen freien Campingplatz und waren nach einer Woche wieder in Hamburg. Dann eben an die Ostsee, nach Scharbeutz. Da hat es dann meistens geregnet. Die Wahl zwischen Pest und Cholera.

Das vierte Semester begann Anfang 76 und damit die Vorbereitung fürs Abi. Kunst war gar kein Problem und Gemeinschaftskunde auch nicht. Biologie forderte viel Lernen und Wiederholen, eher nicht so meine Stärke, aber am Ende hat es zu ner drei gereicht. Und in Geschichte, Thema „Deutsch- Polnische Geschichte seit 1871" bekam ich von meinem Lehrer ein Buch zur Vorbereitung. Ich hab das Lesen des Buches immer vor mir hergeschoben, aber  am Nachmittag vor der mündlichen Prüfung wollte ich es nun doch lesen, so weit ich kam. Ich bin dann mit dem Buch auf Seite 7 eingeschlafen und erst um 20h von meiner Mutter geweckt worden. Das habe ich dann als Wink verstanden und das Buch unter das Kopfkissen gelegt, damit es nachts von alleine wirken kann.

Das hat gut funktioniert, eins minus fand ich ,war für diese Vorbereitung ein super Ergebnis.

Hier war nicht das Wissen entscheidend, sondern meine Einstellung. Ich hatte das sichere Gefühl im Thema gut vorbereitet zu sein und dementsprechend sicher und überzeugend bin ich angetreten. Ich bin selbstbewusst aufgetreten, statt mich gedanklich verrückt zu machen, was ich alles nicht gelesen hatte und nicht wusste. Wenn man seinen Gegenüber beim Sprechen beobachtet, kann man anhand seiner Mimik schon erkennen, ob man in die richtige Richtung unterwegs ist. Ansonsten verändert man ein bisschen die Richtung und quasselt so lange weiter, bis in seinem Gesicht wieder die Sonne scheint. Funktioniert in jeder Prüfungssituation eigentlich immer, ausser bei so richtig verbissenen Pflichterfüllern.

# Zwischenfazit:

Ich habe, mit zwanzig Jahren, rein äußerlich, vier Traumata erlebt, bin ohne Elternliebe aufgewachsen, habe zwischen 14 und 16 zwei Jahre lang Drogen konsumiert und nachts in Discotheken abgehangen, jede Menge Diebstähle begangen, ein Haus mit besetzt und Steine auf Polizisten geworfen, jahrelang schwarz gefahren, die Schule ewig geschwänzt und zwei Freundinnen durch einen selbstverschuldeten Autounfall schwerst verletzt. Alles Dinge, auf die ich ganz sicher NICHT stolz war. Worüber ich noch heute erstaunt bin, ist die Tatsache, dass ich kaum erwischt und fast nie bestraft wurde, keine dicke Polizeiakte, keine Vorstrafen. Ich denke, dass wäre heute sicher anders. Stolz bin ich allerdings, dass ich ohne Druck und fremde Hilfe den Weg vom Extremschüler und Provokateur zum erfolgreichen Abiturienten, Durchschnitt 2,3, geschafft habe, meine Anarchoüberzeugungen selber abgelegt habe, keine Diebstähle mehr beging und auch nach zwei Jahren selber den

Weg aus Alkohol, Tabletten und Drogen gefunden habe. Und auf mein Einstehen für mich, in England. Für all diese Tatsachen und Erlebnisse habe ich auch damals schon die Verantwortung übernommen.

## Und ich habe nie aufgegeben, danke Ami.

Suboptimal lief es mit der völlig überraschend anstehenden Musterung für die Bundeswehr. Ich hatte seit Ewigkeiten Probleme mit dem Rücken, Morbus Scheuermann, und war auch viele Jahre vom Sportunterricht befreit gewesen. Daher war ich sehr sicher untauglich zu sein. Aber bei der Musterung kam ich noch knapp in „Tauglichkeitsstufe 2". In Anbetracht der vielen Wehrdienstverweigerern waren anscheinend die Anforderungen etwas runtergeschraubt worden. Ich sollte eingezogen werden, zu den Pionieren nach Plön. Ausgerechnet. Da muss man richtig Equipment schleppen. Ich legte Widerspruch ein und bekam einen Nachmusterungstermin genannt, mitten in den drei Wochen Abiferien mit Hiltraud auf Sylt. Und dann rief ein Mitarbeiter der Musterungsstelle an und erklärte mir, ich solle auf den Termin verzichten, denn ich würde nach der Grundausbildung in Plön in einen speziellen Zug kommen, in dem ich den Lkw-Führerschein machen würde. Das war für mich sehr interessant, da ich mit dem „Lappen" in meiner Planung gut in den Semesterferien jobben konnte. Ich sagte den Termin ab. Ein riesiger Fehler. Auch Beamte lügen offensichtlich, aus welchen Motiven heraus auch immer. Ich hätte mir das schriftlich geben lassen sollen, aber Gier frisst Hirn und die Unerfahrenheit kommt natürlich auch noch dazu.
Am 1.7.76 zog ich also bei den Pionieren in Plön ein, unsere Ausbildungskompanie hatte vier Züge

       ein Zug machte den Lkw-Führerschein, ich nicht
       ein Zug machte den Motorrad-Führerschein, ich nicht
       ein Zug machte den Motorbootführerschein, ich nicht
       ein Zug machte keinen Führerschein, nur Pionier-Gerödel

    dienst, da war ich.

Im Leben lernt man so richtig nachhaltig nur aus eigenen Erfahrungen, also meistens aus Fehlern. Wichtig ist, möglichst jeden Fehler nur ein mal zu machen. Dann kommt man selber relativ schnell voran, mit seinem Wachstum und der Entwicklung.
Leider sind mir im weiteren Leben immer wieder solche Menschen begegnet und obwohl ich mir fortan alles schriftlich geben ließ, haben sie mich doch übervorteilen, bescheissen und betrügen können. Irgendein Detail habe dann doch wieder übersehen.
Meistens ist Menschenkenntnis sehr viel wichtiger und das Unterdrücken der Gier nach dem schnellen Erfolg, als tolle schriftliche Verträge. Die kann jeder arbeitslose Jurist jederzeit anfechten.

Zeitgleich habe ich mich auch mit meiner beruflichen Zukunft beschäftigt und bin gedanklich zu meinem ursprünglichen Studium zurückgekehrt, Jura. Den über die ZVO erhaltenen Platz musste ich aber zurückgeben, wegen der Bundeswehr.

Meinen wahren, inneren Wunsch, ein Kunststudium, habe ich im Stillen selber beerdigt. Aus der Familie war keinerlei Unterstützung, moralisch oder pekuniär, zu erwarten, Hiltraud suchte einen Versorger ihrer zukünftigen Brut und in der Gesellschaft war Kunst, anders als heute, kein Beruf, sondern ein Randthema, ein Hobby und als Beruf nicht angesehen. Die Verdienstaussichten waren in meinen Augen sehr schwierig. Brotlose Kunst eben.
Das wälzte ich alles hin und her, ohne mit kompetenten Menschen darüber zu sprechen, und am Ende waren meine Eier und das Zutrauen in meine Kreativität kleiner als die Angst vor einem Künstler- und Sozial-

hilfeleben, so das ich den Traum still begrub. Konsequent habe ich danach auch 40 Jahre selbst nichts künstlerisches mehr geschaffen, aber häufig über diese Entscheidung nachgedacht, wenn ich mir wieder irgendwo ein schönes Bild gekauft habe.

An dieser Stelle möchte ich allen Menschen Mut machen, die auch gerade über ihre berufliche Ausrichtung, oder Neuausrichtung, nachdenken und planen. Egal ob zum Start oder aufgrund irgendwelcher Ereignisse zum Restart in der Lebensmitte.  Wenn Du Dich als Mensch gegen Deine Talente, Begabungen, Fähigkeiten, Liebe und Gefühle, oder Berufung entscheidest, dann stirbt auch immer ein Teil von Dir.
Und das begleitet Dich Dein restliches Leben. Du wirst nie in der Lage sein, das Beste aus Dir rauszuholen. Du mauerst Dich quasi ein Stück weit selber ein. Sicherheit gibt es nie im Leben, nur in Dir selbst, und Geld ist auf Dauer der schlechteste Motivator überhaupt. Spass, Erfolg, Lebensfreude und Begeisterung kannst Du Dir für Geld nicht kaufen, aber Stress, Unzufriedenheit und Krankheiten bekommst Du kostenlos mitgeliefert, wenn Du die Sicherheitskarte ziehst.

Vernunftsentscheidungen halten nie wirklich lange, Du verringerst Deine Chance auf Zufriedenheit und Glück enorm und in dem Falschen / Vernünftigen, für das Du Dich entschieden hast, wirst Du nie so RICHTIG erfolgreich. Ein Teil von Dir ist nie dabei und zweifelt ständig, Du bist ein Stück weit innerlich zerrissen und / oder unzufrieden. Und Geld kann eben nicht dauerhaft alle „Wunden" überdecken und als Trostpflaster fungieren. Umso größer die Hindernisse werden oder die äußeren Bedingungen sich verschlechtern, desto häufiger und intensiver kommen die Gedanken, „...was wäre, wenn ich....".
Das gilt auch für die meisten Kompromisse, auch in Beziehungen.
Und bedenke bitte, die meisten Dinge, die in unserem Unbewussten abgespeichert sind, sind Meinungen unserer Eltern, Verwandten, Erzieher

und Lehrer. Das, was wir für unsere Gedanken halten, sind die Meinungen anderer. Das gilt ganz besonders bei diesen Entscheidungen zwischen vermeintlichem Verstand und unserem Gefühl.

Um das plastisch darzustellen, von unseren 100% Gesamtbewusstsein sind nur 5% das Bewusstsein, dass wir normaler Weise aktiv selber benutzen und mit dem wir aktiv denken. 95% sind das Unbewusste, Unterbewusstsein, dass in den ersten zehn Jahren von Aussen durch andere programmiert wurde. Welcher Teil da meistens gewinnt ist Dir sicher schnell klar. Zumal das Unbewusste ein Vielfaches schneller arbeitet, als das Bewusste. Du kannst also davon ausgehen, dass der erste „Gedanke" auf irgendein neues Ereignis, oder Äußerung eines Gegenüber, immer aus dem Unbewussten entspringt und nicht von Dir aktiv gedacht wurde.

Er ist also fremdprogrammiert und Dir daher nicht förderlich, d.h. für Dich im Klartext, tue das Gegenteil, denn das ist für Dich richtig.

Eine heute weit verbreitet Einstellung ist, ich mache meinen Job (egal welchen, hauptsache das Geld stimmt ) und mit dem Unternehmen, den Kollegen und den Inhalten meiner Arbeit identifiziere ich mich sowieso nicht, mein Leben findet ja hauptsächlich in meiner Freizeit statt. Das hilft auf Dauer auch nicht weiter. Da Du so eine „Leck-mich-am-Arsch-Einstellung" unbewusst ständig ausstrahlst und Deine komplette Umwelt dies schnell spitz kriegt, wirst Du kaum Gehaltserhöhungen oder Beförderungen erhalten und immer zu den ersten Kündigungsopfern gehören. Auch an Akzeptanz und Anerkennung durch Kollegen und Vorgesetzte wird es meistens fehlen. Das ist in jungen Jahren noch gut auszuhalten und zu kompensieren, aber mit zunehmendem Alter werden Job-Hopper immer weniger eingestellt und wenn doch, werden die Jobs immer anspruchsloser und finanziell kommt auch keine Entwicklung zustande. Wir hatten den Punkt mit dem Wachstum als Lebensinhalt ja schon , die Konsequenz wäre sterben.

Es ist also sehr wichtig, sich mit sich und seinen Fähigkeiten und Visionen zu beschäftigen und dann dem Herzen zu folgen. Das Gleiche gilt übrigens auch in Sachen Liebe. Auch da halten Kompromisse nicht lange und schaffen ständig neue Hindernisse und Konflikte. Und der vermeintlichen Vernunft folgen ist immer ein fauler Kompromiss.

Damals wusste ich das alles natürlich nicht und habe munter versucht mein Leben zu erzwingen, auch durch viele Kompromisse. Die haben dann häufig im Moment geholfen und das Schlimmste abgemildert, innerlich bin aber latent unzufrieden geblieben und immer weiter auf der Suche.

Mit dem Einberufungsbefehl entstand für mich wieder so eine Situation von Machtlosigkeit. Diesmal allerdings mit einer Alternative, ich hätte den Wehrdienst verweigern können. Am Ende meiner Überlegungen habe ich mich aber dagegen entschieden, das wären noch mal sechs Monate mehr gewesen, eventuell ein Einsatz im Krankenhaus oder Pflegeheim, da hatte ich ja schon meine Erfahrungen gesammelt. Also Bundeswehr.

Ich war nun eingezogen, machte keinen zusätzlichen Führerschein, und musste das Beste draus machen. Da die Fünf-Seen-Kaserne in Plön direkt an einem See liegt und ein eigenes Freibad hatte, plus jede Menge Sportmöglichkeiten, ging das im Sommer auch ganz gut.
Nur die ewige Schlepperei irgendwelcher Boote und Brückenteile ging mir auf den Rücken und ich dann in den Sanitätsbereich. Dort bekam ich anfangs einen 20 kg-Schein. Mehr durfte ich nicht tragen, incl. meiner Waffe und persönlicher Ausrüstung. Später wurde es ein 5 kg-Schein, da war dann nichts mehr frei, um Boote oder Brückenteile zu tragen.

Da war ich dann fein raus und lief immer nur nebenher. Die Ausbilder waren deutlich genervt. Daraufhin ging ich dann nachmittags auch noch ausserhalb der Kaserne zum Zahnarzt und ließ mir meine Zähne sanieren. Entlassen wurde ich aber leider nicht, trotz aller Nachuntersuchungen. Zum Ende der Grundausbildung wurde ich dann nach Bad Schwartau, in eine ganz grausam Panzerpionier-Kompanie, versetzt. Offiziell gab es das nicht, aber in meinen Augen handelte es sich um eine Art Strafkompanie.

Da liefen nur Typen rum, 100.000 Volt und in der Birne brennt kein Licht. Eines Abend hatten ein paar Wehrpflichtige Ärger mit einem Unteroffizier in ihrer Stube. Als der Uffz sie nicht in Ruhe ließ, haben sie ihn kurzerhand in einen Spind gesteckt, mit einem Gürtel die Tür verriegelt und den Spind samt Uffz durchs Fenster aus dem 1. Stock geworfen. Das war dort das Niveau.

Mein Zugführer, ein Leutnant, war trotz des 5 kg-Scheins von mir begeistert, der erste Abiturient seit Menschengedenken in seinem Zug. Er versuchte mich ständig zu überreden Zeitsoldat zu werden und dann Zugführerkollege von ihm. Ich wollte da nur so schnell wie möglich weg, soviel Hohlbirnen hatte ich noch nie erlebt, auch nicht in meinen Ferienjobs.

Die Situation war also so ähnlich wie in London vor ein paar Jahren, nur waren noch 11 Monate Restlaufzeit auszuhalten und lauter Vollhonks um mich rum. Ich musste also wieder öffentlich, ohne Rücksicht auf mögliche Repressalien, für meine Belange / Wohlbefinden einstehen. Ergo ging ich zum Kompanieführer und fragte nach einer Versetzungsmöglichkeit. Das passte dem gar nicht und nun versuchte er mich auch zu einer Längerverpflichtung zu überreden. Nachdem er damit gescheitert war und ich weiter auf der Versetzung beharrte, teilte er mir mit, dass das nur ginge, wenn ich im Gegenzug jemanden finde, der meine

Stelle dort einnehmen würde. Ansonsten gebe es keinen Weg dort raus. Den Freiwilligen hätte man noch backen müssen und soviel Zeit hatte ich nicht.

Beim nächsten Treffen mit meinem Vater, er war sooooooo begeistert, dass ich Soldat war, erzählte ich ihm die ganze Geschichte und er war guter Dinge, da was einfädeln zu können. Er turnte seit Ewigkeiten in irgendwelchen Ehemaligen-Gruppen rum, die sich regelmäßig trafen. Seit ein paar Jahren hatte seine Ehemaligengruppe ein „Zuhause" in der Graf-Goltz-Kaserne in Hamburg-Rahlstedt, bei den Kampfpanzern, gefunden und er hatte ein hervorragendes Verhältnis zum dortigen Bataillons-Kommandeur. Nun sass ich in der Zwickmühle, wider meine eigenen Überzeugungen zum zweiten Mal Vitamin B meines Vaters nutzen, oder dort mein Jahr zu Ende bringen.

Ich entschied mich für das Vitamin und kurze Zeit später informierte mich mein Vater, dass der Oberstleutnant alles anschieben würde und sich sehr auf mich freut. Er ging natürlich davon aus, dass ich mich auf zwei Jahre verpflichten würde, um Reserveoffizier zu werden, wie mein Vater ;).

Alles im Leben hat einen Preis, wirklich alles. Dessen muss man sich immer bewusst sein und auch immer bereit sein ihn zu bezahlen.
Egal was Du tust, Du bekommst immer eine Rechnung, davon gibt es im Leben keine Ausnahme. Das gilt leider vor allem dann, wenn Dir vermeintlich ohne Gegenleistung „Geschenke" gemacht werden. Manchmal dauert es jahrelang, aber irgendwann kommt dieser „Gönner" sicher auf Dich zu und hat eine Idee für Deine Gegenleistung. Es ist sehr hilfreich, dass frühzeitig zu wissen und zu berücksichtigen. Die Mafia und verwandte Organisationen basieren alle auf dem Muster.

Ich nickte den Deal ab, auch weil wir in Bad Schwartau jeden Freitag morgen schikaniert wurden. Direkt nach dem Wecken mussten wir einen Geländelauf um den See absolvieren, sechs KM in unter 30 Minuten, ansonsten Samstag morgen Wiederholung und das Wochenende war im Eimer. Wir hatten auch keine Zeit zum Frühstücken nach dem Lauf, so dass wir entweder vorher gingen, mit hohem Risiko sich zu übergeben, oder komplett verzichteten.

Ich hatte natürlich noch eine Resthoffnung, irgendwie aus dem zweitenTeil des Deals wieder rauszukommen.

Eines morgens, nach zwei Monaten in der Strafkompanie, bekam ich beim Appell vom Spieß Post von einer Bundeswehrstelle. Gespannt riss ich den Brief auf, es war meine Versetzung nach Rahlstedt. Ich musste an mich halten, um nicht gleich laut loszubrüllen, vor Freude.
Der Kompaniechef guckte recht schmal aus der Uniform und ich packte meine Sachen. Ersatz hat er nicht für mich bekommen. Unbeirrt hatte ich meine Versetzung betrieben und daran geglaubt.

Wenn Du etwas wirklich richtig doll willst, findet sich immer ein Weg und ein Preis. Legal und ohne das andere darunter leiden müssen.
Wo ein Wille, ist auch immer ein Gebüsch.

Meine nun noch 19 Restmonate bei den Panzern waren relativ angenehm, eine Woche in Dänemark und vier Wochen zum Schiessen im Sommer in Wales, extrem viel Sonderurlaub, weil ich jedes Vergleichsschiessen, von Pistole bis Panzer, gewann und nun auch Geld verdiente. Ausserdem war das gesamte Klima in dem Bataillon deutlich besser und nachdem ich nun Reserveoffizieranwärter war ging man mit mir entsprechend rücksichtsvoller um. Meine Freundin Hiltraud jobbte in der Zeit, sie wollte damals nicht studieren und überbrückte ihr Wartejahr bis zum Beginn ihrer Bankkaufmannausbildung bei der Haspa, mit einem Job beim Deutschen Hydrographischen Institut. Dadurch hatten wir nun etwas Geld und wollten zusammenziehen. Das gelang dann auch im Sommer 77, in einer Zwei-Zimmer-DG-Wohnung in Ahrensburg.

Da meine jüngere Schwester schon ein Jahr vorher nach Berlin gezogen war, hatte meine Mutter nun schlagartig, mit 50 Jahren, wieder sturmfreie Bude. Leider hat sie hat daraus nichts gemacht, wie aus ihrem ganzen Leben nicht.

Für mich stellte sich im Sommer 77 aber, im Hinblick auf das eine Jahr Restlaufzeit bei der Bundeswehr und einer riesigen Abiturientenschwemme in Deutschland, die große Frage, was will ich, und was mache ich später beruflich?
Ausbildungsplätze und Studienplätze waren damals restlos überlaufen und viele angehende Lehrer, Politologen, Sozialpädagogen und Juristen studierten direkt in die Arbeitslosigkeit. Das führte zu einer gewissen Verdrängung im Bereich der Ausbildungsplätze.

An das Einkommen hatte ich mich gewöhnt, Wohnung und Autofahren waren gesetzt und essen, trinken und rauchen wollte ich auch weiterhin. Da schied der neuerliche Gedanke an das Kunststudium schnell wieder aus, Jura war auch zügig vom Tisch. Viel zu lernen, wenig kreativ und völlig staubig. Hinzu kam dann noch eine Juristenschwemme mit schlechten Jobaussichten. Naturwissenschaften und Sprachen schieden aus bekannten Gründen aus. Blieben noch Betriebswirtschaft, Volkswirtschaft, Politologie, Geschichte und Philosophie.
Die beiden Wirtschaftswissenschaften schieden dann als erste aus, weil man im Rahmen des Vordiploms damals einen Matheschein machen

musste, fertige Politologen waren aufgrund ihrer Schwemme als Taxifahrer tätig, Philosophen teilten das selbe Schicksal wie Künstler und Geschichte hatte ohne Lehramt keine Perspektive in meinen Augen. Eine Karriere bei Baader-Meinhof hatte zu der Zeit, trotz früherer Sympathien keinen Reiz mehr für mich und Hartz 4 gab es noch nicht. Und mir fehlte mein heutiges Wissen und Bewusstsein. Die einzelnen Fälle, in denen ich unerschütterlich für meine Überzeugung eingetreten war, oder gegen die Meinung meines Umfeldes etwas durchgesetzt / erreicht hatte, waren mir im Ganzen nicht bewusst. Und schon gar nicht die dahinter liegenden Gesetzmäßigkeiten.

Trotz aller relativer Verbesserungen beim Bund, ich konnte auch zuhause schlafen, und dem insgesamt ordentlichen Sold, Zeitsoldat auf zwölf Jahre, mit bezahltem Studium, kam für mich mich auf keinen Fall in Frage. Damit hätte ich meinen Vater begeistert und mich selbst verraten. Beides wollte ich auf keinen Fall.

# Keine leichte Entscheidung stand da an.

Also eher eine Ausbildung. Tischler aufgrund meiner Faszination für Holz und evt. mal später noch ein Architekturstudium draufsetzen ( mit viel Mathe ), oder alternativ Bankkaufmann. Dann eben direkt zum Geld, denn rechnen konnte ich ja schneller als jeder andere.
Am Ende hat das Geld gesiegt. Handwerk war seinerzeit sozial noch deutlich anders als heute angesehen, bzw. eben nicht. Heute würde ich mich ganz sicher für Tischler entscheiden.
Nun ging das Bewerbungen schreiben los, meine Freundin hatte das schon hinter sich und begann ihre Ausbildung gerade. Von ihr bekam ich ein paar Tips. Trotzdem war es dann ein längerer und spannender

Weg, mit einigen Einstellungstests , Bewerbungsgesprächen und Absagen, bis dann der dritte Versuch bei der  Hamburger Sparkasse klappte, trotz 0 Punkten im Diktat. Der Test bestand aus einem IQ-Test, max. 70 Punkte, ich hatte 63 Punkte, dem Diktat mit max. 10 Punkten und einem Gruppengespräch mit max. 20 Punkten. Da hatte ich volle Punktzahl und somit 83 von 100 Punkten. Da war die Freude und der Stolz schon groß, einen der 220 Ausbildungsplätze  bekommen zu haben, bei gut 2500 Bewerbern. Wobei ich nie Zweifel hatte, einen Ausbildungsplatz bei einer Hamburger Bank zu bekommen.

Die Bundeswehr ging zu Ende, ich war Fähnrich der Reserve ( Feldwebel in der Offizierslaufbahn ), bekam meine Abfindung, um sie sofort in ein Auto zu investieren und startete meine Karriere als Banker bei der Haspa. Einem damals bei der Ausbildung inhaltlich sehr fortschrittlichen, aber ansonsten total verstaubten, reglementierten, beamtenähnlichen Spießerinstitut.
Deren größte Erfolge waren seinerzeit  Eheanbahnungen unter Mitarbeitern. Die Quote von Paaren aus dem Haus war riesig und Hiltraud, sie war dort ein Lehrjahr weiter als ich, und ich hätten die Quote weiter hochtreiben können. Der interne Ausbildungsunterricht war super, der Blockunterricht in der Berufsschule auch, aber der Dienst in der Ausbildungszweigstelle war stupide. Die Haupterwartung der Kollegen und der besseren Kunden war, dass ich mir sofort die Kundennamen merkte und auch gleich noch die Kontonummern dazu. Dann brauchten sich die Kunden diese  nicht zu merken und bekamen trotzdem innerhalb von Sekunden ihre Kontoauszüge ausgehändigt. Was für anspruchsvolle Anforderungen. Ausgebildet wurde da leider so gut wie gar nicht, wir waren da kostengünstige Hilfskräfte und verbrachten den größten Teil unserer Ausbildungszeit dort. Zur Abwechslung waren aber auch drei interne Fachabteilungen in der Ausbildungszeit vorgesehen.

Mir wurde schnell klar, dass die Haspa nicht meine Lebensaufgabe war. Einmal, als ich in die „Superabteilung" für Zahlungsverkehr sollte, holte ich mir einen „Gelben Renner" vom Arzt und ein anderes mal habe ich mich freiwillig in meiner alten Einheit beim Bund für fünf Wochen zur Wehrübung gemeldet. In der Zeit bekam ich dort drei mal soviel Gehalt und war nun auch Leutnant der Reserve. Als dann die Abschlussprüfungen 1980 durch waren und feststand, dass ich bei der Haspa der Viertbeste Azubi meines Jahrgangs war, wollte ich klären, wo ich danach hin könnte. Meine Ziele waren, entweder die Ausbildungsabteilung ( da wurden schon Verkaufsgespräche vor der Kamera trainiert ) oder die Hypothekenabteilung. Beides war völlig illusorisch. Gesetz der Haspa war, alle Azubis, ausnahmslos, erst mal auf die Zweigstellen aufzuteilen. Da landeten sie dann häufig in der Kasse. Bank-Dreikampf, Tippen, Haken und Reissen.

Von da aus konnte sich dann jeder über die internen Stellenausschreibungen versuchen weg zu bewerben. Das war nichts für mich, dafür war ich schon zu alt und hatte auch schon zu viel gelernt. Auch bei der Bundeswehr, dort war ich ja zehn Monate als Ausbilder tätig gewesen.

Die Haspa blieb hart, die Beamtenbetonköpfe. Ich auch, ich glaubte an mich.


Ich stand also erneut vor der beruflichen Grundsatzfrage und hatte keine Lust mehr weiter als Banker zu arbeiten. Weil mir die Berufsschule so gut gefallen hatte und ich bei der Bundeswehr als Ausbilder tätig war, nachdem ich dort auch Ausbildungs- und Schulungsvorbereitung gelernt und geübt hatte, kam mir die großartige Idee, doch noch zu studieren, um Berufsschullehrer zu werden, für Sport und Bankbetriebslehre. Da waren die Einstellungsaussichten recht gut und ich müsste mich nicht

mit so unwilligen Typen, wie ich einer war, auf einem Gymnasium rumschlagen. Ich hätte auch den BAFÖG- Höchstsatz von damals DM 750
monatlich bekommen.

# ABER...............

Hiltraud, wir waren 1980 beide 24 Jahre alt, hatte als Lebensplanung mit
30 Jahren das erste von zwei Kindern zu bekommen und dann wollte sie
auch nicht mehr arbeiten. Es war für sie also völlig klar, dass ich dann als
Alleinverdiener die vierköpfige Sippe durchbringen sollte. So weit, so
gut. Der Gedanke, dass sie nun für vier bis fünf Jahre arbeiten gehen
sollte und ich mir, nach ihrer Meinung, in der Zeit einen schönen Lenz
an der Uni machen würde, das ging für sie gar nicht. Trotz BAFÖG und
meinem Versprechen in den Semesterferien zu arbeiten, NEIN !
Das hätte mir eigentlich zu denken geben müssen, aber wir waren mit
unseren Vorbereitungen für unsere Hochzeit schon sehr weit gediehen
und ich hatte wieder mal nicht den Mut auf mein Gefühl zu horchen und
alles abzusagen. Ihr Standpunkt war so extrem dumm, kurzsichtig und
egogetrieben, ich hätte auf der Stelle ausziehen sollen. Tat ich aber
nicht, fehlende Selbstliebe und Selbstwert. Ich fühlte mich schlecht und
dachte daran, was die Freunde, Nachbarn und Verwandten dachten.
Völlig schwachsinnig, aber damals wusste ich es nicht besser.Also heira-
teten wir und ich suchte mir einen neuen Job. Nicht mutig genug. Nicht
zu mir gestanden.

# Scheiße !

Durch den Tip eines Mitschüler aus der Berufsschule wechselte ich zur
damaligen Vereins- und Westbank. Zur Einstellungsbedingung hatte ich
gleich ein Darlehen über DM 6.000 gemacht, da mein Auto schon seit

sechs Monaten mit einem Motorschaden stand, den ich mangels Geld nicht reparieren lassen konnte. Dafür hatte ich mir sogar das Rauchen abgewöhnt, aber das hatte auch nicht gereicht. Und jetzt wollte ich endlich mal einen Neuwagen, mit Garantie und einiger Zeit Ruhe vor Reparaturen. Das Objekt der Begierde war ein Citroen 2 CV 6, eine Ente in Orange. Ein Re-Import aus Dänemark, DM 3.000 günstiger als der deutsche Listenpreis. Die Bank sagte zu und ich arbeitete jetzt als Anlageberater in einer Abteilung, die in den Filialen Wertpapierberatungsaktionen und Depotumschichtungen durchführte. Da kam ich dann in Norddeutschland viel rum. Und die Spesen sorgten auch für finanzielles Wohlbefinden.

Kurzer Einschub zum Thema Auto. Ich habe in den letzten fünfundvierzig Jahren so gut wie alle interessanten Autos und auch viele Oldtimer gefahren, bis zum BMW Z 8. Hinterhertrauern tue ich nur zweieinhalb Fahrzeugen, der Ente und meinem BMW Z 1 in Fungelb und mit kleinen Abstrichen einem Jaguar XKR, mit komplett roter Innenausstattung. Das macht wieder deutlich, Spaß und ein gutes Gefühl haben nicht immer was mit Geld zu tun.

Trotzdem studierte ich den Stellenmarkt in Hamburg weiterhin regelmäßig nach interessanten Alternativen zum Bankerdasein. Zwei interessante Angebote hatte ich auch gefunden. Das erste war eine Stelle als Praktikant in einer PR-Agentur, das zerschlug sich nach dem Vorstellungstermin. Die zweite Alternative war damals der Hammer. Bei BAT, British American Tobaccos, suchten sie zwei Leute für ein zweijähriges Training-on-the-Job zum Rohtabak-Einkäufer. Bezahlung während des Trainings schon besser, als bei der Bank, danach Zieleinkommen DM 250.000 im Jahr und viele Reisen. Wow, das war was ! Das war ja mal eine richtige Ansage. Aus unzähligen Bewerbungen wurden 20 Leute ausgewählt und zum Gespräch eingeladen, ich war dabei. Dann erfolgte das zweite Sieben auf vier Kandidaten für zwei Jobs und ich war immer noch dabei. Also zweiter Termin. Es ging um die Darstellung des ganzen Programms und Abklopfen letzter Unklarheiten aus den Bewerbungsunterlagen. Und dann kam der alles entscheidende Punkt, ......"nach den ersten drei Monaten hier in Hamburg, in der Zentrale, kommen Sie dann gleich für neun Monate auf eine unserer Tabakfarmen in den USA, um einen vollen Kreislauf von Aussaat bis Ernte mitzuerleben und mitzuarbeiten. Das ist für Sie doch kein Problem, oder.....?" Was für ein ein Gesicht ich da gemacht habe, weiß ich nicht, aber was mir durch den Kopf schoss. „Du bist seit zwei Monaten verheiratet und Dein Englisch ist katastrophal." Und dann habe ich wohl einen Tick zu lange gebraucht, um mein **„kein Problem"** glaubhaft rüberzubringen. Ich landete auf dem dritten Platz und leider sprang von den beiden Bewerbern vor mir keiner ab. Also ab in den Urlaub nach Italien, mit der Ente, und weiter bei der Bank. Ich hatte es ja selbst verkackt.

Ob es nun daran lag, dass wir kurz nach der Hochzeit in das verflixte siebte Beziehungsjahr kamen, die Unzufriedenheit mit verschiedenen Dingen in der Vergangenheit in mir kräftig arbeitete, oder es dem Esel einfach zu gut ging und er deswegen aufs Eis musste, ich kann es heute nicht mehr sagen. Tatsache war, um die Jahresmitte 81 fuhr ich auf ein einwöchiges internes Seminar der Bank und lernte da eine sehr anziehende junge Kollegin von der Luxemburger Tochterbank kennen und verbrachte mit ihr die gesamte Freizeit dort. Ich schlief in dieser Woche nur 10 Stunden insgesamt und das muss mir Hiltraud auch gleich beim Nachhausekommen angesehen haben.

# Pack Deine Koffer und geh !

Mein Unterbewusstsein hatte mich geführt und meine erste Ehe war nach einem Jahr, und insgesamt sieben Jahren Beziehung zu Ende.

Ende, noch nicht ganz..........Nach ein paar Wochen Funkstille kam es zu einem Treffen auf neutralem Boden, eingefädelt von Hiltraud. Noch mal über alles sprechen. Unsere gemeinsame Kosmetikerin stellte uns ihre Wohnung zur Verfügung und das Gespräch verlief recht freundschaftlich, aber ich wollte nicht mehr zurück. Trotzdem gab es dann noch mal Sex mit der Ex. Das Ergebnis davon war einige Zeit später ein Anruf von meinem Schwiegervater, den ich sehr mochte. Er schlug einen gemeinsamen Saunabesuch vor, bei dem wir uns unterhalten könnten. Ich sagte zu.

In der Sauna eröffnete er mir dann, dass seine Tochter nun schwanger wäre. Ups, das saß. Sein bester Freund war Anwalt und eine entsprechende Beratung hatte ergeben, dass ich wohl demnächst den größten Teil meines Nettogehaltes an meine zukünftige Exfrau zu zahlen hätte, Unterhalt für sie und das Kind. Obwohl das alles sehr plötzlich und völlig unerwartet auf mich zukam, bin ich völlig ruhig geblieben, auch innerlich, und ich habe erst mal nicht reagiert. Dadurch hatte ich ausreichend Zeit, um nachzudenken. Dann konnte ich agieren. Das Ergebnis meines Nachdenkens war dann auch entsprechend gut. Ich teilte ihm mit, dass ich dann umgehend meinen Job kündigen würde und mich nun endlich doch zum Studium einschreiben würde. Meine DM 750 BAFÖG- Darlehen wären vermutlich unpfändbar, so dass dann mein Vater wohl den Mindestunterhalt für das Kind zahlen müsste, für meine Exfrau aber sicher nichts. Und ich würde dann aber über Ferienjobs dafür sorgen, dass mein Vater von mir das Geld zurückbekäme.

Ich war bereit die Verantwortung für mein Tun zu übernehmen, aber ich war nicht bereit mich erpressen zu lassen und nun hinter meinem Leben einen Haken zu machen. Und schon gar nicht, nach der ganzen Vorgeschichte mit Hiltraud. Der Nachmittag verlief trotzdem in freundlicher

Atmosphäre und ein paar Wochen später erhielt ich die Nachricht, dass sich die Schwangerschaft erledigt hätte. Wie und ob sie überhaupt tatsächlich bestanden hat, habe ich nie erfahren. Es war mir eigentlich auch egal, das entscheidende war ihre Art zu denken und sich zu verhalten. Da war ich jetzt doppelt froh, dass wir getrennt waren und ich mich nicht noch Jahre mit dieser Egozentrik auseinandersetzen musste.

Aus heutiger Lebenserfahrung und im Rückblick ist mir sehr deutlich geworden, dass zu allen Zeiten ein großer Teil der jungen Menschen, zwischen 16 und 25 Jahren, eine hohe Bindungsbereitschaft mitbringt, die häufig in den häuslichen Erfahrungen der Vergangenheit bei den Eltern liegt. Hinzu kommt der natürliche Trieb, sich selbst zu entwickeln und zu verwirklichen. Diese Jugendlichen wollen früh zusammenziehen und alles anders = besser machen, als es bei ihnen zuhause lief. Bei meiner Tochter erlebe ich das auch alles gerade. Dagegen ist ja erstmal grundsätzlich auch nicht viel zu sagen, vor allem nicht, wenn die Beziehung dann wenigstens früh zerbricht. Und das tun sie in der Masse der Fälle.

## Woran liegt das ?

Nach meiner Theorie im wesentlichen an zwei Faktoren. Der erste ist fehlende Lebenserfahrung und nicht praktizierte Selbstverantwortung. Ich halte es heute generell für extrem wichtig, dass Jugendliche mal eine Zeit völlig für sich Verantwortung tragen und fühlen, dass sie sich mit ALLEN Themen des Lebens alleine auseinandersetzten müssen, weil sie für sich, ihre Bude und Fortbewegung alleine zuständig sind. Das muss zeitlich nicht ewig sein und in der Phase kann man auch einen Freund / Freundin haben. Ein Jahr wäre sicher ein guter Mindestzeitraum. Das ist extrem gut fürs Selbstbewusstsein und für die Selbstverantwortung.

Zweiter Faktor ist, dass so gut wie immer die Bereiche Selbstliebe / Selbstwert und Selbstvertrauen bei den beiden Akteuren völlig ungleich verteilt sind. Sehr häufig ist einer Macher und einer Opfer, im Unbewussten. Das „Opfer" neigt dann dazu, sich den Vorgaben / Gewohnheiten des Machers anzupassen und diese für sich schnell zu akzeptieren. Hier findet, auf einer anderen Ebene als zuhause mit den Eltern, wieder ein Anpassungsprozess statt, der viel subtiler als der elterliche Prozess ist und auch zu keiner offenen Auflehnung führt. Das ist das große Thema hier. Es finden subtile Persönlichkeitsveränderungen statt, die der jeweiligen Person nicht gut tun, sondern zu Verdrängungen und gesundheitlichen Störungen führen können. Auch dann, wenn bei den handelnden Personen die Themen Selbstliebe und Selbstwert recht ausgeglichen verteilt sind, dann leider meistens auf niedrigstem Niveau. Beide erwarten vom Anderen die Aufmerksamkeit und Liebe, die sie sich selbst nicht geben können und von den Eltern auch häufig nicht bekamen. Der Verlauf so einer Beziehung ist immer „tödlich". Zwei Blinde werden zusammen ja auch nicht sehend. Also kommt meistens eine frühe Trennung, weil das Unbewusste einen dahin steuert. So, wie in meinem Fall. Die Fälle, die nicht die Gnade der frühen Trennung hatten, bekommen dann Kinder und noch mehr Probleme. Spätestens mit Mitte vierzig ist hier dann der Ofen aus, nach einem großen Knall. Da wird es dann meistens auch richtig hässlich und teuer, aber die Anwälte freuen sich.

Das Thema Alleinleben gilt übrigens, nach meiner Überzeugung, auch für alle, die nach langen Ehen, oder Beziehungen, frisch getrennt sind. Die weit verbreitete „Lösung", man zieht gleich beim neuen Freund / Freundin mit ein, ist eine Katastrophe. Was soll da besser werden, wenn ich nur einen Körper austausche und mir über absolut nichts aus der vergangenen Beziehung irgendwelche Gedanken mache, oder versuche Schlüsse zu ziehen und was zu lernen ?????? Vor allem bezüglich meines

eigen Verhaltens und meiner Denkmuster. Die schleppe ich doch immer weiter unverändert mit mir rum und die werden auch in der nächsten Beziehung, nach der **„Schmetterlingsphase"**, wieder wirken und die selben Resultate hervorbringen.
Und wenn Kinder in der geplatzten Beziehung waren, wird es mit sofortigem neuen Partner gleich doppelt schwer !!!!!

In der Bank wechselte ich im Frühjahr 82 vom Anlagebereich ins Kreditgeschäft. Die Veränderungen der Bankenwelt machten eine Neujustierung meines  Karrierezieles notwendig. Dass war nun Filialleiter, statt Anlageberater, und dafür musste man das Kreditgeschäft beherrschen. Ich kam in die Kreditüberwachungsabteilung für die Hamburger Filialen, dort wurde ich einem erfahrenen Prokuristen zugeteilt. Er hatte den Spitznamen Brummi und so war er auch äußerlich, aber innerlich herzensgut. Ich mochte ihn sehr und konnte in kurzer Zeit sehr viel von ihm lernen. Drei Monaten nach meinem Start dort, er war im Urlaub und ich hatte sein ganzes Referat, platzte in einer unserer Filialen deren größtes Kreditengagement auseinander. Hier hatten wir rund achtzig Gewerbeimmobilien in Norddeutschland für eine BGB-Gesellschaft, mit zwei persönlich haftenden Gesellschaftern, finanziert. Die beiden hatten privat Streit bekommen, weil der eine nicht die Privatsphäre und Öffentlichkeitsscheue des anderen respektiert hatte und ihn und seine Frau als Zeugen vor Gericht vorladen ließ. Der Streitfall war gemessen an seinen Folgen geradezu lächerlich, es ging um einen falsch herausgegebenen Pelzmantel der Ehefrau, bei einem gemeinsamen Besuch der vier, im Landhaus Scherrer.

Was können wir daraus lernen, kleine Ursache, große Wirkung und Rechthaberei und Ego können im schlechtesten Fall Existenzen zerstören, wobei das hier am Ende nicht passierte.

Die Bonität des einen Gesellschafters war über jeden Zweifel erhaben, er war Alleininhaber einer der größten Lebensmitteldiscounter-Ketten in Deutschland, die des anderen sehr durchschnittlich normal und für Kredite in den Größenordnungen absolut nicht ausreichend. Es war immer alles auf die eine Top-Bonität abgestellt worden und mit dem anderen hatte man sich seitens der Bank nie groß beschäftigt, er war nur ein Anhängsel, neudeutsch Add On.

Die Herausforderung für die Bank war jetzt, das Engagement so zu teilen, dass der „Idiot" so werthaltige und schon stark abbezahlte Immobilien zugeteilt bekam, damit seine Bonität und die freien Sicherheiten für seinen Teil des Gesamtkredites zur Besicherung ausreichten. Jedes mal, wenn ich darüber nachdenke, geht mir immer noch das Messer in der Tasche auf, dass der egogetriebene „Idiot" nun auch noch belohnt werden sollte.


Die zuständige Filiale fühlte sich nun schlagartig mit ihrem Vorzeigeengagement völlig überfordert und bat um Regelung durch uns. Unser Abteilungsleiter sprach mir sein Vertrauen aus und schon war der „Schwarze Peter" bei mir gelandet. Am Ende von Brummis Urlaub hatte ich die Immobilien anhand der vorliegenden Unterlagen soweit bewertet, dass ich sie in zwei separate Engagements so aufteilen konnte, dass die Bank, mit ihrem Sicherheitsbedürfnis, damit sehr gut leben konnte. Zu meiner großen Überraschung haben auch die beiden Gesellschafter jeweils zugestimmt. Bei dem „Schwachen" kein Wunder für mich, er war nun auch ein gemachter Mann. Bei dem „Starken" hab ich damals die Zustimmung nicht verstanden, er hatte dadurch einen deutlichen Vermögensverlust.

Später wurde mir klar, dass er hier für seine Prinzipien eingetreten ist und Selbstverantwortung übernommen hatte. Gleichzeitig hatte er sich auch von einer menschlichen Enttäuschung befreit. Er konnte es sich auch leisten und die folgenden Jahre haben solch enorme Zuwächse bei den Werten von Gewerbeimmobilien gebracht, dass der kurzfristige Verlust sicher um ein zigfaches kompensiert wurde.

# Schmetterlingsphase

# Denkmuster

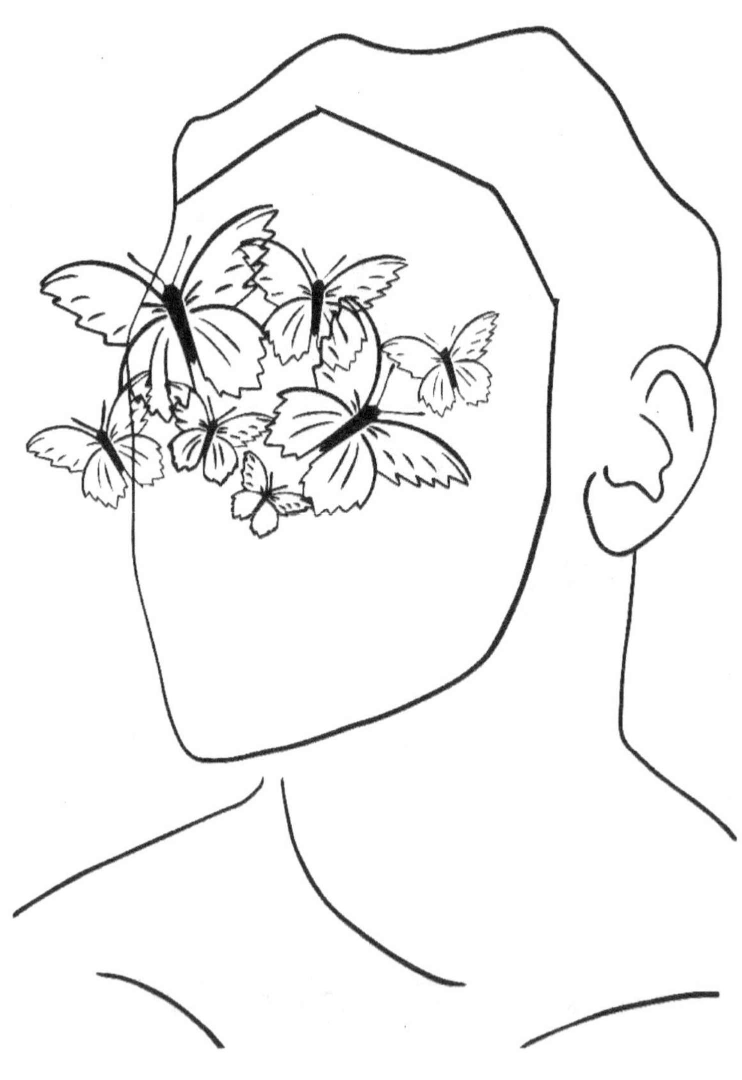

Für mich gab es in der Folge eine Gehaltserhöhung, Handlungsvollmacht mit Kreditvollmacht und mein eigenes Referat, durch Aufteilung der Filialen von Brummi. Heute würde man das Win-Win-Win-Situation nennen.

Auch hier habe ich mehrfach an mich gehalten, zuerst bei der Übernahme dieser großen Aufgabe noch während der Einarbeitung und dann bei der Umsetzung. Mir ging es total gegen den Strich, den Egomanen, der immer nur im Kielwasser des Handelsriesen schwamm, nun auch noch für seine kleinkarierte Sturheit zu belohnen. Im Interesse meines Arbeitgebers habe ich es aber getan und so einen Drei-Parteien-Kompromiss hinbekommen, mit dem alle gut leben konnten.

Ende 82 tauchte in den Überwachungslisten, einer meiner Filialen, ein neuer Überziehungskredit eines bisher völlig unbekannten Kunden auf. Die Überziehungen wurden schnell größer, Rückfragen bei der Filialleitung wurden eher nebulös beantwortet. Als die Überziehungen dann DM 400.000 überstiegen, das war die Kompetenzgrenze der beiden Filialleiter, ging ich denen nun offiziell und schriftlich auf den Geist. Dafür hatte die Filialleitung überhaupt kein Verständnis. Sie hatten Kreditprotokolle zu erstellen, alle Informationen und Unterlagen akribisch zusammenzutragen und zur Genehmigung einzureichen. Mit fadenscheinigen Erklärungen versuchten sich die Herren rauszuwinden und Zeit zu gewinnen. Sie hatten keine Unterlagen und alles auf mündliche Behauptungen des Geschäftsführers der Firma durchgehen lassen. Ausserdem war die Firma erst seit einem Jahr Kunde der Bank und das Gewerbe war Großgastronomie. Mit der Rückendeckung meiner Abteilungsleitung und der obersten Leitung aller Hamburger Filialen, wurde der Kunden nun in die Zentrale bestellt, um sich dort mal vorzustellen und zu erklären. Die beiden „Nachtwächter" der Filiale natürlich auch.

Der Kunde ging bei dem Gespräch sofort in die Offensive und erzählte, dass er der ehemalige Finanzberater von Les Humphries war, der lebte damals für 10 Jahre ausserhalb Deutschlands auf Ibiza, um hier einer Verurteilung wegen Steuerhinterziehung aus dem Weg zu gehen. Der Berater war dem Finanzamt auch bekannt und wurde in der Angelegenheit auch gesucht und eines Morgens auf dem Hamburger Flughafen, aus Zürich kommend, festgenommen und am Ende zu dreieinhalb Jahren Gefängnis, wegen Beihilfe zur Steuerhinterziehung verurteilt. Davon hatte er auch zwei Jahre abgesessen und war dann wegen guter Führung auf Bewährung entlassen worden. Vermögen hatte er keins, alles gehörte seiner Frau oder Firmen aus Liechtenstein. Auch die Wohnimmobilie in der Oesterleystraße, beste Lage in Blankenese. Seine Frau sei ehemalige Vorstandssekretärin der DG Hyp Bank gewesen.

Jetzt, nach der Gefängnisauszeit war er dabei ein Gastronomieimperium aufzubauen, die „Bierbörsen Kleinkleckersdorf", zusammen mit seinem Schwager, einem ehemaligen Polizisten. Und das viele Geld hätte er nur gebraucht, weil sein größtes Objekt, die Lüner Mühle in Lüneburg, durch Brandstiftung stark in Mitleidenschaft gezogen war und nun alle Kosten weiterlaufen, ohne dass etwas reinkommt. Und die Versicherung weigert sich zu zahlen, da Eigenbrandstiftung nicht ausdrücklich im Polizeibericht ausgeschlossen wurde.

Die Versicherung bei der Allianz war bisher nicht mal an die Bank abgetreten, diese Nachtwächter in der Filiale.


Zu meiner großen Überraschung konnte er mit seiner vermeintlichen Offenheit und angeblichen Ehrlichkeit, andere würden es evt. auch freches Auftreten nennen, unseren Generalbevollmächtigten doch beeindrucken. Der war für mich der Inbegriff eines Hanseaten und Hamburger Kaufmanns. Ich hatte erwartet, dass der spätestens bei der Schilderung des Gefängnisaufenthaltes aufsteht und ihn rausschmeisst.

Das Gegenteil war der Fall, er war bereit das Engagement weiter zu begleiten, aber die beiden Schlafmützen mussten nun tun und erledigen, was wir ihnen aufgaben.

Es kam Bewegung in die Inanspruchnahmen des Kontos, aber insgesamt stiegen sie weiter.

Nach ein paar Monaten kam der Generalbevollmächtigte daher auf mich zu, ob ich nicht in die Filiale der beiden Nachtwächter wechseln wolle, um dort das Kreditsekretariat zu leiten und noch dichter an den Kunden und die Betreuung seines Engagements zu kommen. Ich sagte zu und im Frühjahr 83 ging es los. Damit war es nun für den Kunden unmöglich weitere Verfügungen über das Konto zu veranlassen, ohne im Gegenzug Geld in bar einzuzahlen. Das gefiel ihm gar nicht.

Ich kämpfte auch noch immer mit der Allianz um die Auszahlung der Versicherungsansprüche und parallel fing der Kunde an, mich abwerben zu wollen.

Im Sommer begann ich eine einjährige Wochenendfortbildung bei der Wirtschaftsakademie in Neumünster, Ziel war der Bankfachwirt.

Der schleimende Kunde hatte Erfolg. Die Erfolgsleiter der kleinen Schritte bei der Bank war nicht so meins und die Aussicht auf eine tolle Rente in 40 Jahren konnte mich nicht wirklich locken. Sicherheit ist mein ganzes Leben lang für mich nicht so wichtig gewesen. Im Gegensatz zu den meisten Menschen, glaube ich fest daran, „Irgend etwas geht immer" bzw. „Wenn eine Tür zuschlägt, geht woanders eine neue auf" und echte Sicherheit im Aussen gibt es überhaupt nicht. Das ist die große Illusion der Menschheit. Krankheit kann Dich immer ereilen, Todesfälle finden quasi rund um die Uhr statt, der Partner kann sich jederzeit trennen und eine Weltwirtschaftskrise mit Währungsreform ist auch immer möglich, so wie z.Zt. von vielen Experten erwartet. Da brauchst Du nur an 1929 denken. Oder die geplatzte New-Economy- Blase 2000, bzw. die große Bankenkrise 2008.

Da können dann auch Sachwerte, z.B. Immobilien plötzlich dramatisch an Wert verlieren.


Ich lies es daher zu, dass Gier Hirn frisst und versuchte mich vertraglich bei dem Tausendsassa so gut es ging abzusichern. Auf den Zuschuss der Bank zu den Fortbildungskosten musste ich verzichten, dafür verdiente ich dann das Doppelte  netto und hatte auch noch einen Firmenwagen. Im Januar 84 ging es los.


Oder auch nicht.

Damals wusste ich noch nicht, dass die vermeintlichen Abkürzungen und Sonderangebote des Lebens meistens tatsächlich ein Umweg ins Nirgendwo sind. Hin- und herspringen bringt uns fast nie schneller zum Ziel. Du kennst dass sicher auch vom Autofahren im Stau oder im stockenden Verkehr. Eine Entwicklung, ich sagte es bereits, besteht aus gesammelten Erfahrungen, die dann in uns zu unserem authentischen Wissen werden. Durch die Abkürzung erspare bzw. verpasse ich sie und muss zurück auf Start. Dies bitte nicht verwechseln mit so falschen Glaubenssätzen, wie „Erfolg oder Reichtum ist immer das Ergebnis harter Arbeit". Viele Erfolgreiche und Reiche haben noch nie hart gearbeitet, aber sehr viele Menschen haben ein Leben lang hart gearbeitet, ohne je reich gewesen zu sein.

Wir haben alle unseren individuellen Lebensplan und für den sind die gemachten Erfahrungen sehr wichtig um den nächsten Schritt gehen zu können und um zu wachsen.

Alle vermeintlichen Abkürzungen haben mich immer zurückgeworfen und mich viel Geld gekostet. Ich bin leider erst im fortgeschrittenen Alter hinter diese ganzen universellen Gesetzmäßigkeiten gekommen.

Die Rettung der Firmen und der Bierdörfer war nicht möglich. Die Versicherung zahlte immer noch nicht, sie war ja nun auch an die Bank abgetreten, und privates Geld wollte mein neuer Boss nicht in die Firmen einzahlen. Nach sechs Monaten waren alle Firmen, bis auf die, die ich mir als Arbeitgeber ausgesucht hatte, in Konkurs, heute heißt das Insolvenz.

Die Geschichte lief noch neun Monate weiter, bevor wir dann endgültig getrennte Wege gingen und die Vereins- und Westbank nun aber endlich die Auszahlung der Versicherung erhielt. Daran habe ich bis zum Ende noch mitgearbeitet. Trotzdem blieben bei der Bank dann noch rund DM 0,75 Mio offen.

Jahre später ist der feine Herr wieder in der Hochfinanz unterwegs gewesen und hat große Immobilien gehandelt, besessen und vermittelt. Die Vereins- und Westbank hat ihn immer in Ruhe gelassen. Als ich mich deswegen mal fragend an einen ihrer Syndici wand, war der ganz erstaunt. Danach hat die Bank wohl einen Vergleich geschlossen, über 50% und ohne Zinsen. Leider habe ich keine Erfolgsprovision erhalten.

Klar zu erkennen, die Gebühren der Banken, ein ständiges Thema des Klagens der Kunden, sind anscheinend immer noch viel zu hoch und Banken denken nicht wie alle anderen Wirtschaftsunternehmen.

Ich hatte, trotz doppelten Gehaltes, alles Geld wieder durchgebracht, keinen Job mehr, kein Auto und auch keine Wohnung, da ich mich dann auch gleich radikal von meiner Freundin trennte. Dafür hatte ich sehr viele neue Erfahrungen gemacht, teilweise viel Spaß gehabt, völlig unbekannte Dinge und Orte kennengelernt und bin viel rumgekommen. Obwohl ich bei ihm einen Zweijahres-Festvertrag hatte, bekam ich keine Abfindung.

Sein Lieblingsspruch war, „Alle fünf Minuten steigt ein Dummer aus der U-Bahn, man muss ihn nur finden." Danach hat er immer gelebt und ich reihte mich nun in die endlose Schlange der Dummen ein.

Mein Motto wurde das bis heute nicht, auch wenn ich immer wieder den Eindruck hatte, es könnte wahr sein. Für mich steckt da viel zu viel Arroganz und Verachtung anderer Menschen drin.

## Also wieder Neustart in allen Bereichen.

Ich zog zu meiner neuen Lebensgefährtin, Ingelore. Das war halt bequem.

Ja, völlig falsch gemacht. Ich hatte damals noch nicht mein Wissen und Erfahrung von heute.

Sie war die Kosmetikerin, die meiner Ex-Frau und mir ihre Wohnung für unser letztes Treffen zur Verfügung gestellt hatte. Sie ist 11 Jahre älter als ich und ihre Tochter war  damals 12 Jahre alt. Da konnte ich nun erst mal in Ruhe mein Leben neu sortieren. Zumal aus der Zeit mit meinem letzten Chef noch in einem juristischen Verfahren gegen mich ermittelt wurde. Zu der Zeit war ich auch drei Monate „stempeln", also ich bezog Arbeitslosengeld. Die Trennung durch ihn kam für mich sehr plötzlich.

Nachdem ich, zu meiner Überraschung, festgestellt hatte, dass Bankkaufleute ausserhalb der Bankenwelt wenig Interesse weckten, und ich mich entschieden hatte, auf keinen Fall wieder zu einer Bank zu gehen, trotz meiner Wiedereinstellungszusage der Vereins- und Westbank, fand ich schließlich bei einer Leasinggesellschaft einen Job im Aussendienst. Besser bezahlt als in der Bank und wieder mit Dienstwagen.

Schon rund fünf Monate später ging es dort dann gleich drunter und drüber. Die Bayerische Raiffeisenzentralbank ging mit irgendwelchen Immobilienfinanzierungen über die Wupper, leider. Die BRZ war mit 35% größter Gesellschafter unserer Leasinggesellschaft und über Nacht war das nun die DG-Bank aus Frankfurt, als Retter der BRZ. Und die haben dann ganz schnell viel Druck auf die Mitgesellschafter ausgeübt und schon wurde unsere Leasinggesellschaft mit der DG-Leasing, 1985 gerade im Aufbau als ein wildes Konglomerat von zig zusammengekauften kleineren Gesellschaften, fusioniert.

Da begann dann ein großes Stühlerücken, fast alle Jobs waren doppelt besetzt.

Selbst die Vertriebsleute waren mehr mit dem Sägen an fremden Stühlen beschäftigt, als mit Terminen und Akquisition von Kunden.

Da konnte man Studien betreiben, über die Menschen und wozu sie fähig sind, wenn es um Jobs, Macht und Geld geht. Thema ist häufig natürlich auch wieder die blanke Angst ums vermeintliche Überleben. Ich wundere mich immer wieder, wieso so wenig Menschen wissen, dass das Leben IMMER weitergeht und man nicht in großen, schwarzen Löchern versinkt. Ausser man denkt sich diese Löcher selbst und schubst sich selber rein.

In diesen Wirren lernte ich dann auch Volkart kennen, er wird später noch eine tragende Rolle in meinem Leben spielen.


Meine Welt war das alles nicht, ständig neue Ausrichtungen und Parolen, immer Unruhe und neue Chefs.Da musste ich raus und mir was anderes suchen. Nach 21 Monaten war ich weg. Ich hatte mir die Vertretung für Norddeutschland einer ganz kleinen Leasinggesellschaft auf freiberuflicher Basis gesichert. Die waren auf alle Kunden im Heilwesen spezialisiert. Für meine gewerblichen Kunden hatte ich dann weitere Gesellschaften in der Hinterhand.

Der 1.4.1987 war nun der Beginn meiner Selbständigkeit als Leasingver-
mittler.
Dadurch hatte ich auch unregelmäßig weiter Kontakt zu Volkart.


Privat hatte sich auch was ereignet. Ingelore, mit Tochter und Hund, und
ich waren Anfang 1986 in eine schöne Altbauvilla nach Ahrensburg gezogen und kurz vor Weihnachten 86 haben wir geheiratet. Später fragte
ich mich dann, WARUM ?
Es gab so richtig keinen Grund und Kinder wollte ich zu der Zeit nicht in
die Welt setzen. Und durch ihre Erzählungen, wie sie ihren Ex-Mann bei
der Scheidung ausgepresst hatte, hätte ich auch gewarnt sein sollen.
Die Wohnung war sehr groß, so dass ich dann auch mein Büro dort ein-
richten konnte.


Meine Geschäfte liefen ganz ordentlich und ein Jahr später kauften wir
die halbe Villa von der Erbengemeinschaft. Auf Anraten meines Steuerberaters, er war gleichzeitig auch Notar und Rechtsanwalt, kaufte Ingelore alleine, ich bürgte für die Darlehen und bezahlte sie ab. Dadurch
wurde die Immobilie nicht Betriebsvermögen und im Veräußerungsfall
ein evt. Wertzuwachs nicht steuerpflichtig. Was für ein Scheiß-Tip !
Daraus habe ich auch gelernt, dass so ein Multitalent, Anwalt, Notar und
Steuerberater, eben auch nur maximal ein Thema richtig gut kann und
zwei Themen hinten runterfallen.


Im Winter 88 / 89 wurde die ganze Villa grundsaniert, neue Heizungs-
anlage plus Rohre, neue Wasserrohre (war noch Blei) und komplett neue
Badezimmer und Küche, neue Elektroleitungen und natürlich Wände,
Fenster / Türen neu gestrichen und Fußböden neu. Es war ein Riesen-
projekt, auch die Abstimmung mit den Eigentümern der anderen Hälfte
des Hauses, eine Woche keine Heizung bei Frost etc. Ich war von morgens bis nachts meine Bauaufsicht , Hiwi und Architekt zugleich und

habe meine Leasinggeschäfte, Kunden und Händlerbetreuung, nur an einem Tag in der Woche aktiv weiterverfolgt.

Am Ende der fünfmonatigen Umbauphase, Ende März, klingelte mein Telefon nicht mehr, alle Verträge waren abgerechnet und die Provisionen ausbezahlt und ich hatte nicht einen Vertrag mehr im Vorlauf. Alles stand auf 0, aber die Wohnung top modernisiert.

Statt Panik zuzulassen habe ich mich hingesetzt, nach vorne geschaut, alle meine Unterlagen und Kontakte durchgesehen, viele Termine gemacht und Gespräche geführt. Im Juli, als die kompletten Zahlen für das erste Halbjahr vorlagen, konnte ich feststellen, dass es rein zahlentechnisch die besten sechs Monate meiner Leasingzeit waren, genau genommen ja die besten drei Monate.

# Triff klare Entscheidungen, ohne Hintertür, kein „Wenn" und „Aber",und fange einfach an.

Du wirst alle notwendige Unterstützung erhalten, damit Dein Vorhaben ein Erfolg wird, auch manchmal die Unterstützung, die Du am wenigsten erwartest hast. Dein Fokus ist dann richtig ausgerichtet (Unbewusstheit) und erkennt Chancen und Möglichkeiten, die Dein Bewusstsein übersieht, oder nicht richtig einschätzt.

Das ist übrigens auch der Grund, der gegen einen Plan B und Plan C spricht. Das sind dann Hintertüren, die die Aufmerksamkeit und den Fokus zerfleddern.

Die Mauer fiel und meine Skepsis bezüglich der „blühenden Landschaften" von Helmut Kohl war riesig. Zu der Zeit war die Wirtschaft im Westen auf einem Tiefpunkt angekommen und er und seine Politik waren am Ende. Aber er machte riesige Geschenke an die Russen, die DDR-

Bevölkerung und die EU. Er hat sich die Zustimmung zur Deutschen Einheit sehr teuer erkauft und die Stimmen für die nächste Wiederwahl auch. Da zahlen wir noch heute dran.

Im Sommer 90 bin ich mit einem Geschäftsfreund für eine Woche durch Sachsen-Anhalt, Brandenburg und Thüringen gefahren, um mal zu gucken wie es dort aussieht und ob sich irgendwelche geschäftlichen Anknüpfungspunkte ergeben.

Danach wusste ich ganz sicher, dass Kohl und die CDU uns damals wissentlich in einem unvorstellbaren Ausmaß belogen haben. Was ich dort gesehen habe, vor allem in Bitterfeld, der alten Chemiestadt der DDR, war katastrophal und wirkte, als wenn dort Anfang der 50-er Jahre alles stehen geblieben wäre und seit dem als Müllkippe genutzt worden ist.

Das war so deprimierend, für mich ist es deshalb auch kein Wunder, dass die Anpassung Ost- West bis heute nicht vollständig abgeschlossen ist und viele immer noch auf die versprochenen blühenden Landschaften warten.

Bedarf gab es in der DDR für Produkte aller Art, für Dienstleistungen auch, aber die Menschen waren zu geizig für Dienstleistungen Geld zu bezahlen und Finanzierungsgeschäfte auf Abzahlungsbasis waren zu der Zeit, ohne werthaltige Garantien bzw. Bürgschaften absolut illusorisch, außer für Hersteller, die sich damit einen Markt erkauften.

Zu dieser Zeit plante Volkart mit einem seiner Kunden die Gründung einer eigenen Leasinggesellschaft und fragte mich, ob ich in das Projekt mit einsteigen wollte, um gleich die Vertriebspower etwas zu erhöhen. Ich war interessiert, natürlich.

Gedacht war eine GmbH & Co. KG mit einem Gründungskapital von DM 600.000, also für jeden TDM 200. Meine Frau wollte von dem Projekt nichts wissen und unterstützte mich nicht bei der Finanzierung meines

Anteils. Ich hatte daran gedacht, das Geld durch eine nachrangige Finanzierung auf die Immobilie zu beschaffen. Das wäre nur mit ihrer Zustimmung gegangen, die sie nicht erteilte. Da erwies sich das Konstrukt meines Steuerberater-Anwalts das erste mal als Mist.

Eine normale Finanzierung über die Bank wurde von dieser abgelehnt, aus ihrer Sicht keine Sicherheiten.

Da mir vor allem der Dritte im Bunde, ein recht großkotziger Anwalt aus Harburg, von Anfang suspekt war, habe ich die beiden möglichen Partner mal von der Hausastrologin meiner Frau analysieren lassen. Das Profil über den Anwalt erinnerte mich sofort an meinen ehemaligen Gastro-Boss, der mich aus der Bank abgeworben hatte. Allergrößte Vorsicht war geboten und das juristische Verfahren schwebte auch immer noch über mir und im Falle meiner Beteiligung natürlich auch über der neuen Firma.

Als ich den beiden Kollegen mitteilte, das ich das Geld für meinen Anteil nicht zusammenbekomme und das Verfahren immer noch nicht erledigt ist, nahmen die das recht teilnahmslos auf und bastelten alleine weiter an der Gründung. Beide waren immer noch sehr zuversichtlich, dass sie ihren Anteil finanzieren könnten.

Ich könnte ja freiberuflich für die neue Firma im Vertrieb arbeiten und meine Provisionen dort stehen lassen, um diese dann später in eine Beteiligung umzuwandeln.

Im Oktober 90 ging es los. Meine Tätigkeit für die Ärzteleasing habe ich natürlich weiter betrieben und von den Provisionen gelebt. Alle anderen Verträge gingen dann an das neue Projekt. Nach neun Monaten hatte ich soviel Provisionen dort stehen, dass ich das Beteiligungsgespräch weiter fortsetzen wollte.

Da kam dann heraus, dass beide ihr jeweils geplantes Kapital von je DM 200.000 auch nicht finanziert bekommen hatten. Sie haben dann eine GmbH & Co. KG gegründet und in der KG jeweils Anteile von DM

200.000 gezeichnet, aber bei weitem nicht einbezahlt. Volkart hatte nur 40.000 eingezahlt und der Anwalt 12.500. Das hätte ich natürlich auch hinbekommen, aber keiner ist mit der Info noch mal auf mich zugekommen.

Und mir wollten sie jetzt nur einen Anteil von DM 50.000 an der KG zugestehen, an der Komplementär-GmbH gar keinen Anteil. Option für später, den Anteil mal zu verdoppeln. Ich sollte natürlich auch meinen Anteil voll einzahlen, so dass von mir genau soviel Geld in der Firma arbeiten würde, wie von den beiden Experten zusammen.

Ich war spontan recht sauer, aber immer noch von dem Projekt begeistert und habe dann in Ruhe darüber nachgedacht. Schließlich habe ich zähneknirschend trotzdem zugesagt, besser an einer Gesellschaft etwas beteiligt zu sein, als überhaupt nicht. Der Anwalt, der für die gesamte Verwaltung und Abwicklung zuständig war, sollte sich um meine Vertragsentwürfe etc. kümmern. Das dauerte ewig, besser gesagt, es wurde nie etwas.

Als Starttermin für mich hatten wir den 1.1.92 vereinbart und der war dann auch irgendwann da, aber keine Verträge. Beim Neujahrsempfang, zur Präsentation der neuen Räumlichkeiten und mir als neuem Vertriebsleiter, gab es immer noch nicht  mal Entwürfe.

In der Firma wurde aufgrund besonderer Umstände sehr viel Geld verdient und entsprechend waren die Gehaltszahlungen. Das Neugeschäft entwickelte sich gut,

Meine Frau nannte den Laden „Kindergartenleasing", womit sie leider nicht ganz unrecht hatte.

Bis zum Herbst 92, die Firma war zwei Jahre alt, gab es keine abgestimmte Buchhaltung, sondern nur monatliche Belege, die zum Steuerberater geschickt wurden und der hatte von Leasingbuchhaltung keine Ahnung, genau wie der Anwalt, der für diesen Bereich intern zuständig war. Dem hatte der Steuerberater schon 91 mitgeteilt, dass er sich einen anderen Kollegen für die Buchhaltung suchen sollte. Das war nicht geschehen und auch keine Info an die Mitgesellschafter. Es gab für das 4. Quartal 1990 eine Rumpfbilanz, danach nichts mehr und die Banken machten Druck wegen der laufenden Refinanzierung der Neuanfragen. Ohne Bankdarlehen kannst Du im Leasing kein Geschäft abwickeln.

Für diesen Bereich war auch der Spezi zuständig, er war ein Großmeister im Geschichten erzählen. Wie die Astrologin gesagt hatte und die Ähnlichkeiten mit meinem ehemaligen Gastrochef wurden auch immer deutlicher.

In einer heimlichen Wochenend- Aufräum- und Kontrollaktion fand dann Volkart jede Menge weitere unbearbeitete Vorfälle und Kundenanfragen, incl. Kokain im Schreibtisch des Kollegen.

Ich hatte zu dem Zeitpunkt auch immer noch keinen Vertrag als Gesellschafter und keinen als Geschäftsführer.

Das Ende vom Lied, die Gesellschaft stand kurz vor der Insolvenz und war handlungsunfähig wegen der fehlenden Bilanz 91 , und der Geschichtenerzähler verschwand mit der Zusage, DM 250.000 für seinen Anteil zu bekommen.

Ich hatte nun die Möglichkeit seine Anteile zu übernehmen und ihm den vereinbarten Kaufpreis zu zahlen, dafür hätte ich mir DM 130.000 leihen müssen, oder Volkart übernimmt den Anteil und zahlt ihn aus. Da ich zu dem Zeitpunkt keinerlei Zahlen der Firma kannte und nicht abschätzen konnte, wie dicht wir am Abgrund standen, habe ich dankend abgelehnt und die zweite Variante gewählt. Neuer Anteil von DM 200.000 für mich, also ein Drittel an der KG, keinen Anteil an der Komplementär-GmbH und Einzahlung durch Umwandlung meiner Provisionsansprüche gegen die Firma. Da hatte ich wieder nicht die Eier für einen Ritt auf der Rasierklinge.

Volkart ja, denn er bezahlte alles aus der Firmenkasse. Diese zweite Un-
korrektheit und fehlende Offenheit hat er auch nie eingesehen, geschweige denn korrigiert.

So blieb es es bis zum meinem Ende in der Gesellschaft bei dieser pro-
zentualen Aufteilung zwei Drittel Volkart, ein Drittel ich und die GmbH
gehörte ihm alleine.


Das war für mich dann über 20 Jahre extrem schwierig hinzunehmen,
wobei ich mir meiner eigenen Entscheidungen und Selbstverantwortung
immer bewusst war.

Durch diese ganzen, vorsichtig ausgedrückt, „Unehrlichkeiten" seitens
Volkart, war unser  Verhältnis zwischenmenschlich immer belastet und
ist auch in den folgenden zwanzig Jahren nie freundschaftlich geworden. Er musste als kleiner Mann, 1,70 Meter, immer den Chef raushän-
gen. Ein Wunder überhaupt, dass wir uns dann nach Jahren wenigstens
duzten.


Wir hatten vom Start weg ein sehr gutes Neugeschäft, hauptsächlich mit
ehemaligen LPG`s in den neuen Bundesländern, dementsprechend war
ich seit Frühjahr 91 dort drei bis vier Tage in der Woche unterwegs. Seit
der Zeit begleitete mich eine junge Dame aus der Nähe von Magdeburg,
die das Leasinggeschäft gerne lernen wollte. Anfangs unentgeltlich,
nach sechs Monaten dann in der Firma angestellt.

Sie lebte in einer Beziehung und unsere Verhältnis war immer nur rein
freundschaftlich gewesen, obwohl es reichlich Gelegenheiten für mehr
gegeben hat. Später hat sie ihren damaligen Freund geheiratet und
wurde Patentante meiner Tochter.

Trotzdem war sie der Grund für das Ende meiner zweiten Ehe im Dezember 92.

Ingelore war extrem eifersüchtig auf sie und alles reden half nichts.

Ich zog dann aus der gemeinsamen Wohnung, die juristisch ihr gehörte, aus. Das war ein weiterer Fehler, zu dem meines Steuerberaters am Anfang. Ich hatte dadurch kein Recht mehr die Räume zu betreten und musste mit dem vorlieb nehmen, was sie mir dann später großzügig von meinem Eigentum wiedergab, oder eben auch nicht. Auf den Verkauf der Immobilie hatte ich auch keinen Einfluß und eine Zugewinnabrechnung, für die Wertsteigerung in der Zwischenzeit, erfolgte auch nicht. Statt dessen traktierte mich ihr Anwalt mit Unterhaltsforderungen, trotz ihres eigenen Vermögens und ihres Jobs. Schließlich verdiente ich ja bei „Kindergartenleasing" sehr gut.

# Inkonsequenz, dein Geschlecht sei Frau.

Nach der Scheidung 94 bekam ich dann ganz gönnerhaft DM 50.000 als Abfindung. Da ich auf Juristerei und Prozesse keine Lust hatte, beließ ich es dabei. Häufig ist es besser, kein gutes Geld dem schlechten Geld hinterher zu werfen.
Eine Lebenserfahrung, die anscheinend nur sehr wenige Deutsche verinnerlicht haben, denn Deutschland ist die Hochburg des Klagewesens vor Gericht.

Aus meiner ersten gescheiterten Ehe konnte ich nur menschlich etwas lernen, viel stärker auf mein Gefühl zu hören und ihm zu vertrauen, nicht Dinge zu tun, weil „man sie so macht". Dinge, die schon schwierig starten, verbessern sich auf Dauer seltenst, sondern enden auch schwierig. Da wir kein Vermögen, sondern nur ein paar Möbel aufzuteilen hatten, ging die Scheidung auch zackig, mit nur einem gemeinsamen Anwalt, über die Bühne. Später bei Klassentreffen, konnten wir uns völlig normal unterhalten, wie mit allen anderen auch.

Beim zweiten Mal gab es mehrere Bereiche zum Lernen. Einmal, dass der Reiz einer erfahreneren Partnerin auch zu wenig für eine wirklich langfristige Beziehung ist, zumal dann, wenn sie von Anfang an schon in MEIN und DEIN denkt.

Des weiteren, dass ein Mensch, der Steuerberater, Anwalt und Notar ist, von vielem etwas versteht, aber in keinem Bereich ein Profi ist und somit als Ratgeber nicht wirklich taugt. Und Verträge schützen einen nicht vor Verlusten, sondern maximal die Menschen, die dahinter stehen. Ergo ist es viel wichtiger sich mit den Menschen zu beschäftigen, als mit der Vertragsdokumentation.

Danach hätte ich Ingelore nie heiraten dürfen, gemusst habe ich es ja eh nicht. Sie hat nach der Trennung von ihrem ersten Mann, einem sehr erfolgreicher Geschäftsmann, diesen auch schon ordentlich ausgequetscht. An dem Warnschild bin ich aber vorbeigelaufen, ohne hinzusehen. Damals gab es eben auch nichts, über dass man sich hätte streiten können. Ein Faktum, dass bei den meisten Eheanbahnungen ähnlich ist.

Aber denkt immer daran, zehn Jahre später sieht das fast immer ganz anders aus und dann wird eine Scheidung furchtbar und teuer.

Fazit in beiden Fällen, ich habe so gehandelt und mich entschieden. Somit war es auch immer meine eigene Verantwortung ! Und Klagen und Jammern bringt überhaupt nichts Positives, nur schlechte Stimmung, negative Gedanken und einen falschen Fokus, niedrige Energie und mit Pech eine richtige Abwärtsspirale.

Einmal schütteln und wieder von vorne anfangen.
Mein großes Glück ist, dass ich mich nie, bei egal was, lange mit der Vergangenheit aufgehalten habe. Auch nicht mit „hätte", „könnte",

„wenn" und „aber". Damit kann man sich sein ganzes Leben blockieren und in den Keller fahren.

Klar zu erkennen ist auch mein dahinterstehendes Ohnmachts-Muster. Recht schnelle Karriere bei der Bank und Ausstieg in die Ohnmachtssituation beim Gastro-Chef. Neustart Leasing und  schaffen einer neuen Machtlosigkeit, dann Heirat und Immobilie und wieder am Ende eine Situation mit gebundenen Händen ausgeliefert. Alle Situationen sind auch immer mit einem wirtschaftlichen Auf und Ab verbunden.

Anfang 1994 verstarb dann Ami, zu der ich immer regelmäßigen Kontakt hatte. Ihr Tod war für mich klar abzusehen, da sie das letzte Jahr ständig im Rückwärtsgang geistig durch ihr  Leben ging und sich immer schneller ihrer Kindheit und Geburt näherte. Trotzdem freute sie sich immer über Besuch, auch wenn sie mich dann meistens Benno nannte, wie ihren Sohn. Mir war das egal und sie erzählte dann wieder ein bisschen aus ihrem Leben vor dem Krieg. Ich  war am letzten Abend vor ihrem Tod noch mal bei ihr, bevor sie am nächsten Morgen, nach dem Frühstück, im Beisein einer Pflegerin eingeschlafen ist. Ich wusste, das es der letzte Besuch war.

Trotzdem war ich sehr traurig, als die Nachricht kam. Ganz schlimm war für mich dann die Beerdigung, ich habe, als Einziger, völlig aufgelöst, in der Kirche geheult. Nun war für mich meine Familie, mein Gefühlsanker, verstorben und ich alleine.

In der „Kindergartenleasing" lief es in der Zwischenzeit ganz ordentlich und fast solide in die richtige Richtung. Ein Wirtschaftsprüfer war gefunden, eine Buchhalterin eingestellt, plus weitere Vertriebsleute in „Dunkeldeutschland".

Anfang 94 nahm ich dann einmal monatlich bis Mai, an einem Seminar für kreative Menschenführung teil. Dort lernte ich Anja kennen, die Liebe meines Lebens und spätere dritte Ehefrau und Mutter unserer Tochter Alicia . Sie war damals so ganz das Gegenteil  von all den Frauen, mit denen ich bisher zusammen war. Ganz zart, fast verschüchtert und Mutter eines behinderten Sohnes aus ihrer ersten Ehe. Sie war mit 18 Jahren für anderthalb Jahre auf dem Kiez als Prostituierte tätig. Sie hatte sich in den falschen Mann verliebt und von ihm dann in wohl kalkulierten Schritten langsam zum Anschaffen überreden / nötigen lassen. Mir war das total egal, über zehn Jahre her, nach meiner Überzeugung machen Menschen Fehler, können sie erkennen, sich neu entscheiden und verändern. Das ist Leben, im Gegensatz zu diesem ganzen spießerhaften, sich nicht trauen und auf andere zeigen, die sich getraut haben, aber gescheitert sind.

Nach meiner Überzeugung sollte die gesamte Gesellschaft, am meisten aber die Frauen, froh sein, dass es das älteste Gewerbe der Welt gibt. Ohne dem wüssten alle Männer mit sehr besonderen und vor allem schwierigen Neigungen und Vorlieben überhaupt nicht, wo sie denn hingehen können. Die Anzahl von Sexualstraftaten wäre ganz sicher um ein Vielfaches höher.

Außerdem habe ich viele Jahre meines Lebens anderen menschen gerne erzählt, wenn ich eine Frau wäre, ich würde mir ein Bett kaufen und mich selbständig machen. Sicher auch immer ein bisschen provokativ gemeint, aber schon mit ernstem Kern. Für mich waren die Damen des Horizontalen Gewerbes in erster Linie auch immer nur Frauen und keine Aussätzigen. Und es gibt genügend „normale" Frauen, die auch ständig wechselnde Sexualpartner haben, nur eben nicht dieses Etikett mit sich rumtragen. Tatsache ist aber auch, ich hatte überhaupt keine Ahnung von diesem Milieu und wie die Frauen unter ihren Zuhältern zu leiden haben.

*Lebensgeschichte*

Es knisterte sofort bei beiden, aber passiert ist erst mal nichts, da wir beide noch in Beziehungen steckten.
Über den kompletten Sommer, meine alte Beziehung hatte ich beendet, lag ich in Niendorf an der Ostsee am Wochenende am Strand und dachte über sie nach.

Ich hatte mir von den DM 50.000 Eheabfindung, als Anzahlung, eine kleine 4-Zimmer-Wohnung an der See gekauft, um das Geld nicht für anderen sinnlosen Kram zu verplempern. Immobilien sind ja was solides :).
Da lag ich nun über Wochen alleine am Strand und dachte über mein Leben nach.
38 Jahre, zwei gescheiterte Ehen, glücklicher weise keine Kinder, viel Mist gemacht und erlebt auf meiner persönlichen Achterbahnfahrt, aber irgendwie immer wieder auf die Füsse gefallen. Ein früherer Freund aus meiner Ausbildungszeit bei der Haspa sagte später mal, „Du bist wie eine Katze, Du hast neun Leben".
Ich musste mir eingestehen, dass ich kein richtiges Talent zum Sparen hatte und deshalb auch keinerlei Rücklagen und keine Rente. Egal was ich gemacht habe, es ist bisher immer alles, am Ende, irgendwie gut gegangen. Aber so richtig hatte ich bis hierher auch noch nicht was gutes und befriedigendes geschaffen, geschweige denn was dauerhaftes.
Nachdem ich viele Jahre keine Kinder in die Welt setzen wollte und nun seit anderthalb Jahren auch nie mehr heiraten wollte, kam ich nun in diesem heißen Sommer am Strand zu dem Ergebnis, ich will doch noch mal heiraten und auch Kinder haben. Und das alles bis ich vierzig bin !

Und es hat funktioniert !!
Mein Warum, der Antrieb zum Handeln, war groß genug.

Ich habe viel über Anja und ihren behinderten Sohn Sascha nachgedacht. Ich hatte keine genauen Informationen über die Art der Behinderung. Für mich ging es um die Frage, ob ich dauerhaft mit einem behinderten Kind zusammenleben kann und bei seinem deutlich hören Aufmerksamkeitsbedürfniss ihm auch gerecht werden kann. Obwohl ich ihn nicht kannte, habe ich mir beide Fragen nach einiger Zeit sehr optimistisch mit JA beantwortet.

Die Frage nach Anjas Vorleben hat mich in der Zeit überhaupt nicht beschäftigt, später direkt auch nicht, aber indirekt.

Nach allem, was ich ich mal irgendwo gelesen und gehört habe, zum Thema, warum werden Frauen Prostituierte, muss ich heute bestätigen, da gibt es schon einen wiederkehrenden Kreis von Gründen, die meistens in der Kindheit und im Elternhaus liegen. Fehlende Vaterliebe spielt da immer eine Rolle, so wie bei Anja leider auch.

Diese ganze Thematik schleppte sie nun also seit über zwanzig Jahren unbearbeitet mit sich rum und nun seit zehn Jahren noch zusätzlich die große Angst vor Ablehnung. Ihre Geschichte, ihr Kampf aus dem Milieu rauszukommen, ging damals wohl auch durch die Bildzeitung und alle ihre Nachbarn wussten nun bescheid, was das für eine war. Und sie ließen sie das spüren, so dass sie sich zu einem Ortswechsel genötigt sah. Aber die Angst zog mit um und hat sie seit dem begleitet. Anja hat sich diesen Themen, bis vor einem halben Jahr, nicht gestellt und immer versucht auf dem Deckel des inneren Mülleimers zu sitzen und die Themen dadurch zurückzudrängen. Das hat aber während unserer fünfundzwanzig gemeinsamen Jahre nur sehr bedingt und Phasenweise geklappt. Immer wieder wollten da Dinge hochkommen und bearbeitet werden, wogegen sie sich gewehrt hat. Meistens führte das auch zu sehr schwierigen Episoden in unserer Beziehung, aber es gab keine Möglichkeit mit ihr darüber zu reden.Die Angst hatte sich in ihr total breit gemacht und beherrschte streckenweise ihr komplettes Denken und Tun. Schade für uns beide.

Nun, fünfunddreißig Jahre nach ihrer Befreiung vom Kiez, hat ihr Coming-Out per Rede auf einer Frauenveranstaltung und anschließend per Video in Facebook zwar viel weniger Staub aufgewirbelt, als von ihr erwartet, die meisten Kommentare waren dafür aber absolut positiv, aber eben auch nicht den großen innerlichen Befreiungsschlag gebracht. Sie ist stolz auf sich, ich auch, aber die Ängste haben sich neue Felder gesucht und sind noch da. Wir hoffen, dass sie sich mit der Zeit doch noch etwas legen.

Nun ging es an die Umsetzung. Anja lebte ja nach meiner Kenntnis in einer Beziehung und das aktive Angraben von Frauen war mein ganzes Leben lang ein echter Schwachpunkt bei mir gewesen. Bis dato hatte ich noch nie klar und eindeutig die Initiative ergriffen und um eine Frau „geworben". Dementsprechend dauerte es einige Zeit, bis ich mir einen Plan zurechtgelegt hatte und Mitte November dann, „rein zufällig" mal nach Wedel kam, um sie an ihrem Arbeitsplatz zu besuchen. Ich hatte angeblich gerade geschäftlich in der Nähe zu tun.

Da knallte es gleich richtig. 12 Tage später unterzeichneten wir einen Mietvertrag für eine gemeinsame Wohnung in Rissen, ab Januar 95. Rissen, für mich der A.... der Welt, aber Anja hatte keinen Führerschein und war Leiterin eines Geschenkartikelgeschäftes in Wedel und ihr Sohn ging in eine Sonderschule in Altona.
Ich löste also meine Wohnung in Trittau auf, renovierte die Wohnung in Rissen fünf Wochen lang und fuhr danach mit einer Männertruppe eine Woche zum Skilaufen. Dann zogen wir ein.

Im Mai 95 haben wir dann schon geheiratet.
Trotz sehr vieler Ängste bezüglich weiterer Schwangerschaften, wollte auch Anja noch Kinder. Im Herbst war sie schwanger, doch leider musste

ein Abbruch erfolgen, da es sich um Zwillinge gehandelt hatte und einer der beiden Embryos tot war. Nach Aussage der Ärzte ein zu großes Risiko.

Die Ängste von Anja zum Thema Kinder wurden noch größer und Sascha machte zunehmend immer mehr Schwierigkeiten, vor allem auch in der Schule für behinderte Kinder in Altona. Die Lehrer legten Anja seine Unterbringung in einer spezialisierten Einrichtung nahe. Das war dann ein wochenlanges Ringen um das Für und Wider, was war das Beste für ihn, wo könnte er maximal gefördert werden etc. Ich fühlte mich nicht berufen, da in irgendeine Richtung zu drängen, das war für mich Angelegenheit der Eltern.

Wir haben uns dann ein paar mögliche Einrichtungen angesehen, viel diskutiert,
auch mit dem Vater, und schließlich ist Sascha Ende Januar 1996 in das Heilpädagogium in Eckernförde umgezogen. Ein sehr schwerer Schritt, verbunden mit vielen Selbstvorwürfen und auch Vorwürfen aus unserem Umfeld. Besonders von ihrer Mutter, die hatte Anjas Halbbruder aus ihrer ersten Ehe, kurz nach der Geburt ihrer Töchter nach Ochsenzoll in eine geschlossene Einrichtung gebracht und sich dann kaum noch um ihn gekümmert. Aber „Klugscheissen" ist ihre Begabung.
Es ist schon seltsam, wie Menschen völlig unterschiedlich denken und handeln, wenn es in vergleichbarer Situation nun um andere geht.


Kurze Zeit danach, stellte Anja fest, dass sie wieder schwanger ist und die Ängste explodierten. Es wurden auch kaum besser nach der Fruchtwasserpunktion, denn die deckt auch nur 98% der bekannten Risiken ab. Was ist mit den restlichen 2% ????
Sechs Wochen vor dem geplanten Geburtstermin hatte Anja nachts sturzbacharige Blutungen und ging davon aus, dass sich die Schwangerschaft damit erledigt hätte. Am nächsten Vormittag im Krankenhaus stellte sich heraus, Irrtum. Der Embryo muss sich irgendwo festgekrallt

haben und lt. Ultraschall war alles bestens, ausser Anja. Sie wollte aus Angst vor irgendwelchen Schäden unbedingt einen Abbruch. Da mir da klar war, dies ist die letzte Chance auf ein Kind, habe ich mit allem, was mir zur Verfügung stand, gegen den Abbruch geredet, unterstützt von der Ärztin. Es war ein ständiges Ringen, hin und her. Und dieser Zustand hielt bis zur Geburt an. Hardcore Zeiten diese emotionalen Achterbahnfahrten von Anja.

Wenn man klare und gute Ziele hat und dafür auch eindeutige Entscheidungen getroffen hat, so wie ich zwei Jahre vorher am Strand, dann muss man dafür auch einstehen und hat dann auch alle notwendige Unterstützung.

Im Oktober 96 kam dann mein Wunschkind Alicia zur Welt, 54cm und neun Pfund schwer. Kerngesund und etwas „überreif".

Diese Ausmaße verhinderten eine natürliche Geburt und Anja entschied nach ihrer zweiten Kaiserschnittentbindung, kein weiteres Kind mehr. Ich träumte von vier Mädchen, den Traum habe ich dann beerdigt. Voller Dankbarkeit für dieses eine.

Auf eine gewisse Art verdankt Alicia ihr Leben meinem Glauben an meinen Traum und dass ich besser reden konnte.

So hatte ich auf dem Papier meine Vision, Heirat und Tochter mit spätestens 40 Jahren, zwar erreicht, aber die weiteren drei Töchter hatte ich mir abgeschminkt.

Das war schade, aber kein Problem, denn Alicia entschädigte für alles. Sie war und ist ein Traumkind und schlief schon im Krankenhaus nachts durch.

Und mit unserer zweiten Labradorhündin, die erste war mit unserem Auto zusammen gestohlen worden, waren wir jetzt eine Familie.

Trotzdem hatte Anja große Probleme damit, nicht zu arbeiten und den Mutterschutz auf zwei Jahre auszudehnen. Obwohl sie jetzt einen Führerschein und ein Auto hatte.

Sie entschloss sich, eine Ausbildung zur Kosmetikerin zu absolvieren und kurze Zeit später lernte sie noch Permanent-Make Up.

Mein Arbeitsweg war furchtbar, mindesten eine Stunde pro Tour, egal wann ich fuhr. Auch der Firmenumzug Ende 96, von Harburg nach Seevetal, machte es nicht besser. Also schlug ich Anja vor, dass wir privat in die alte Villa, über der Firma, ins Dachgeschoss ziehen. Ihre Begeisterung hielt sich in Grenzen, ihre Bekannten saßen alle in und um Wedel, aber die Aussicht, dass wir uns auch tagsüber mal sehen könnten, gab den Ausschlag für ein Ja.

Damit begann dann eine Umzugsodyssee,  Anfang 97 von HH-Rissen nach Hittfeld, 99 für acht Monate nach Buxtehude, 2000 für acht Monate nach Ahrensburg und Ende 2000 in unser Eigenheim am Timmendorf Strand, das ich vorher 6 Monate entkernen und neu aufbauen lies.
Doch überall fühlte Anja sich nicht wohl und vermisste ihre Energievampire aus Wedel.
Auch in Timmendorf, es war mein Traum nach meiner Kindheit wieder an der Ostsee zu leben, kam sie mit den „Fischköppen" nicht klar, und ihr Kosmetikstudio hatte gefühlt eine zu lange Anlaufphase. Obwohl ihr Vater dreimal im Jahr für einen Monat bei uns war, fühlte sie sich nicht vollwertig und allein. Ihr fehlte ihre Arbeit, besser gesagt die Bestätigung daraus.

Hierbei handelt es sich um ein relativ weit verbreitetes Phänomen, das viele Menschen ihren eigenen Wert und ihre Zufriedenheit ausschließlich aus ihrer Arbeit und deren Qualität ableiten. D.h. im Umkehrschluss,

sie haben aus sich heraus keinerlei Selbstwert und meistens auch keine Selbstliebe. So sind sie immer und ständig im Aussen orientiert, auf der Suche nach Bestätigung und Anerkennung durch Dritte, die sie dann häufig über ihre Arbeit am ehesten bekommen. Sie sind dadurch auch geborene Opfer für Chefs, die sie gerne ausnutzen. Besser wäre es für Menschen mit diesem Thema, nach Innen zu gehen und sich ihren eigenen Selbstwert und Selbstlieb selber zu kreieren. Einher geht mit diesem Defizit ein starker Mangel an Selbstverantwortung, statt dessen sind diese Menschen, so gut wie immer, im Opferdenken. Damals wusste ich das alles noch nicht, und schon gar nicht, wie man daran arbeiten kann. Heute sind diese Themen, Selbstliebe, Selbstwert, Selbstvertrauen und Selbstverantwortung Bestandteil meiner Workshops und Coachings, um aus der Ohnmacht herauszukommen.
Damals habe ich auch nur mit den äußeren Erscheinungsbildern gelebt und Schwierigkeiten gehabt, sie so zu akzeptieren, geschweige denn sie zu verstehen.

Für mich war der Standort super, bis auf die ständigen Auseinandersetzungen mit Verkehrspolizisten und Richtern. Die gut 100 Km je Strecke bargen leider viel Potenzial für irgendwelche Übertretungen und Punkte in Flensburg. Bis auf einmal einen Monat, mit Urlaub sinnvoll ausgenutzt, ging es dank meiner Anwälte immer gut.

Nach anderthalb Jahren war klar, es geht dort nicht weiter und ich muss versuchen das Haus wieder zu verkaufen und etwas Neues für uns finden. Leider fand ich das Neue dann schneller als einen zahlungswilligen und zahlungsfähigen Käufer.
Auch wieder eine Übung in Machtlosigkeit, dort von meinem Traum wieder wegzuziehen und dann gleichzeitig zwei Häuser zu finanzieren.

Mir stand das Wohl meiner Frau und Tochter, die badete die schlechte Laune der Mutter auch mit aus, höher, als mein Lebensgefühl, ergo musste ich da ungewollt mit allen Sorgen und Problemen durch.

Im März 2003 zogen wir in unser neues Zuhause nach Hittfeld, zweiter Anlauf dort. Diesmal in ein größeres, über 300 Jahre altes Fachwerk-Reetdachhaus. Mit einem Garten und einem zweiten Gebäude, in dem eine Maisonett-2-Zimmer-Wohnung war, ideal für ein Kosmetikstudio. Bei der Zwischenfinanzierung des unverkauften Hauses in Timmendorf halfen die Bank und der Verkäufer des neuen Hauses.
Not macht erfinderisch und obwohl ich selbst nicht glaubte zwei Häuser gleichzeitig finanzieren zu können, es ging. Der Druck zuhause war groß genug.

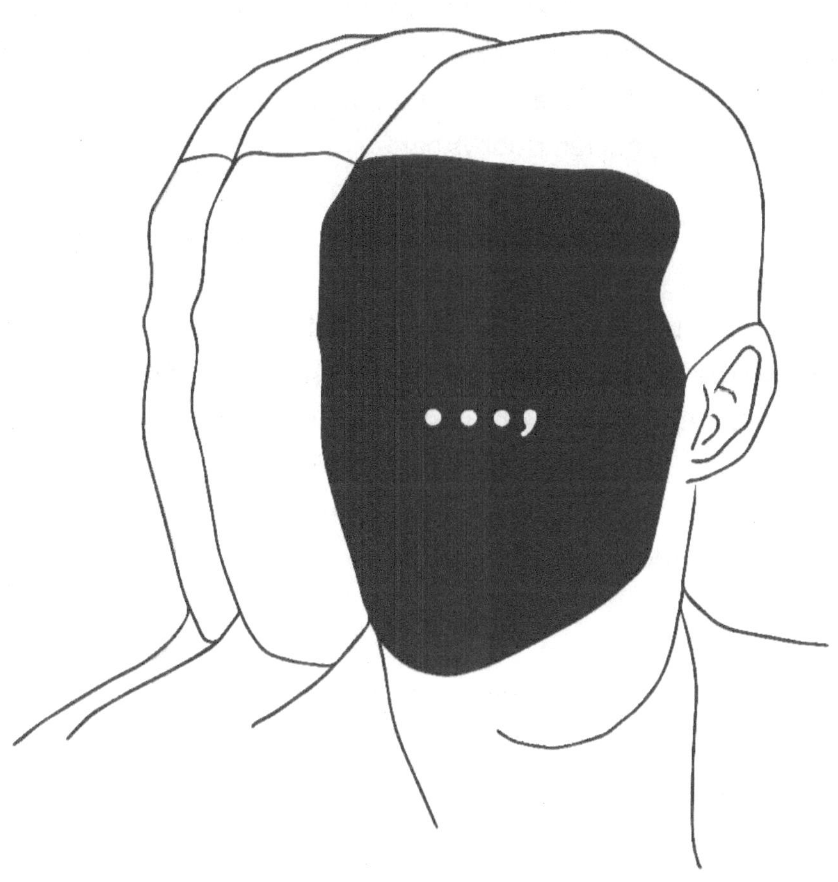

# Auf der Suche nach Bestätigung und Anerkennung durch

# Dritte

Im Herbst 03 wurde dann endlich der Verkauf des Timmendorf Hauses beurkundet, mit einem Verlust von € 175.000 und durch den Einsatz eines Feng-Shui-Beraters. Diese Summe kam auf die Kosten und Verluste aus den Umzügen vorher noch obendrauf. Ein hoher Preis für Ausgeglichenheit und Ruhe. Freunde fragten uns, ob uns das Geld nicht leid tue, oder ob wir keine anderen Hobbys hätten.

Es ist immer die Frage, wo liegen die persönlichen Schwerpunkte, beim Geld oder im Wohlfühlen. Mir war damals schon ein gutes Gefühl, für alle in der Familie das erstrebenswerteste Ziel. Mit meiner heutigen Erfahrung würde ich auch jedem anderen Menschen diesen Rat geben, weil schlechte Gefühle und Unzufriedenheit ständig in einem arbeiten und wirken und alle anderen Bereiche negativ mit beeinflussen. Vor allem unseren Körper. Fast alle Krankheiten sind darauf zurückzuführen. Zufriedenheit ist durch nichts zu ersetzen.

In der Firma lief es ganz gut. Wir hatten aber von Anfang an immer wieder größere Pleiten zu verdauen und langsam zeichnete sich für mich eine gewisse Regel dahinter ab.
Es handelte sich immer, mit einer Ausnahme, um Großkunden, die mein Kollege akquiriert hatte und auch immer mit „Gewalt" gleich zum Start in großem Umfang finanzieren wollte. Er nutzte dazu auch jedes Mittel, um die notwendigen Refinanzierungen durchzuboxen. Dazu gehörten Halbwahrheiten, Weglassen von Informationen, Falschdeklarieren von Objekten ( angebliche Eigennutzung, in Wahrheit wurde das Objekt untervermietet ) etc. Und er war dann auch immer sofort mit diesen Leuten ganz dick befreundet.
Alle diese Engagements, die letzten auch noch nach meinem Ausscheiden, sind kaputtgegangen. Mit riesigen Verlusten und auch immer mit, später nachweisbarem, vorsätzlichem Betrug durch die Kunden verbun-

den. Meistens hatten diese Kunden dann, wenn wir die Verträge gekündigt hatten, unsere Maschinen schon unterschlagen und verkauft, oder in Länder verbracht, aus denen eine Rückholung so gut wie unmöglich war.

Die Menschen, um die es hier geht, hatten auch alle ein bestimmtes Muster, das er nie gesehen und erkannt hat, im Gegensatz zu mir. Mir fiel es deutlich leichter diese Muster und Zusammenhänge bei ihm zu erkennen, da ich die nötige Distanz hatte,. Bei den Menschen in meinem Umfeld hat es noch einige Zeit länger gedauert. Wir sehen eben alle den Splitter im fremden Auge viel besser, als den Balken im eigenen Auge.

Bis zu unserem Auseinandergehen war er auf diese Typen und die Risiken nicht ansprechbar und hat solche Klumpenrisiken immer wieder im Alleingang durchgezogen. Er war ja Chef.

Das hatte auch dazu geführt, dass ich 2002 schon mal überlegt hatte, meinen Anteil an der Firma zu verkaufen. Leider hat sich kein ernsthafter Interessent gefunden. Heute denke ich, dass es auch an meiner eigenen Energie lag, ich wollte nur raus, hatte aber keine konkrete Idee, was ich danach machen wollte. So wurde ich da weiter festgehalten.

Im Spätsommer 03 wurde unser Kind eingeschult, wir lernten dadurch viele Leute in Hittfeld kennen und Anja eröffnete ihr Kosmetikstudio. Das entwickelte sich langsam, aber stetig und sie wurde ruhiger und zufriedener.

Da die Leasinggeschäfte gut liefen und wir mal eine Phase ohne Großpleiten zu fassen hatten, sammelte sich auch ordentlich Liquidität in der Firma an, die sofort wieder zu Begehrlichkeiten bei Volkart führte. Er wollte sich in Italien eine sehr teure Immobilie kaufen und brauchte dafür viel Geld, durch hohe Gewinnausschüttungen. Das führte dazu, dass ich auch Geld auf mein Konto bekam, immer im Verhältnis zwei Drittel zu ein Drittel.

Er war so gierig auf das Haus, dass er einen Wahnsinnspreis dafür bezahlte, die Hälfte davon schwarz. Der Hammer war, er fuhr mit seinem Maserati und einer halben Million Euro in bar zwei Tage durch halb Europa und lies das Geld sogar im Auto liegen.

Ich war mir bezüglich meines Umgangs mit Geld schon sehr bewusst, ich sah mich als Durchlauferhitzer für Geld und konnte vermeintlich kein Geld sparen. Ich war auch zu der Erkenntnis gekommen, dass ich Vermögensbildung / Altersvorsorge nur durch Schulden erreichen konnte. D.h. etwas sehr wertstabiles auf Kredit kaufen und über die Tilgung Vermögen schaffen. Durch die Kreditraten wird dann auch gleich ein Teil des Einkommens fest verplant und steht nicht mehr für sonstigen, meist sinnlosen Konsum zur Verfügung.

Also musste eine Idee her, was ich mit dem Geld anfangen könnte.
Ein kleineres Haus auf Mallorca sollte es werden.
Nach langem Suchen und ein paar Fehlversuchen mit unberechenbaren und unzuverlässigen Verkäufern und Maklern, fanden wir das passende in Betlem, im Nordosten.
Eine Doppelhaushälfte 100 Meter von der Küste entfernt, Wasserblick und Erstbezug.
Eine spanische Bank übernahm dann die Finanzierung des Restkaufpreises.
Ab 2005 verbrachten wir dann die nächsten elf Jahre alle Schulferien von Alicia auf der Insel und genossen die Zeit dort sehr. Wir hatten dort auch so etwas wie einen Freundeskreis, teils Deutsche mit Zweitwohnsitz, teilweise auch ausgewanderte Deutsche. Ich stellte allerdings schnell fest, dass bei jeder Anreise immer erst mal neue Arbeit auf mich wartete, oder wieder irgendetwas zu reparieren war. Spanische Bauweise eben. Die

erste Woche war also eher Stress, als Erholung. Dafür konnte ich mich von dort mit einem Laptop in die Firma einwählen und die Refinanzierung des Neugeschäfts von da aus organisieren.
Nun hatten also beide Partner eine riesige Rute vorm Hintern, Zinsen und Tilgung für Immobilien.

Damit nur keine Langeweile im Leben aufkommt und die Raten nicht so weh tun, hatte mein umtriebiger Kollege die glorreiche Idee, wir müssten unbedingt stark wachsen und die größte, banken- und herstellerunabhängige freie Leasinggesellschaft in Deutschland werden. Dazu sollten wir auch im europäischen Ausland aktiv werden und uns in Tschechien eine kleine Leasinggesellschaft kaufen. Ich war da recht skeptisch, aber dann stellte sich heraus, dass die HSH-Nordbank auch bereit war, tschechische Leasingverträge in Deutschland zu refinanzieren. In Tschechien wäre es auch gegangen, aber nur mit Bürgschaften von Banken aus Deutschland. Das machte keinen Sinn.

In Kurzform, trotz aller erwarteten und unerwarteten Hindernisse und Herausforderungen fingen wir gaaaaaaanz langsam in Tschechien an, machten auch ein paar gute Erfahrungen und wollten das Model dann auf weitere Länder ausdehnen. Die HSH war gierig und wollte uns begleiten und Ende 2007 fingen wir in Ungarn, Slowakei und Polen an Tochtergesellschaften zu gründen und Räume und Personal zu suchen. Vertrauenswürdiges, einsatzbereites und fachlich gut qualifiziertes Personal zu finden, in völlig unbekannten Ländern und ohne Sprachkenntnisse und Ansprechpartner ist ein extrem schwieriges Unterfangen, das uns nur teilweise gelang.

Ich hatte zu dieser Zeit meine restliche freie Liquidität in anstehende Umbau- und Renovierungsmaßnahmen des Hittfelder Hauses investiert.

2008 begann dann eine muntere Reisetätigkeit, da einer von uns beiden ständig bei den neuen Satelliten unterwegs war. Im Herbst hatten wir in vier Ländern jeweils fünf Mitarbeiter, vier Firmenwagen und ordentliche Büros. Das waren bummelig € 150.000 monatlich, ohne Gebühren, Makler- und Personalberaterhonorare und sonstige Kosten. Im Herbst des Jahres, alles war soweit eingerichtet, die Leute geschult und motiviert, mindestens € 2 Mio. bereits investiert, da platzte in Amerika die große Seifenblase und Lehman Brothers war pleite. Wir hatten alle die Vorboten dazu, im Sommer 2007, beiseite geschoben und ignoriert. Da hätte man noch vieles Kleinhalten und retten können. Aber die Gier bei Volkart war zu groß, zur größten Privatleasinggesellschaft aufzusteigen und leider auch die Gier der HSH-Nordbank. Folgerichtig war die HSH mit einem Riesenengagement bei Gebrüder Lehman  engagiert, das nun auf € 0,00 platzte und wir gleich mit.

Um wenigstens fünf Teilbereiche der Bank zu retten, mussten alle anderen Geschäftsfelder eingestampft werden, auch der Leasing-Refinanzierungsbereich, obwohl der immer Überschüsse erwirtschaftet hatte. Da spielten sicher Liquiditäts- und Mindestreserveüberlegungen eine große Rolle.
Kurz davor hatte die HSH uns noch eine kleinere Münchner Leasinggesellschaft zum Kauf angetragen, für unser weiteres Wachstum. Und den Kaufpreis wollten sie über einen Kredit finanzieren.
Nun stellte die Bank ihr Geschäft ein und wir hatten für die Auslandstöchter keine Refinanzierungsbank mehr und alle anderen zugesagten Darlehen waren noch ohne Verträge. Und mündliche Zusagen eines Bankers kann man als Klopapier benutzen. Diese Erfahrung hab ich über Jahrzehnte immer wieder gemacht.

Lebensweisheit, nur was Du schriftlich von einer Bank hast, ist dann auch belastbar. Solange die Bank noch existiert.

Die große Hypothekenbankenkrise in USA hatte sich im Sommer 2007 schon angekündigt, aber da wurde schnell ein bisschen geflickt und weitergemacht. Auf allen Ebenen. Es war doch gerade soooooo schön und alles wuchs in den Himmel, genau wie acht Jahre vorher, bei der New Economy Blase. Aber da hat keiner was draus gelernt und wir halten Banken in Deutschland für unkaputtbar dank Frau Merkel und € 100 Mrd. für die Commerzbank. Sind sie aber nicht. Und bis heute hat das fast niemand so richtig realisiert. Vor allem nicht die Politik.
Dabei hätte doch Griechenland zum Nachdenken bewegen können.

Und heute stehen wir wieder an dem selben Punkt, wie 2000 und 2008!

Unsere Vertriebler bei unseren Tochtergesellschaften hatten jetzt Kundentermine für anstehende Finanzierungen und wussten nicht, ob und wie wir diese refinanzieren konnten. Weder in den jeweiligen Ländern, noch in Deutschland wollte uns da einer unserer Refinanzierungspartner begleiten und tätig werden. Wobei alle bereit waren Termine zu machen, sich alles anzuhören und dann zu prüfen. So dauerte diese „Schwebesituation" ein Jahr, bevor endgültig klar war, rien ne va plus. Der Kauf in München war Betrug , € 2 Mio. weg, wir hatten weit über € 2 Mio. zu dem Zeitpunkt im Ausland „verspielt", und mussten weitere € 2 Mio. In den Abbau und Auflösung der Auslandstöchter zahlen. Unsere größte und wichtigste Bankverbindung wickelte nur noch ab und alle anderen Banken hatten Probleme und Panik ohne Ende, BANKENKRISE pur.

Durch diese ganzen Gegebenheiten war unsere Liquidität recht angespannt und Frau Merkel unterstützte leider nur die Commerzbank, alles andere war nicht systemrelevant. Pech gehabt, einfach zu klein, kein öffentliches Interesse und nur 75 Arbeitsplätze, die gefährdet waren.

Da war sie nun, das erste mal in meinem Leben, die dauernde Negativspirale und Druck von allen Seiten, incl. zuhause. Da ich mich immer mit Lösungen beschäftigte und nicht mit den sinnlosesten Fragen aller Zeiten, warum ? und wer ist schuld ?, dauerte es eine ganze Zeit, bis ich merkte, in welcher Spirale ich da eigentlich steckte und was das mit einem Menschen macht.

Im Vertragsbestand wurde es auch langsam unruhig, immer mehr Kunden wurden durch andere Kunden oder ihre Banken in die Pleite getrieben und da nahmen die Verluste auch ordentlich zu. Und es dauerte eben auch, bis wir alle Auslandsgesellschaften komplett abgewickelt hatten und dort keine Kosten mehr anfielen.
So kamen in rund fünf Jahren, bis 2012, aus allen möglichen Quellen und Bereichen rund   € 10 Mio. Verluste zusammmen.

Mein Dank gilt den internationalen Bankern an dieser Stelle, „Denn sie wissen nicht, was sie tun!".
Und machen immer noch so weiter, siehe heute.
Und es ist ihnen auch immer egal, da sie NIE mit eigenem Geld und Risiko spekulieren, ihre Gehälter und Boni laufen immer weiter, zur Not auch aus Steuergeldern, zumindest in Deutschland.

Ich war mal wieder in einer Ohnmachtssituation, Gestaltungsmöglichkeiten keine und alles wegen der Gier von ein paar verrückten Bankern und Volkart
Das hört sich jetzt alles sehr nach Opferdenken an, ist es normaler Weise auch. Ich bin mir aber meiner Selbst- und Mitverantwortung schon sehr bewusst.

Als mein Inneres beim Thema Auslandleasing rebellierte, hätte ich, mit allen möglichen Konsequenzen, NEIN sagen sollen.

Mit vielen Klimmzügen, Dienstleistungserträgen und Gemauschel retteten wir uns in 2010. Und wir fingen an mit einzelnen Banken über ihr Engagement zu diskutieren. Aber alles dauerte immer sehr lange und brachte auch keine richtigen Ergebnisse, so dass im Herbst `10 eine große Bankenrunde einberufen werden musste und die Karten auf den Tisch kamen. Eingefrorene Gehälter auf niedrigstem Niveau waren die geringste Folge. Die Banken mischten sich nun in alles ein, beauftragten auf unsere Kosten eine sehr teure Unternehmensberatung,
fuhren die Refinanzierungstätigkeit zurück und damit unsere Verdienstmöglichkeiten, oder wollten auch noch Liquidität abziehen, wie die HSH Nordbank, die Unicredit und die Sparkasse Dresden. Obwohl sie selbst die Ursache und der Auslöser aller Probleme waren.
Zusätzlich wurden Volkart und ich gezwungen, bis Herbst 2011 mindestens           € 800.000 aus privaten Mitteln in die Firma einzuzahlen und jeweils private Bürgschaften gegenüber den Banken zu übernehmen, er für € 2 Mio. und ich für
€ 1 Mio. Wir hatten diese Mittel beide nicht.

Volkert hatte, als Mehrheitsgesellschafter, schon immer kleinere Bürgschaften unterschrieben, ihm ging das am A.... vorbei. Mit Verweis auf meine Minderheitsrolle und keinen Einfluss auf die GmbH, hatte ich dasThema bisher erfolgreich verweigert. Nun ging es ums Ganze, Sekt oder Selters, und ich alleine hätte die Bürgschaft und das Geld verweigert und gepokert. Aus vermeintlichem Verantwortungsbewusstsein für Anja und Alicia sowie die Mitarbeiter in der Firma habe ich schweren Herzens zugestimmt. Heute denke ich, dass das ein Fehler war.

Nun waren wir den Banken völlig ausgeliefert, Machtlosigkeit in Vollendung !
Und es gab sogar noch eine Steigerung.


Da wir beide keine Barmittel zur Verfügung hatten, blieb nur der Verkauf der Immobilien in Italien und auf Mallorca. Und das gestaltete sich Angesichts der weltweiten Banken- und Immobilienkrise als ausgesprochen schwierig. Überall in Europa waren die Preise für Ferienimmobilien deutlich zusammengebrochen.
Bis kurz vorm Ablaufdatum hatten wir beide keinen Erfolg. Aber Volkart eine Notidee. Er sprach dann mit seinem besten Freund, einem sehr gut verdienenden Versicherungsmakler. Der hat ihm dann sein Haus abgekauft und finanziert. Mit einer Rückkaufmöglichkeit für Volkart.
Dadurch standen die € 800.000 dann auf letzter Rille zur Verfügung und ich hatte nun € 266.667 Schulden an ihn. Die Banken machten weiter und ich versuchte das Mallorcahaus irgendwie an den Mann zu bringen. Und ich ging zum Notar, um für Anja ein lebenslanges Wohnrecht in meinem Haus in Hittfeld eintragen zu lassen, wegen der € 1 Mio. Bürgschaft.


Wir hatten ja von Anfang an Gütertrennung vereinbart. Die Erfahrungen aus den Vorehen lassen grüßen.
Damit wollte ich den Banken eine eventuelle Verwertung später schwieriger gestalten, falls sie mich mal aus meiner Bürgschaft in Anspruch nehmen würden.


Aufgrund des jahrelangen Drucks in und auf die Firma hatte ich in der Zeit das zwingende Bedürfnis mich mit etwas völlig anderem nebenbei zu beschäftigen.

Da ich schon ein paar mal mit Feng Shui Berührung hatte, machte ich eine Ausbildung an der Feng Shui Akademie in Ahrensburg. Da beschäftigte ich mich mit Geomantie, Radiästhesie, Energieflüssen und der Ausrichtung und Gestaltung von Häusern und Wohnungen. Gedacht war das Thema ursprünglich als Beschäftigung für die Zeit nach einem erfolgreichen Verkauf der Gesellschaft. Doch der war nun in weite Ferne gerückt.

Aber es war ein zeitweiser Austritt aus der negativen Spirale.

Intern traten nun die unterschiedlichen Gedanken, Ideen und Charaktere von Volkart und mir immer deutlicher zutage. Er wollte weiter gegen die Banken mauscheln und sie hintergehen, ich einen geraden, direkten Weg mit den Banken.

Für mich war wichtiger in Offenheit, Wahrheit und Klarheit zu leben und die Themen Stück für Stück abzuarbeiten, er wollte nur noch so viel wie möglich, an den Banken vorbei, aus der Firma rausholen. Nach seinem Verständnis waren die an allem schuld. Selbstverantwortung war eben nicht so seins.

Ende 2012 bekam ich dann, ohne jede Vorankündigung oder irgendein Gespräch, von Volkart meine Kündigung als Geschäftsführer der GmbH per Brief übergeben.

Rein menschlich war das die schwächste Leistung, die mir, bis dahin, in meinem ganzen bisherigen Leben begegnet war, glatte 6 minus. Da wusste ich dann auch, dass kleine Männer in Wahrheit feige sind.

Ich hatte gedacht, das Schlimmste wäre schon passiert und irgendwie würde es doch wieder besser werden, wenn man gemeinsam an einem Strang zieht.

## Pustekuchen ! Jetzt war ich am Gipfel der Machtlosigkeit angekommen.

Dabei hatten wir beide bis dahin in zweiundzwanzig Jahren unsere längste „Ehe"geführt, nur ohne Sex. Wenn ich das mal so spaßeshalber bei Bankern formulierte, bekam er immer rote Ohren. Er hatte einen seltsamen Männlichkeitswahn, spielte bis Ende Zwanzig noch Rugby, war Puffgänger und erwartete von allen seinen Leibeigenen Kadavergehorsam. Obwohl er nie bei der Bundeswehr war.

Faktisch war es für mich, in dem Moment, eine riesige Befreiung, von diesen ganzen verlogenen Bankern und Partner, wegzukommen. Manchmal braucht man vom Universum einen A....tritt, um über sich nachzudenken, krampfhaftes Festhalten an Pflichterfüllung und Verantwortung loszulassen und dann neue Wege zu gehen.
Für diese Erkenntnis habe ich gut eine Stunde völliger Ruhe und Zurückgezogenheit in meinem Büro gebraucht. Ich war selber sehr erstaunt, wie wenig mir das ausmachte und wie erleichtert sich die neue Freiheit nun anfühlte.
Danke, Danke, Danke.

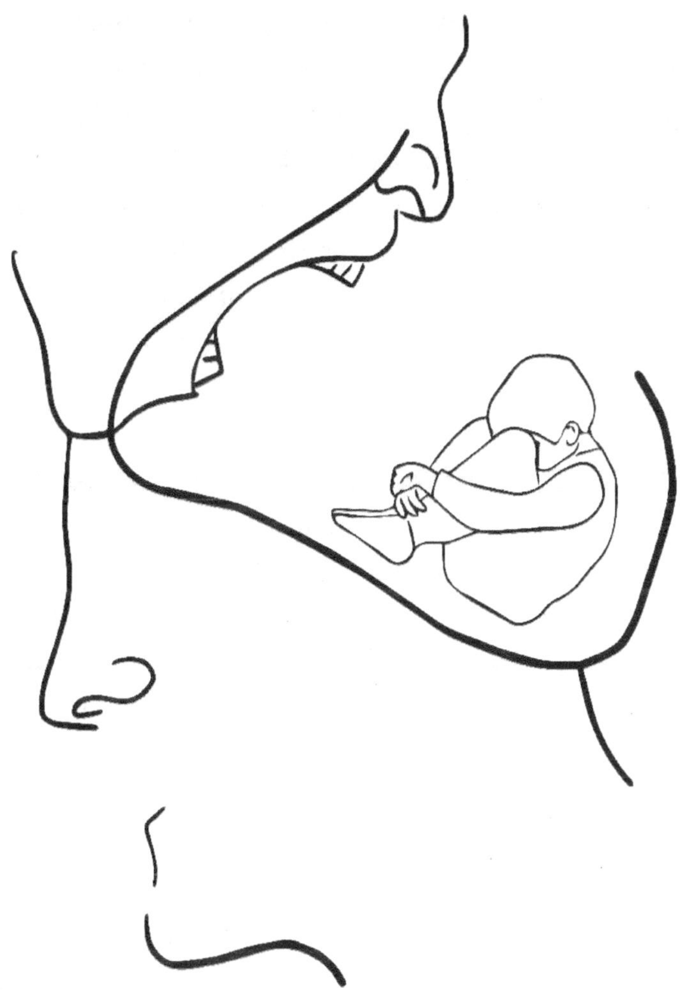

# Jetzt war ich am Gipfel der

# Machtlosigkeit

# angekommen

Seit meiner Grundschulzeit hatte ich eine ausgesprochene Affinität für Zahlen. Im Kopfrechnen bin ich deshalb noch heute sehr schnell und gut. Dadurch hatte ich auch immer die Fähigkeit Zahlenzusammenhänge schnell zu erfassen und dadurch bin ich in die Finanzwelt gekommen. Und alles, was ich dort an Aufgaben hatte, habe ich auch gut gelöst. Ich habe mich in dieser Zeit ausschließlich an meinen Fähigkeiten und Fertigkeiten orientiert und nicht an einer Berufung, oder dem was ich liebe. Ich machte das, was ich konnte und von dem ich glaubte, es sei so OK.

Heute weiß ich, dass das auch einer der Hauptgründe für die immer wiederkehrenden Hindernisse und Herausforderungen gewesen ist. Zusätzlich zu meinem Lebensthema Machtlosigkeit.
Hätte ich mich für einen anderen Weg entschieden, hätte es auch Lernaufgaben gegeben, aber sicher andere. Z.B. die Anfälligkeit für „Geschichtenerzähler / Luftikusse" wäre sicher deutlich geringer gewesen, weil dann nicht so eine Grundunzufriedenheit in mir geherrscht hätte und die Verlockungen und Abkürzungshoffnungen dadurch viel kleiner geblieben wären.

Damals war mir erstmal nur die Befreiung klar und auch sehr schnell, dass ich in dieser Welt nicht weiterarbeiten will. Das schuf dann starke Konflikte mit Anja, die immer wieder Anläufe unternahm, um mich in eine Anstellung in meinem alten Metier zu reden. Für sie war Sicherheit im Aussen, die es nicht gibt, ALLES.

Ich habe dann erstmal eine Bestandsaufnahme der finanziellen Situation vorgenommen. Für 2013 noch Fortzahlung des Gehalts und Dienstwagens, Kontostand, Rückkaufwert der privaten Lebensversicherungen,

Rentenanspruch, Wert Haus in Hittfeld und Belastung, Wert Haus Mallorca und Belastung, Schulden an Volkart und Schulden an das Finanzamt bei einem Verkauf meiner Anteile an ihn.

Die erste Erkenntnis für mich daraus war, ein Angestelltenverhältnis, egal für was, konnte ich mir ab dem Zeitpunkt nicht mehr leisten, da ich nur Rentenansprüche von € 400 mtl. habe und außerdem ist es für einen 57-Jährigen, mit 26 Jahren Selbständigkeit, sicher auch ein fast aussichtsloses Unterfangen ein Jahresgehalt von € 500.000 brutto in der Branche zu erwarten, um damit noch Rücklagen fürs Alter bilden zu können.

Ich hatte mich schnell entschieden, wenn raus, dann aber ganz und die Anteile waren zu der Zeit faktisch nichts mehr wert. Der Substanzwert (Innerer Wert) der Gesellschaft war binnen drei Jahren von € 12 Mio. auf € 700.000 gesunken. Tendenz weiter stark fallend.

Damals ging ich davon aus, dass ich im Verkaufsfall dann auch automatisch meine Bürgschaft zurückbekomme, da er mir nur mit der Zustimmung der Banken hatte kündigen können.

Was für Irrtum. Die Banken sitzen noch heute auf der Bürgschaft und waren jetzt allerdings so dreist mir die Bürgschaft zu versuchen zurück zu verkaufen, für        € 50.000 bis 100.000. Das kommt für mich aber nicht in Frage, dann müssen sie, im Falle eines Falles, mal versuchen das Geld einzuklagen. Ein schwieriges Unterfangen bei der heutigen Rechtsprechung und für sie doppelt riskant, da ich keinerlei Vermögen mehr besitze, dank Gütertrennungsvertrag.


Aus der Aufstellung wurde mir schnell klar, dass der Verkauf von Mallorca auf Dauer nicht reichen wird, zumal da auch nicht viel freie Liquidität übrig bleiben würde. Die Immobilienpreise für Häuser im Preissegment zwischen € 150.000 und € 750.000 hatten sich auf Mallorca fast halbiert. Also musste auch Hittfeld auf den Markt. Und der Familienstress war dauerhaft eröffnet. Meine Frau liebte das Haus und betrieb

ihre Kosmetikpraxis im Nebengebäude auf dem Grundstück und wollte
keine Veränderungen.

Abgesehen davon, dass sie mit jeder Art von Veränderung Schwierigkeiten hatte, und jede Menge Ängste sie umtrieben, hatte sie für den Verkaufsfall die Sorge, wo kann ich dann weiter arbeiten und folgen mir
meine Kunden auch ?

Durch Zufall wurden wir dann auf eine Altbauvilla im Ortszentrum aufmerksam, die bereits seit über einem Jahr in Totalsanierung und -reno-
vierung war und vermietet werden sollte. Frau und Tochter sofort begeistert, ich eher skeptisch. Wir bekamen eine mündliche Zusage, aber
nie einen Vertrag, haben schon Schränke beim Tischler fertigen lassen
und eine Ausstellungsküche gekauft und einbauen lassen. Mein Haus in
Hittfeld hatte ich zwischenzeitlich schon verkauft, mit Übergabefrist bis
Ende November.

Anja bekam einen Teil des Verkaufspreises auf ihr Konto, für den Verzicht auf das lebenslange Wohnrecht. Im Mai war das alles noch sehr
entspannt, als im Oktober die neue Behausung immer noch nicht fertig
war, kam bei Anja langsam Panik hoch. Ihre Kunden.............
Wieder diese Ohnmacht, wir hatten auf ein Pferd gesetzt und es lief
nicht.

Angst lähmt und ist der schlechteste aller Berater, die es auf dieser Welt
gibt.
„Angst essen Seelen auf !" Ein passendes Sprichwort dazu.
Also kühlen Kopf bewahren und über Alternativen nachdenken bzw. suchen. Und möglichst nicht die erstbeste Möglichkeit ergreifen, sondern
sich vorstellen und visualisieren, wie die Lösung aussehen soll.

So sind wir dann im November in eine Doppelhaushälfte ein Dorf weiter eingezogen und Anja konnte dort im Souterrain ein Einzimmerappartement für ihre Praxis anmieten. Alle Einbauten aus der Villa wieder ausbauen lassen, umbauen und in der neuen Wohnung wieder einbauen lassen. Ein teures Lehrstück für das schöne Thema, Gier frisst Hirn und den falschen Menschen vertrauen. Hier betraf es mal meine Frau und Tochter, die bis Oktober alle Alternativen einfach ausgeblendet hatten. Ich hatte mich glücklicher Weise in dieser Zeit im Griff und habe weiter nach neuen Wohnmöglichkeiten gesucht. Drei Wochen vor dem letztmöglichen Übergabedatum unseres Hauses in Hittfeld hatten wir einen Mietvertrag zum Wohnen und arbeiten.

Nachdem ich mich langsam innerlich von meiner Vergangenheit zu lösen begann und die ganzen finanziellen Dinge angefangen hatte abzuarbeiten, dachte ich auch über meine berufliche Zukunft nach. Trotz ständigem Drängens meiner Frau wollte ich in dem Finanzsektor nicht mehr arbeiten, sondern in Richtung Beratung / Coaching gehen. Feng Shui war mir nicht umfassend genug, da es zwar für den Menschen ist, ihn als Persönlichkeit aber zu stark außen vor lässt. Also fing ich 2013 an Bücher zu lesen, im Netz zu surfen und Seminare bei Robert Betz zu besuchen,  machte zwei Mediale Ausbildungen bei Andrea Schirnack und lernte Hypnose bei Alexander Hartmann.

Zur selben Zeit kam ein ehemaliger Leasingkunde und Freund auf mich zu, ich nenne ihn Andrew, um sich anscheinend für die Hilfe zu revanchieren, die ich ihm 2000 zu Teil werden lies, als er nach einer großen Pleite seiner Firma wieder auf die Füße kommen wollte und mit null Startkapital und mit einer Gesellschaft auf den Namen seiner Frau in seinem alten Geschäftsfeld weitermachen wollte. Dafür benötigte er die von uns sichergestellten Rohrreinigungsfahrzeuge , die auf die neue

GmbH weiter geleast werden sollten. Ich erspare mir an dieser Stelle weitere Details dieser damals extrem windigen und unsicheren Geschichte. Obwohl wir uns erst am Tag der Sicherstellung persönlich kennengelernt hatten, habe ich soviel Vertrauen aufgebaut, um ihm die Fahrzeuge erneut, gegen neue Leasingverträge, zur Nutzung zu überlassen. Ohne irgendwelche Zusatzsicherheiten. In den ersten zwei Jahren der neuen Gesellschaft war ich der Einzige, der dort anstehende Neuinvestitionen finanziert hat.

Später haben wir uns immer häufiger privat getroffen und es entstand eine Freundschaft. Dachte ich zumindest.


Er befand sich bis Ende 2015 aufgrund von alten Bürgschaften aus der Zeit bis 2000 im privaten Insolvenzverfahren, in der Wohlverhaltensphase und lies alles über seine Noch-Ehefrau laufen. Zu der Hauptfirma in Bad Schwartau, gab es eine kleinere Schwesterfirma mit einem 49%-Minderheitsgesellschafter, der anscheinend keine Lust mehr hatte und seinen Anteil verkaufen wollte, um mit dem Geld an der Börse zu zocken. Da unser Geld nicht für den vollen Anteil langte, war sein Vorschlag, erstmal 25,1% zum halben Preis durch Anja kaufen lassen, ich konnte als Berater in der Firma tätig werden und später mit den Gewinnausschüttungen den Restanteil kaufen und die Geschäftsführung übernehmen. So ging es im Sommer 13 dann los. Die ersten zwei Monate habe ich dort auch noch unentgeltlich gearbeitet.


Es kam natürlich alles ganz anders. Es stand die Ehescheidung von seiner zukünftigen Ex-Frau ab Ende 2015 an, da war dann seine Privatinsolvenz abgelaufen. Ihr neuer Lebenspartner war auch im Firmenverbund tätig, der gemeinsame Sohn kriegte in der realen Welt nichts auf die Reihe und musste auch gut untergebracht werden und es musste nun viel hin- und hergeschoben und neu aufgeteilt werden, Firmenanteile und Immobilien, und sein Geschwätz von gestern interessierte ihn nicht mehr.

Zusätzlich wollte der Geschäftsführer und angehende Börsenexperte nun auch nicht mehr die Restanteile verkaufen, sondern seine Anteile am liebsten zurückkaufen.
Andrew hat mir dann aufgezeigt, wie es laufen würde, wenn ich nicht verkaufe.

Anfang 2015 wurde alles wieder zurückgedreht, ich war um eine Enttäuschung reicher, das Ende einer Täuschung, und um einen Freund, der keiner war, ärmer.
Und ich hatte mich schon wieder ausgeliefert gefühlt, im falschen Vertrauen.

Zugegebener Maßen war das für mich die größte menschliche Enttäuschung in meinem bisherigen Leben.Viel größer, als die mit Volkart. Da war ich über den Zeitpunkt überrascht, aber nicht wirklich über sein Verhalten. Er hatte sich mir gegenüber  so verhalten, wie viel anderen Menschen auch, wenn es eine Machtposition vermeintlich zulässt . Und wir waren nicht befreundet und ich hatte mir seines miesen Charakters wegen, nie irgend welche Illusionen gemacht. Das war bei Andrew anders.

Letztendlich natürlich von mir selbst veranlasst, denn ich hatte ihn in meinem Kopf zu etwas erdacht, dass er einfach nicht war. Und auch dafür gab es schon vorher Anzeichen, seit es in seiner neuen Firma richtig gut lief. Und auch dafür habe ich natürlich die Verantwortung übernommen, denn ich habe mich auf ihn verlassen und war dann auch verlassen.

Meine Sympathie und Vertrauen waren so groß, dass ich auch die kleinen „Botschaften" in der Leasingzeit immer wieder beiseite geschoben habe und mir irgendwelche netten Ausreden für ihn habe einfallen lassen. Denn rund zwei Jahre nach seinem Neustart war die neue Firma recht gut im Geschäft und nun waren auch wieder andere Leasinggesellschaften und Banken bereit ihn zu finanzieren. Und plötzlich sank unser gemeinsames Neugeschäft gegen 0, weil wir als freie Leasinggesellschaft unser Geld etwas teurer einkauften und dementsprechend auch etwas teurer nach Aussen in den Konditionen waren. Da wurde dann gleich um die Stelle hinterm Komma gefeilscht und bei denen die Verträge abgeschlossen, die ihm vorher drei Jahre wegen jedem Cent auf die Finger gehauen haben und keine Kredite zur Verfügung stellten. Aber nun haben sie ihn zu tollen Golfturnieren eingeladen.

Oder als seine zukünftige Ex-Frau ihn zum dritten Mal betrogen hatte, immer mit einem anderen, aber immer mit einem sehr engen Freund von ihm, da war jede Zeit und jedes Gespräch schön und gerne angenommen, als er wieder neu leiert war, gab es hunderttausend andere wichtigere Dinge und Menschen.

Ich schreibe das hier nicht alles auf, um Andrew anzuprangern, sondern weil ich versuchen will, Dir bestimmte, immer wiederkehrende Verhaltensmuster von Menschen vor Augen zu führen, damit Du ggf. etwas kritischer Dein Umfeld anschaust und meine Fehler versuchen kannst zu vermeiden. Das Verhalten / Denken von Andrew ist relativ weit verbreitet und in den heutigen Zeiten um so mehr. Da war die Welt vor 40 Jahren doch noch anders.


Wenn Du unbedingt mit Freunden oder Familie Geschäfte machen willst, besser ist es darauf zu verzichten, dann musst Du um so pingeliger, korrekter und zeitnäher mit ausgefeilten Verträgen arbeiten. NICHT AUF HANDSCHLAG und mündliche Absprachen. Sonst ist Frust und Streit vorprogrammiert.


Das gleiche gilt in meinen Augen auch für Eheschließungen, bitte immer mit Ehevertrag, auch wenn am Anfang gar nichts vorhanden ist, was zu verteilen wäre. Das kommt manchmal viel schneller, als man denkt und schon sind irgendwelche Werte angeschafft, die dann Streit schaffen bei einer Trennung. Und riesige Rechnungen von immer gleich zwei Anwälten.

Nach meinem inneren Abwägen der gesamten Situation habe ich mich entschlossen auch dafür die Verantwortung zu übernehmen, statt zu jammern. Jammern ändert gar nichts und versetzt Dich nur in einen schlechten Energiezustand, der dazu führt, dass alle möglichen anderen Dinge auch noch darunter leiden. Und Du verlierst die Macht über Dein Leben, da Du diese beim Jammern unbewusst an die anderen abtrittst.

Begleitet von viel Ärger mit meiner Frau, die gar nicht verstehen konnte, dass ich nicht versuchte mich zu wehren und dagegen an zu arbeiten, habe ich einfach die Rückabwicklung abgearbeitet. Ich hatte bis hierhin schon gelernt und begriffen, dass es völlig schwachsinnig und aussichtslos ist, an Situationen krampfhaft festzuhalten, in denen der Gegenüber andere Ziele hat und in der Situation mehr Macht als man selbst. Da kannst Du nicht glücklich werden, sondern tendenziell nur krank, auf jeden Fall aber gefrustet. Erkenntnisse aus den über zwanzig Jahren mit Volkart.
Und es war auch nicht mein Weg, mein Wunsch, wieder in einer Unternehmensstruktur zu arbeiten, mit den ganzen Abhängigkeiten und Weisungen. Das habe ich nur meiner Frau zur Liebe angefangen, für ihr Sicherheitsbedürfnis.
Eine weitere spätere Erkenntnis hatte ich hier noch nicht realisiert, dafür brauchte ich noch eine zusätzliche Klatsche.

Der Verkauf von Mallorca war weiterhin extrem schwierig, trotz großer Preiszugeständnisse, und nachdem ich 2014 noch den 1. und 2. Reiki-

Grad gemacht hatte, konnte ich mich nun in 2015 wieder stärker auf meine eigene Weiterentwicklung konzentrieren.

Während Alicia ihr Abitur machte, besuchte ich Seminare, für richtiges Investieren und wie man Erfolg und Reichtum in sein Leben ziehen kann. Ich wollte mein Leben wieder in meinen Griff bekommen.

Damals wusste ich noch nicht, dass diese „Üfte-Üfte-Tschaka-Tschaka"-Seminare mit ihrem „wir sind alle so toll" und „Du musst es nur wirklich wollen" alle sinnlos sind. Es gibt keine Formel, die alle selig oder reich macht und auch das „Überschreiben" von Glaubenssätzen wirkt immer nur eine kurze Zeit.

Wenn du nicht anfängst in Dir aufzuräumen, bleibst Du immer auf Energie und Erfolge von Aussen angewiesen. Man konnte das auch an Seminarteilnehmern sehen, die während der Tage in der Gruppe und zwei bis drei Tage danach auf Wolke sieben schwebten, getragen vom künstlich erzeugten Energielevel auf dem Seminar und dann zu Hause bis in den Keller abstürzten. Die Folge, immer mehr neue Workshops buchen , um wieder in diese Energie zu kommen. Das hilft Dir aber nicht wirklich, da es alles äußerlich ist. Einzig der Seminarveranstalter kommt vor Freude nicht in den Schlaf, seine Kasse klingelt.

Bei mir klingelte die Kasse auch, im negativen Sinn. Im März bekam ich vom Finanzamt meinen Steuerbescheid für 2013, das Jahr des Verkaufs meiner Anteile an Volkart. Sie wollten € 425.000 von mir, die ich nicht hatte.

Die Summe war korrekt, sie ergab sich aus dem Negativen-Kapitalkonto in der Firma, dass neunzehn Jahre verhindert hatte, dass ich Einkommensteuer zahlen musste. Und sie berücksichtigte schon das Halbsteuerverfahren für über Fünfundfünfzigjährige. Nun war der Tag der Abrechnung und alle um mich rum rieten mir, auch Andrew, heb die Hand und geh in die Insolvenz und behalte das Geld, das noch da ist.

Ich wollte einen Vergleich mit dem Finanzamt über € 300.000 erreichen. Das Geld konnte ich mir von meiner Frau leihen und ich hielt es nach den vielen „steuerfreien" Jahren für angemessen, mich an der Allgemeinheit zu beteiligen. Mein Umfeld sah keine Chance dafür, sogar auch mein Steuerberater nicht, ein Wirtschaftsprüfer. Nach viel hin und her und einer Fristsetzung an das Finanzamt, bis zum 30.6.15 dem Vorschlag bedingungslos zuzustimmen, oder ich melde an dem Tag, zu den Bedingungen der alten Insolvenzordnung, meine Zahlungsunfähigkeit beim Amtsgericht an, stimmten sie zu. Meine Frau lieh mir das Geld und der Deckel war drauf.

Meine Frau war der einzige Mensch, der mir immer zugeredet hatte, keine Insolvenz anzumelden. Ich hatte schon ein paar mal darüber nachgedacht und mich auch entsprechend informiert. Ihr war wichtig, dass mein Name „sauber" blieb und ich mir den Quälkram der sieben Jahre ersparte, mir war es aus energetischer Sicht wichtig, mich meiner Verantwortung zu stellen.

Ich war richtig Stolz und hatte ein gutes Gefühl. Ich hatte mich nicht von anderen beeinflussen lassen, hatte nie am positiven Ergebnis gezweifelt, bin hartnäckig drangeblieben, und das Ergebnis war ERFOLG !

Es war ein Erfolg durch Vertrauen, eine klare Vision haben, den Fokus entsprechend auszurichten und das Gegenteil von dem tun, was meine Umwelt mir geraten bzw. von mir erwartet hatte. Genau wie mein erster Gedanke beim Erhalt des Bescheids, der war auch Insolvenz.

Dies war nun eine Situation mit Optionen, also ohne Machtlosigkeit. Hier konnte ich entscheiden und handeln.

Meine Überzeugung heute ist, das Gegenteil ist richtig !

Das Gegenteil vom ersten Gedanken, der kommt. Der kommt immer aus dem Unbewussten, der Fremdprogrammierung, ist also Mist.

Ander ist das bei Impulsen, zarten körperlichen Reaktionen, auf die sollte man unbedingt hören, da spricht Deine Seele mit Dir.

Ich fühlte mich wie Edison mit seiner Glühbirne und den 10.000 Versuchen, das kannst Du auf alles andere im Leben auch übertragen. Und das gilt für alle.

Kleiner Wermutstropfen, das Finanzamt war nun nicht mehr mein Freund............

Die Freude über diesen Erfolg hielt leider nicht lange an. Durch einen ehemaligen Leasingkunden hatte ich einen jungen, chaotischen Typ kennengelernt, der tausend und eine Ideen hatte, hauptsächlich im Zusammenhang mit gewerblicher Personalüberlassung. Als Arbeitnehmer nur Osteuropäer, hauptsächlich Polen, für einfache körperliche Arbeiten. Dann stellte er mir noch eine junge Frau vor, mit deutschem Pass, aber ursprünglich aus Polen. Nennen wir die beiden Philo und Evelina.

Ich war zu der Zeit noch immer nicht frei von dem Gedanken, meiner Frau zur Liebe, etwas „handfestes" und vor allem kurzfristig realisierbares zu machen und liebte immer noch die Idee von Partnerschaften und Arbeits- und Aufgabenteilung.

Wir gründeten also eine Firma für das Geschäft. Dann kam schon gleich das nächste Projekt, eine Pension, zur Unterbringung der Leih-Sklaven. Kurz und gut, es ist alles nichts geworden, alles platzte. Und Evelina hat mich auch noch um € 120.000 betrogen und ist dann, nach weiteren Betrügereien, geflohen.

Ein Haufen Prozesse und insgesamt € 150.000 Verlust war neun Monaten später das Resultat. Plus ein Ermittlungsverfahren des LKA Hamburg gegen mich, wegen uneidlicher Falschaussage. Das wurde aber eingestellt.

Nun hatte ich auch genug von solchen Erfahrungen und ging mal tiefer in mich. Heraus kam die Erkenntnis für mich, ich bin dafür verantwortlich, niemand sonst.

Ich hatte meine Entscheidungen getroffen, ganz alleine und niemand hat mich gezwungen. D.h. nicht, dass ich den Betrug entschuldige und nicht versuchte, das Geld irgendwie zurück zu bekommen. Aber die Verantwortung, NICHT Schuld, die den Betrug möglich gemacht, ist meine. Und mein Schluss daraus war, keine geschäftlichen Partnerschaften mehr und kein Verlassen auf andere.
Der Zug ist nun endgültig bei mir abgefahren.


Das schließt natürlich temporäre Zusammenarbeit an einem Thema nicht aus oder Kooperationen, jeder in seiner Verantwortung.
Eine teure Erkenntnis, die ich gerne schon früher gehabt hätte, aber da muss ich einen total blinden Fleck gehabt haben.
Spätestens jetzt war mir auch klar, ich liebe Geld, aber es bedeutet mir nichts. Das, was andere damit verbinden, sehe ich nicht darin. Es ist nichts weiter als Energie und die wächst irgendwie auch immer nach.
Gesundheitliche Themen und zwischenmenschliche Tragödien wiegen sehr viel schwerer. Geld kann man immer irgendwie ersetzen, das andere nicht.


A pro pos Schuld, die gibt es nicht. Es handelt sich um eine rein menschliche Erfindung von Religionen und Herrschern. Das Ziel ist uns klein zuhalten. Es gibt Ursache und Wirkung und es gibt Verantwortung. Jeder ist für das, was in seinem kleinen eigenen Universum passiert selbst verantwortlich, bewusst oder unbewusst. Aber deshalb ist man nicht auch automatisch schuldig. Einzige Ausnahme, vor dem Gesetz. Aber das ist eben auch eine rein menschliche Erfindung. Wie häufig wird man vom Gesetz nicht belangt und ist trotzdem verantwortlich ?
Und für alle Religionsfanatiker, Jesus Christus ist für alle Kinder Gottes am Kreuz gestorben. Er hat für alle Zeit alle SCHULD auf sich genommen und mit sich genommen. Seit über 2000 Jahren leben wir ohne Schuld

und ignorieren es ständig. Warum sonst ist es den meisten Menschen so wichtig Recht zu haben und KEINE Schuld ?

Im Rahmen meiner Persönlichkeitsentwicklung bin ich auch zu der Erkenntnis gekommen, dass Geld verdienen grundsätzlich nichts mit Arbeiten zu tun hat. Es ist eher so gar so, dass selber Arbeiten einen vom richtigen Geld verdienen abhält. Es bindet sehr viel Zeit und verengt den Fokus zum Thema Geld enorm auf die Arbeitsaufgaben und die begrenzte Zeit, bzw. zerstreut den Fokus auf zu viele Dinge.
Um aber über Geld verdienen nachzudenken, brauchst Du Zeit, Ruhe und einen ruhigen Geist.
Da ich Geld verdienen ohne Arbeit grundsätzlich interessanter finde, als durch den Tausch von Zeit gegen Geld, habe ich mir Listen erstellt, woraus man sogenannte Passive Einkommen generieren kann. Mein Ziel war es, ein Grundeinkommen auf diesem Weg zu erzielen, um mich meiner Passion / Berufung ohne finanziellen Druck widmen zu können.
Passiv heißt hier nicht, ohne jegliches Tun, sondern nicht andauernd und regelmäßig Zeit investieren zu müssen.  Zum Start muss man aber immer entweder Geld investieren, und / oder eine Idee und für eine gewisse Anfangsphase auch viel Arbeit. Und Du musst immer Entscheidungen treffen und diese ständig kontrollieren.

Zu der Zeit kamen diverse vermeintliche Möglichkeiten im Internet auf, wie man angeblich mit kleineren Summen relativ hohe Erträge erwirtschaften kann. Über meine realen Erfahrungen habe ich 2016 dann auch ein Ebook geschrieben. Zusammengefasst, es ist alles den Bach runtergegangen, obwohl ich sehr selektiv vorgegangen bin. Die absolute Masse der Programme waren von Anfang an auf Betrug angelegt und es haben immer nur die skrupellosen Verkäufer damit kurzfristig Geld verdient, wenn sie denn früh eingestiegen waren in die Netzwerke.

Umso weniger man sich mit den Inhalten und Themen beschäftigt, desto sicherer ist der Verlust vorprogrammiert. Nur wenn mit dem Geld auch meine Energie mitfließt und ich mich täglich mit dem Investment beschäftige und den sonstigen Rahmenbedingungen, kann es ggf. etwas werden. Muss aber nicht zwangsläufig.

Dazu muss ich aber vorher meine Glaubenssätze zum Thema Geld kennen und an ihnen arbeiten. Jemand, der mit der Programmierung „Nur wer hart arbeitet, verdient Geld", oder „Das Geld wächst nicht auf Bäumen", rumläuft, kann nicht erwarten, dass schnell irgendwo eingezahltes Geld sich dauerhaft von alleine vermehrt, das gilt auch für Dein Geld bei Banken, Brokern oder Investmentgesellschaften.

Die haben immer ganz andere, eigene Interessen. Weit weg von Deinen. Die verdienen hauptsächlich an häufigen Umschichtungen durch ihre Gebühren.


Übrig geblieben ist für mich persönlich nur das Thema Kryptowährungen. Aber auch damit muss man sich dann schon sehr intensiv auseinandersetzen.

Echtes Network Marketing ist auch generell eine Alternative, aber nicht so meins.

Für mich ist die große Faszination an den Kryptowährungen, der Blockchain und den dezentralen Rechnersystemen, dass dadurch jedermann auf dieser Welt sich ein Konto (Wallet) eröffnen kann und sich dadurch von religiösen, gesellschaftlichen, familiären, staatlichen und sonstigen Fesseln befreien kann.

Ein Handy und Internetverbindung reichen überall auf der Welt. So können auch Menschen im tiefsten Busch, hunderte Kilometer von der nächsten Bank entfernt, ihr Geld sicher verwahren und darüber jeder Zeit verfügen.

Bisher überwiegen bei mir, trotz der dramatischen Kurseinbrüche im Jahr 2018, immer noch die Kursgewinne. Die sind in Deutschland nach zwölf Monaten Haltedauer einer Währung, auch noch steuerfrei. Faktisch wie bei Wertpapieren.

Trotzdem wäre es aus heutiger Sicht sicher klüger gewesen, ich hätte im Januar 2018 alle Coins verkauft.


Im Herbst 15 war dann auch, nach fünf Jahren vergeblichem Bemühen, endlich ein Käufer für das Haus auf Mallorca gefunden, der das „Geschenk" annahm. Ich bekam die Hälfte meiner ehemaligen Investition wieder und konnte damit die Bank ablösen und alle möglichen Rechnungen da unten bezahlen. Viel übrig blieb nicht, aber die Verantwortung und die monatlichen Kosten waren erledigt, ein Stück Altlasten entsorgt.

Es gab zwar einen finanziellen Druck zum Verkauf, aber für mich kein Ohnmachtsgefühl. Ich konnte handeln und Entscheidungen treffen.

Obwohl ich sehr erleichtert war, diese Thema nun beenden zu können, war dann der Augenblick der Übergabe trotzdem auch sehr traurig. Wir hatten dort elf Jahre immer die schönsten Wochen im Jahr verbracht und hatten da auch gute Bekannte. Aber es stand eine neue Zeit an und da passten dann auch viele alte Dinge und Energien nicht mehr in unser Leben. Ausserdem haben wir danach auch noch Häuser in „unserer Ecke" gemietet und festgestellt, in vielerlei Hinsicht waren diese Urlaube deutlich entspannter, keine Arbeit und keine Verantwortung. Und man hat jedes mal wieder ein paar neue Eindrücke.

Dafür lief Anjas Kosmetikpraxis besser denn je und Alicia ging für ein paar Monate nach Australien, Travel and Work.


Mein neuer Weg führte mich nun zu Ausbildungslehrgängen, die in 2016 stattfinden sollten.

*Lebensgeschichte*

Die ersten neun Monate `16 liessen wir, alle drei als Familie, uns in zwei Ausbildungsgängen, erst  zum Coach und dann zum Trainer ausbilden. Die persönlichen Sichtweisen und Gedanken werden durch solche Seminare und Ausbildungen doch recht stark tangiert und es findet deutliches persönliches Wachstum statt wenn man offen für Veränderung ist und sie zulässt. Da macht es Sinn, falls man in einer Beziehung steckt, den Partner mitzunehmen, damit man sich nicht völlig auseinander entwickelt. Da unsere Tochter diesen Weg schon in ungewöhnlich jungen Jahren mitgehen wollte, haben wir ihr das auch ermöglicht. Bis heute kann ich sagen, es hat sich grundsätzlich gelohnt, auch wenn ich bei dem Unternehmen nie wieder einen Kurs buchen würde.

Manchmal, wenn man in der Selbstverantwortung unterwegs ist, lernt man für sich auch aus eher negativen Beispielen.

Es war für uns auch der Anfang eines Weges, der uns aus der Machtlosigkeit herausführen sollte.


In unserem privaten Umfeld gab es dann auch deutliche Umbrüche.

Es ist nicht jedermanns Sache, sich in der zweiten Lebenshälfte noch mit Veränderungen und persönlicher Entwicklung anzufreunden und entsprechend an sich zu arbeiten. Die Tendenz der meisten Menschen über 50 Jahren ist eher auf Konsum, Genießen und mit möglichst viel Komfort in die Rente rübergleiten angelegt. Häufig auch verbunden mit regelmäßigem Alkohol. Wenn schon was anderes, dann doch bitte maximal bequeme Reisen in fremde Gefilde, oder neue Rezepte und Weinsorten. Das führt dann dazu, dass die Menschen versuchen ihre Freunde und Bekannten passend zu ihren eigenen Lebensvorstellungen um sich zu scharen. So weit so gut. Faktisch ergeben sich dann auf Dauer völlig austauschbare Treffen mit immer den gleichen Abläufen und vor allem Themen. Kein Input von Aussen für irgendetwas Neues, interessantes.

Man schläft ein. Ausser jemand berichtet mal von irgendeiner Katastrophe in seinem Umfeld. Furchtbar die Vorstellung, dieses Leben noch dreißig Jahre weiter zu führen.

Spannend wird es, wenn dann zwei Menschen aus diesem „Vortod"-Raster aussteigen und sich mit ganz anderen Themen und Dingen beschäftigen. Da ist das Interesse der restlichen Gruppe nach ganz kurzer Zeit gleich Null. Aber nicht zuhören reicht dann nicht, die anderen versuchen dann die „Ausbrecher" mit blöden Kommentaren und anderen Maßnahmen wieder zurück zu holen und auf das Level der Gruppe einzuschwören. Da wird dann deutlich, dass die Angst vor Veränderung bei den Menschen extrem ausgeprägt ist. Wenn man diesen Rückschritt nicht bereit ist zu gehen und sich selbst ständig zu verleugnen, dann fliegt man konsequent aus den Gruppen raus und wird wie aussätzig gemieden.

Das haben sehr viele Menschen so erfahren, daher auch der klare Hinweis an dieser Stelle, Veränderung und Wachstum bringen auch Verluste mit sich, die man dann konsequent in Kauf nehmen muss und sich ein neues Umfeld aufbauen.

Ich habe das auch schon an anderer Stelle geschrieben, die Natur ist ausschließlich auf Wachstum ausgelegt, womit nicht immer das äußere, figürliche Wachsen gemeint ist. Das hat in der ersten Lebenshälfte eine große Berechtigung, da sollen wir uns auch „austoben". Speziell bei den Menschen in der zweiten Lebenshälfte geht es dann aber immer um das innere Wachstum. Das sollte nie aufhören, denn wo kein Wachstum mehr stattfindet, kommt dann der Tod, häufig auch erst mal der innere Tod. Oder Krankheiten. Aufgrund der äusseren Verdrängung wachsen die seelenruhig von innen.

Wenn Du Dich aber für Deinen persönlichen Wachstumsweg entscheidest, dann siehst Du vieles im Leben, auch in Deinem eigenen, aus einer anderen Perspektive. Der Fokus ändert sich, und Du entwickelst dadurch auch neue, andere Meinungen zu vielen Sachverhalten und Phänomen des Lebens. Viele Dinge sinken in ihrer Bedeutung, andere steigen nach oben.

Dadurch wird die Kommunikation mit dem alten Bekannten- und Verwandtenkreis deutlich schwieriger, die Interessen sind anders gelagert und man redet viel aneinander vorbei. Oder lässt den Kontakt eben einschlafen, was absolut ok ist.

Mit anderen Menschen bleibst Du in Kontakt, weil sie Deinen Weg spannend finden, ohne ihn selbst gehen zu wollen, und trotzdem an Deinen Erkenntnissen und Erfahrungen großes Interesse haben.

Man lernt auch, was ja angeblich so schwierig ist, total interessante neue Menschen kennen, mit denen man sich wunderbar austauschen kann und sich gegenseitig Tips und Anregungen zur weiteren Entwicklung geben kann. Also ganz das Gegenteil der alten Beziehungen, die meistens auf Bewahren und Erhalten angelegt sind. Da ist vieles sehr vorhersehbar und in ständiger Wiederholung. Auch die Rollen in so einer Gruppe sind meistens fest vergeben, wie im Theaterensemble. Die neuen Kontakte sind meistens viel lebhafter und bewegter und unterliegen immer wieder neuen Impulsen.

So ist es auch bei uns gelaufen, wir haben eine Menge alter Bekannte auf ihrem Ruhesofa und in ihren Endlosschleifen von Alkohol und Essen zurückgelassen und lebendige neue Freunde dazu gewonnen.

Auch dieses Thema hat etwas mit sich selbst ermächtigen zu tun. Bei sich bleiben, erkennen, analysieren und Entscheidungen treffen > Selbstverantwortung.

Agieren statt sich fremdbestimmen lassen.


Im Dezember `16 kam dann als vorläufiges Highlight unsere Reise nach Boca Raton, Florida, zum 6-Tages-Seminar „Date-with-Destiny" von

Anthony Robbins. Das war für uns das I-Tüpfelchen auf alle bisherigen Seminare, Ausbildungen und Workshops.

Wir hatten im August über Netflix den Film „I am not your guru" gesehen, der in zwei Stunden eine Zusammenfassung des Date-with-Destiny 2014 zeigt, ich habe fast durchgängig aus Betroffenheit und Anteilnahme geflennt. Ich muss dazu sagen, dass ich es liebe bei Filmen zu heulen, das reinigt so schön.

Am nächsten Tag habe ich alle Hebel in Bewegung gesetzt, um im Dezember life dabei zu sein. Trotz Anja`s Ängsten bezüglich der Finanzen, die Reise war natürlich, incl. der Seminargebühren, schon recht teuer.

# Der innere
# Tod.

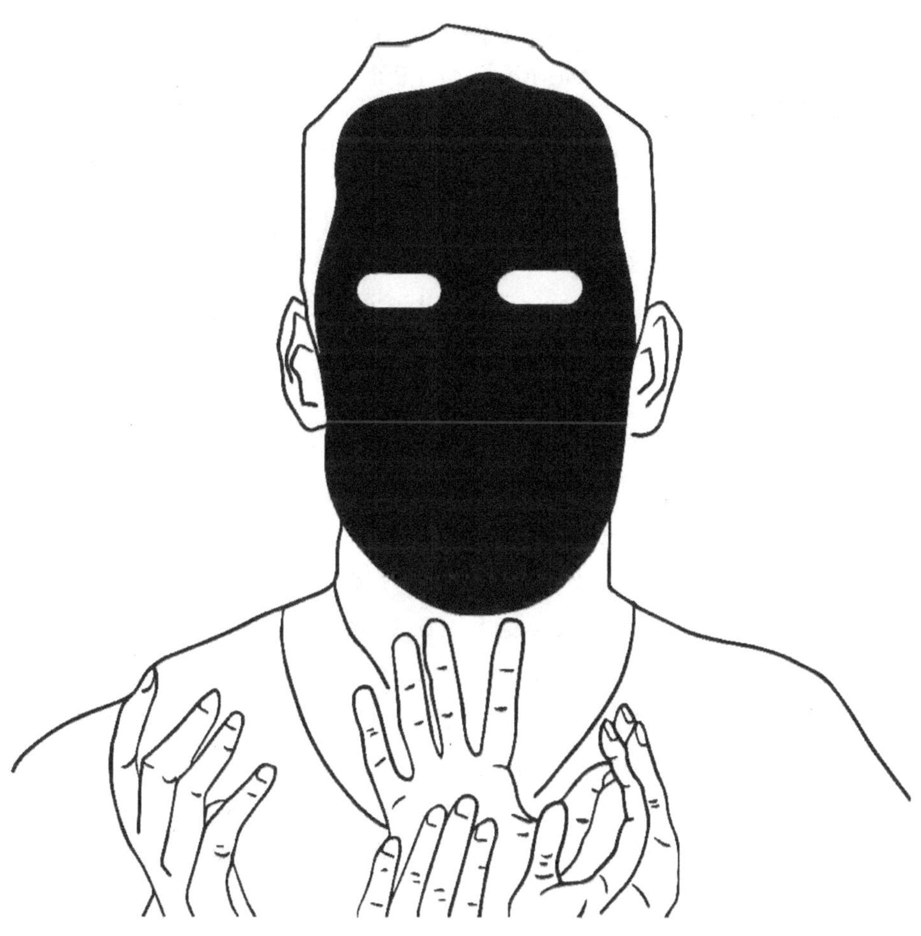

Und sie wurde noch teurer. Die Anreise stand unter einem schlechten Stern, Air France wollte uns nicht in den gebuchten Flieger nach Paris lassen, weil wir keine ESTA-Anträge für die USA gestellt hatten. Das habe ich auf dem Flughafen nachgeholt und bis zum Schließen des Gates lagen Anjas und Alicias Genehmigung vor, meine zehn Minuten später.
Bis zum Start des Weiterflugs nach Miami, von Paris, wäre also alles korrekt gewesen, aber sie weigerten sich trotzdem und auch die Rückflüge waren dadurch dann verfallen.

Also habe ich auf dem Flughafen neue Flüge gebucht, über Amsterdam und Atlanta nach Miami. Statt gegen 17.00h, Ortszeit Miami, sind wir dann erst am nächsten Morgen um 1.00h gelandet und dann mit dem Mietwagen ins Hotel.
Vielleicht war es eine Prüfung, wie ernst es mir / uns mit dem Seminar ist.
Ich wollte unbedingt ! Für den, der wirklich entschlossen ist, Ausreden keinen Raum gibt und sich nicht selbst in Machtlosigkeit flüchtet, der findet auch immer eine Lösung.

Mal abgesehen von starken gesundheitlichen Problemen, die ich beginnend ab September und schon vor der Reise hatte, war der Trip ein Traum. Die sechs Tage waren noch viel besser, als es der zweistündige „Werbe"film erwarten ließ. Tony Robbins war gesundheitlich angeschlagen und musste teilweise etwas kürzer treten, aber das riesige Team mit den vielen Helfern und Coaches hat eine super Arbeit geleistet und wir haben alle tolle Wishboards und extrem viel Input mitgebracht. Er ist wahnsinnig beeindruckend, vor allem, wenn er auf der Bühne Einzelcoachings mit stark selbstmordgefährdeten Teilnehmern macht, oder mit anderen Kandidaten mit unvorstellbaren Lebensgeschichten und Tragödien.

*Lebensgeschichte*

Für mich war das „Blessing" der alles toppende, absolute Höhepunkt. Dabei bin ich zum zweiten Mal in meinem Leben Gott begegnet, das erste mal war es bei Andrea Schirnack, in der medialen Ausbildung. Damals konnte ich das Ereignis zwar aufnehmen und erinnern, aber gefühlt hat es nichts in mir verändert. Ich war beeindruckt von dem Erlebnis, danach lief aber alles weiter, wie bis dahin.

Diesmal hat sich schlagartig mein Fühlen und Denken gewandelt und seit dem ist auch der ganz tiefe Glaube und damit auch das Vertrauen aus meiner Kindheit zurückgekehrt. Und jede Menge Erinnerungen an Ami und meine Kindertage. Auf eine Art fühlte sich ganz vieles für mich völlig anders an und durch das neue grenzenlose Vertrauen, das Leben ist für mich und für mich ist immer gesorgt, haben sich bei mir viele Einstellungen zu Dingen des Lebens schlagartig gewandelt und der Blickwinkel zu vielen Themen und Fragestellungen ist nun ein neuer.
Ich konnte vieles Alte loslassen, bin für ALLES was ist dankbar und bewerte deutlich weniger, oder mit viel größerem zeitlichen Abstand. Dadurch konnte ich auch feststellen, dass Ereignisse, zu denen ich spontan „Mist" geurteilt habe, mit größerem Abstand nun mit einem mal einen positiven Sinn ergaben.

Beispielsweise die Geschichten mit Andrew und die mit Philo und Evelina, beide waren im Moment ärgerlich und finanziell extrem teuer , aber sie bewahrten mich vor einem Leben ohne meine Berufung.
Ob wir ein Thema wiederkehrend präsentiert bekommen und meistens dann auch immer gravierendere Zaunpfahl-Winke, oder nur ein mal, liegt an uns selbst. Je nachdem wie intensiv wir auf unsere inneren Regungen und Impulse hören, bzw. sie überhaupt wahrnehme. Je früher wir darauf achten und ihnen folgen, desto leichter ist die Aufgabe und umso schneller kommen wir vorwärts.

Gemeint ist hier nicht die innere Stimme, die kommt meistens aus dem Unbewussten und ist somit völlig fremdbestimmt, mit den ganze Konditionierungen unserer Umwelt und Familie belastet, und daher auch ein schlechter Ratgeber.

Allerdings zur Vereinfachung kannst Du Dir auch meine Erkenntnis zu eigen machen, das Gegenteil ist richtig, und genau das Gegenteil dessen tun, was Dir die innere Stimme vorgesagt hat. Dann  passt es auch immer.

Das ist die Abkürzung, ohne Nachdenken und reinfühlen.


Die ersten Anzeichen einer beginnenden Krankheit hatte ich bereits im September `16, hielt es aber fälschlicher weise für Hämorriden. Bei einer anderen Untersuchung im Oktober hat mich mein Urologe in dieser Vermutung bestärkt und so ging ich den Dingen nicht weiter auf den Grund . Aber die erkennbaren Erscheinungsbilder  nahmen zu, vor allem im November. Da habe ich dann aber nicht darüber gesprochen und auch keinen Arzt konsultiert, da die Reise zu Tony Robbins anstand, die ich unbedingt machen wollte und Anja sie dann sicher abgesagt hätte. Anja ist beim Thema Gesundheit völlig kompromisslos. In Florida musste ich schon stündlich auf die Toilette und hatte einen schmerzenden, völlig aufgeblähten Bauch. Weitere Begleitumstände erspare ich Euch, wer da was näheres wissen will, kann mal googeln.


Kaum zurück habe ich dann eine Ärztin aufgesucht, die meinen Verdacht bestätigte, Colitis Ulcerosa. Über Weihnachten entwickelte diese chronische Dickdarmentzündung so viel Feuer, dass ich gut 40 Fieber hatte und ins Krankenhaus ging. Da wurde die Diagnose noch mal bestätigt und der Oberarzt fragte mich dann, wann ich denn aufgehört hätte zu rauchen. Ich sah ihn völlig überrascht an und antwortete, Ende Mai. Da grinste er und erklärte mir, dass dies der Auslöser des Schubs gewesen sei. Das wäre auch logisch, denn es handelt sich um eine Autoimmunerkrankung, bei der sich das eigene Immunsystem so stark entwickelt, dass es sich gegen einen selbst wendet. Asthma, Rheuma und Neurodermitis sind ebenfalls Autoimmunerkrankungen.

Nach drei Tagen konnte ich Sylvester wieder nach Hause. Bepackt mit Medikamenten, hauptsächlich Kortison , versuchte ich seit dem meinen Darm und mein Leben in den Griff zu bekommen. Das klappte aber nur sehr bedingt. Bisher war Krankheit für mich nie ein Thema gewesen, ich war immer gesund, hatte einen sehr widerstandsfähigen Körper und für einen Mann ein sehr niedriges Schmerzempfinden. Dabei sollte es auch bleiben. Ich habe es mein Leben lang gehasst in Krankenhäuser zu gehen, oder Gespräche über Krankheiten zu führen.
Im Gegensatz zu meiner Frau und meiner Mutter. Ich glaubte zu der Zeit noch an die Kraft des positiven Denkens, Irrtum, und wurde darin dadurch bestätigt, dass ich mir mal in den Neunzigern eine mehrjährige Migräne einfach weggedacht hatte.

Heute bin ich der festen Überzeugung, dass alle Krankheiten eine seelische Ursache haben, die sich „nur" im Körper manifestiert hat weil wir die freundlichen Hinweise vorher, immer übersehen haben. Unser heute ist das Ergebnis unserer Gedanken und Gefühle von gestern und so machte ich mich innerlich auf die Suche nach der Ursache der Colitis. Nach einigem Suchen war für mich klar, nicht nur die erbliche Vorbelastung zu der Krankheit stammte von meiner Mutter, sondern auch die in mir festgesetzte Wut und Ohnmacht hatten was mit ihr zu tun.
Als mein Vater uns verlassen hatte, 1969, hat meine Mutter mich über ein Jahr mit ihrem Gejammer und ihren Themen und Problemen als seelischen Mülleimer missbraucht und ich habe es nicht über mich gebracht ihr ein klares „NEIN" zu geben. Mit dreizehn Jahren sicher auch eine sehr

schwierige Aufgabe. Vermutlich auch ein wesentlicher Grund, weshalb ich dann in den Bergedorfer Schlosspark „umgezogen" bin und mir mit Drogen den Tag verschönt habe.

Dadurch ist eine völlige Ohnmacht in mir entstanden, die ich nie aufgelöst hatte und gegen beide Eltern eine riesige Wut. Gegen meinen Vater, er hat uns ja verlassen, und meine Mutter, die mich mit ihrem Elend malträtiert hat.

Aber auch das war nur ein Zwischenergebnis.

Zwischenzeitlich habe ich durch eine astrologische Aufstellung und inneres Arbeiten rausgefunden, dass da zusätzlich noch das Familienelend meiner mütterlichen Sippe karmisch dranhängt.

Trotzdem war wieder eine Situation von ausgeliefert und ohnmächtig sein entstanden. Ich hatte hier aber einen gewissen Einfluß auf den weiteren Verlauf.

Dieses Wissen der vermeintlichen Ursache, hilft einem auch nicht wirklich weiter, solange man die Verantwortung für den Körper und ggf. mehr, den Ärzten überlässt und darauf hofft, irgendwann hilft ein Medikament so gut, dass die Symptome weg sind. Wir leben aber in der Dualität und jede Medaille hat zwei Seiten, also haben auch alle Medikamente, wirklich ALLE, Nebenwirkungen. Körperliche und häufig leider auch psychisch, mentale. Die stehen in den seitenlangen Informationen meisten aber nicht drin. Das Gros der deutschen Ärzteschaft mögen von mir aus „gute Mediziner" sein, aber von denen guckt fast keiner über den Tellerrand. Meistens nicht mal über die eigene Fachrichtung hinaus. Ärzte mit einem ganzheitlichen Ansatz und Wissen über Naturheilkunde, Ernährung, TCM und die psychisch, seelischen Hintergründe sind echte Solitäre und so gut wie nicht zu finden.

Ständig neue Medikamente, Antikörper mit elfseitigen Warnhinweisen und Nebenwirkungen, ähnlich denen von Chemo-Medikamenten, und dann auch noch mehrere in Kombination haben dann im Herbst `18 mein Immunsystem so extrem runtergefahren, dass ich mir eine Lungenentzündung auf Pilzbasis eingefangen habe. Und das drei Wochen nach dem letzten Colitis-Schub. Also wieder ins Krankenhaus und wieder neue Medikamente. Die Pilzinfektion musste dann mit einem Hardcore-Antibiotikum bekämpft werden.
Ein echter Teufelskreis.

Ich hatte mich in der Zwischenzeit auch mit meinem Inneren und den Ursachen der Krankheit intensiv beschäftigt und alles so angenommen, wie es war. Dann konnte ich erfolgreich loslassen. Und ich hatte verstanden, was Krankheit eigentlich bewirken will, sie verschafft Dir Zeit zum Nachdenken, Reinspüren und zur Veränderung. So wie früher fast jede Krankheit durch Bettruhe kuriert wurde.

Dafür haben wir heute keine Zeit, „Bombe" einwerfen und weiter geht es.
Ich habe bei mir festgestellt, dass ich allen drei Krankenhausaufenthalten immer wunderbare Fieberträume und ganz wichtige Erkenntnisse zu verdanken hatte.
Das scheint mir auch der Zweck der ganzen „Übung" gewesen zu sein.

Um nicht weiter den Teufel mit dem Beelzebub auszutreiben, bzw. mit dreien, haben wir dann zwei Medikamente abgesetzt. Und siehe da, der Darm blieb gut und ruhig, mein sonstiges Befinden wurde täglich deutlich besser und nach einiger Zeit habe ich selber festgestellt, wie persönlichkeitsverändernd die vielen Medikament durch ihre Nebenwirkungen waren.

Ich hatte an den Themen der Ursachen immer wieder innerlich gearbeitet und bin mir sicher gewesen, dass sie auch aufgelöst waren, aber es tat sich noch nichts.

Da wurde mir dann klar, nur die innere Arbeit reicht nicht aus. Ich musste eine Entscheidung, ohne Netz und doppelten Boden, treffen.

Ich übernahm die vollständige Verantwortung für mich und meine Gesundheit und meinen Körper zu mir zurück.

Genau zu der Zeit hat eine Freundin meiner Frau ein Buch empfohlen, „Böses Gemüse", von Dr. med. Steven R. Gundry.

Er beschreibt da die Gefährlichkeit von Lektinen, gefährlichen Proteinen, in unserer Nahrung und deren Auswirkungen u.a. im Darm. Da es sich um einen Praxisratgeber mit vielen Empfehlungen für ein Lektinfreies Leben handelt, lebe ich jetzt danach und fühle mich super gut.

Mit diesem Ernährungskonzept behandelt Dr. Gundry erfolgreich seit Jahren auch Übergewicht, alle Arten von Auto-Immunerkrankungen, Allergien, Asthma, Diabetes und Herz-Kreislauf-Erkrankungen.

Zusätzlich ging ich nun auch zu einer „darmerfahrenen" Heilpraktikerin, die mit natürlichen Mitteln den Prozess begleitete.

Alle Untersuchungen bisher hatten einen wunderbar ruhigen und entzündungsfreien Darm gezeigt. Mein Professor konnte es gar nicht glauben.

Er ist ein rein technik- und wirkstoffgläubiger Mensch. Er hat mir auch über die Behandlungsdauer von anderthalb Jahren immer wieder versichert, es sei völlig egal was ich esse. Hauptsache sie essen was ihnen schmeckt.

Er hat aber leider nicht Recht behalten, was meinen Darm betrifft. Der Mensch ist viel zu individuell, als das so eine Pauschalaussage richtig sein könnte.

Dazu dann noch eine Anmerkung, der Darm ist in der Evolution aus dem Gehirn entstanden und noch immer direkt mit dem Gehirn verbunden. Das erklärt auch seine enorme Bedeutung für den Menschen und den ab und an benutzten Begriff des Bauchgehirns, landläufig das Bauchgefühl genannt. In dem Wort liegt schon die wesentliche Erkenntnis, vertraue nicht Deinem Verstand (5% Bewusstsein), sondern Deinem Bauch. Er weiß wirklich, was gut für Dich ist.

Ich kann nur jedem kranken Menschen den Rat geben, such Dir erst den besten, Dir bekannten klassischen Mediziner-Spezialisten.
Sobald Du ihn gefunden hast, suche weiter nach Alternativen, guten Heilpraktikern und natürlichen Wegen und Methoden, um Deinen gesundheitlichen Zustand zu verbessern. Und vergiss es die Krankheit als Feind zu betrachten und womöglich zu verdrängen / bekämpfen, es hilft Dir nicht. Du solltest erst Deinen Zustand völlig annehmen und akzeptieren, dann nach den Gründen und Ursachen in Dir forschen und Dich damit beschäftigen. Wenn Du das Gefühl hast, Du bist mit Dir und Deinen Themen im Reinen, dann bedanke Dich bei der Krankheit und lasse sie los. Sie hat dann ihre Aufgabe erfüllt. Sollte sich das Krankheitsbild nicht deutlich verbessern, oder verschwinden, dann war Deine innere Arbeit wahrscheinlich gut, aber noch nicht zu Ende.
Mit allen Bekämpfungsmaßnahmen steckst Du extrem viel Deiner Energie in das Problem / Krankheit und lässt es dadurch evt. auch noch wachsen.

Falls also nach einiger Zeit wieder irgendwelche Anzeichen des Krankheitsbildes auftauchen, oder immer noch da sind, bitte nicht verzweifeln. Es kann sein, dass Du zwar alles richtig gemacht hast, aber hinter der aufgelösten Ursache noch versteckt eine andere Blockade oder Trauma auf Erlösung wartet. Es ist wie bei einer Zwiebel, eine Schicht abgezogen und dahinter liegt die nächste Schicht. Das ist im Körper und der Psyche ähnlich, nur man sieht es nicht so einfach, wie bei der Zwiebel. Und jedes individuelle System hat auch seine eigenen Schichten, Schwerpunkte und Reihenfolge für die Abarbeitung und Auflösung, die garantiert völlig anders sind, als was uns unser Verstand suggeriert.

D.h. also, immer wieder mal den Stand abfragen und überprüfen und ggf. eine weitere Runde einlegen. Dranbleiben und weiterglauben.

Sei gespannt, was dann hochkommt.

Mir ist es dann, nach vier Monaten völligen Wohlbefindens und Ruhe auch so ergangen. Wobei ich immer noch Kortison geschluckt habe.

Mein Darm hat sich wieder gemeldet und ich habe erst mal eine Entscheidung, im Rahmen meiner Selbstverantwortung, getroffen und den Arzt gewechselt. Aufgrund der begleitenden Maßnahmen und Ernährungsumstellung ist dieser neuerliche Schub deutlich weniger gravierend und belastend verlaufen, z.B. ist das Fieber nicht richtig ausgebrochen.

Durch die neuerliche innere Arbeit kam dann auch ein noch bisher verborgenes Thema in mir hoch.

Eine Freundin, die den ersten Entwurf dieser Lebensgeschichte gelesen hatte und auch sehr spirituell unterwegs ist, hat mich darauf aufmerksam gemacht, dass dieses Auf und Ab in meinem Leben immer mit entsprechenden Menschen zusammenhingen, denen ich zu sehr vertraut hatte und die mich dann betrogen und extrem enttäuscht hatten. Dahinter steckt ein Muster, nach ihrer Überzeugung, und bei mir ein verdrängtes Trauma.

Also habe ich mich wieder nach Innen begeben und gesucht. Und siehe da, sie hat Recht. Es ist der Tod meine älteren Bruders und was der dann für Veränderungen in meinem Leben ausgelöst hat.

Ich habe das veränderte Verhalten meiner Eltern, keine Liebe und statt dessen Trauer, auf mich bezogen und dafür die Gründe und Verantwortung übernommen, mein Unterbewusstsein.

Hierbei handelt es sich um ein grundsätzliches Phänomen bei allen Kindern. Wir haben leider alle in unserer Kindheit die Angewohnheit, alles was um uns rum nicht stimmt und uns nicht gefällt, auf uns selbst als Grund und Auslöser zu beziehen. D.h. wir übernehmen, in unserem Unbewussten / Unterbewusstsein, dafür die Verantwortung. Ein ganz wichtiger Punkt, wenn Du anfängst in Deinem Inneren Aufzuräumen, daran zu denken. Uns fehlt in jungen Jahren die geistige Möglichkeit zu differenzieren, hat was mit mir zu tun, bzw. Betrifft nur die anderen.

Mein Muster war dann dadurch, ich werde nicht geliebt und bin es auch nicht wert geliebt zu werden.

Daraus habe ich dann auch abgeleitet, dass ich nichts wert bin und auch nichts kann, oder zumindest nicht wirklich gut. Es fehlte mir das Vertrauen in mich selbst. Dadurch war ich für alle „Schönschwätzer" und „Geschichtenerzähler" immer sehr anfällig und habe denen, dummerweise, auch mehr vertraut, als mir selbst. Schließlich war ich ja nichts wert und schon gar nicht, dass ich mir und in mich vertrauen konnte. Und deshalb war ich auch immer auf Partnerschaften o.ä. aus, den Partnern konnte ich ja vertrauen, mir alleine nicht.

Es fiel mir alles wie Schuppen aus den Haaren, so einfach war das und der Grundstein schon zu einer Zeit gelegt, an die ich überhaupt keine Erinnerung hatte.
Wer erinnert sich denn an die Zeit als er zwei Monate alt war ?

Aber Du kannst daran erkennen, wie gravierend und grundsteinlegend die äußeren Einflüsse in den ersten Jahren auf unser Unterbewusstsein und somit auf unser weiteres, gesamtes Leben sind. Bis wir uns dessen bewusst werden und die Programmierungen erst durchforsten, dann erkennen und endlich ändern.

Zwischenzeitlich hatte ich durch meinen Veränderungs- und Wachstumsprozess Selbstliebe, Selbstwert und Selbstvertrauen in mir aufgebaut, das veränderte aber nicht automatisch die Vergangenheit und die Muster von früher. Die muss man schon noch gesondert bearbeiten, dankbar sein und in Liebe loslassen.

Das ganze ist ja so etwas wie ein Überlebensprogramm gewesen und es hat mir auch auf eine bestimmte Art gedient und mich dahin gebracht, wo ich nun gerade stehe. Aber es ändert sich nicht von alleine, oder verschwindet einfach so.

Hier handelt es sich um das Thema „das innere Kind", von dem Du vielleicht schon mal was gehört hast. Dieses Thema wird Dir auch bei vielen anderen Persönlichkeitstrainern, z.B. Robert Betz, immer wieder begegnen. Es ist für Deinen Prozess des inneren Wachstums unablässig, mit Deinem inneren Kind in Kontakt zu treten, es anzunehmen, mit all diesen uralten Programmen, und diesem Kind heute die Liebe zu geben, die es häufig Jahrzehnte nicht bekommen hat.

Daraus habe ich auch für mich gelernt, die häufig angebotenen Veränderungstechniken vieler Coaches und Seminarunternehmen, oder wenn Dir jemand Deine Lebensaufgabe / Berufung benennen kann, oder Dir jemand den vermeintlich idealen Lebensweg / Lebensweise erklären kann, das ist alles cool und manchmal bringt es Dich auch zeitweise ein kleines Stück weiter. Aber das, was in Deinem Unbewussten steckt und schon zig Jahre / Jahrzehnte in Dir wirkt und arbeitet, verschwindet dadurch nicht. Es wirkt erst mal grundsätzlich weiter.

Die kurzen Phasen des Wohlbefindens nach den systhemischen Bearbeitungen geben uns die Illusion von dauerhafter Veränderung. Doch dann kommt die alte Grundprogrammierung wieder durch und DU bist die einzige Person auf dieser Welt, die diese  ändern kann und damit dann Deine Zukunft in eine andere Richtung lenkt. Und ja, den Prozess kann man mit Hilfe / Anleitung / Unterstützung einer dritten Person, z.B. Coach / Aufstellungen, begleiten lassen.

Du kannst das alles ignorieren und Dein Leben einfach so weiterführen, wie bisher.
Dann bleibt auch alles so, wie es im Moment ist. Nur das rein geistige Beschäftigen mit Themen schafft sicher keine Veränderung. Dieser Standpunkt ist völlig legitim, zumal, wenn noch ein geringer Leidensdruck vorhanden ist.

Falls Du aber Veränderung willst, weil Dir klar geworden ist, wer immer das Selbe tut, wird auch immer die gleichen Ergebnisse ernten, dann gibt es, wie immer im Leben, verschiedene Möglichkeiten.
Du kannst Dich irgendeiner Gruppe / Sekte etc. anschließen und denen Deine Verantwortung übertragen, das geht auch mit Deinem Partner, Dich in Dein Opferbewusstsein zurückziehen und ständig jammern, Dir regelmäßig Tabletten, Alkohol und / oder Drogen reinpfeiffen und flüchten, vor der Welt und Dir.
Die bessere Variante ist, Du kriegst den Rücken gerade, triffst Entscheidungen und übernimmst Deine vollständige Selbstverantwortung für Dich und beschäftigst Dich mit Deinem Inneren und Deinen Dämonen.

Dies ist der mit Abstand beste Weg, auch wenn er evt. etwas länger dauern kann, viel Kraft, Vertrauen und Glauben benötigt und Rückschläge

beinhalten kann. Es ist DEIN Weg und Du hast alles selber in der Hand und Du hast immer die freie Wahl !
Und es ist die einzige Möglichkeit in die Freiheit zu kommen.
Hilfestellung durch Dritte, auf der Basis Deiner Selbstverantwortung, ist dabei völlig legitim und beschleunigt Deinen Weg.


Zurück zu 2017. Da hatte ich durch die gesundheitlichen und pharmazeutischen  Beeinträchtigungen Zeit, die letzten Jahre zu reflektieren und in mir wuchs die Erkenntnis, dass fast alle Trainer, Coaches und Gurus, die ich kannte, systemisch arbeiten, und dass das nicht so meins ist. Das erinnerte mich, wie ich 2013 noch mal neu über Feng Shui nachgedacht habe. Meine Überlegung war , ob ich mich damit noch mal intensiv beschäftige, weitere Kurse belege und dann damit als Feng Shui Berater nach draussen gehe. Ich habe  mich dann dagegen entschieden, weil es für mich keinen ganzheitlicher Ansatz darstellt, der Mensch zu kurz kommt und durch die ständigen Polverschiebungen auch jede Berechnung einer ständigen Überarbeitung und Nachjustierung bedarf.


Ich verteufel oder verdamme die ganzen Systeme nicht, aber ich, für mich, habe mich dagegen entschieden. Zugegebener Maßen haben einige Systeme schon den Vorteil der schnellen Hilfe, aber fast immer sind die positiven Ergebnisse nicht von Dauer. Nach kürzerer Zeit kommt die Blockade zurück, sie war nur „übergepinselt". Nach meiner Meinung ist es in etwa so, wie bei der Psychotherapie. Es wird immer irgendeine Baustelle / Thema angesehen, aufgebröselt, daran intensiv gearbeitet und irgendwann gilt es als geheilt. Ohne einen Gesamtzusammenhang zu sehen. Die anderen, vorhandenen 99 Baustellen sind aber von dieser Arbeit unberührt geblieben und stehen somit zur weiteren Bearbeitung an. Das ist dann wie bei Sisyphos, der fing auch jeden Tag wieder neu an und wurde nie fertig.
Da reicht dann ja ein Leben zum Aufarbeiten nicht aus.

Ich bin da mehr für einen ganzheitlichen Ansatz, in dem ich die Veränderung in meinem Inneren bewirke und sie sich dann im ganzen Aussen auch auswirkt.


Besonders  bedenklich finde ich bei der  zwischenzeitlich entstandenen Seminar-industrie, dass einem vorgegaukelt wird, dass das tatsächliche, oder vermeintliche, angelernte Wissen der Referenten nicht nur einem selbst hilft ( maximal kurzfristig ), sondern einen zusätzlich befähigt, damit anderen Menschen gegen Geld auch zu helfen. Ganz gefährlich, was da auf die Menschheit losgelassen wird.
Hier geht es nicht um Sportübungen und Yoga.
Diese Seminare und Bücher erheben sehr häufig auch den Anspruch einer absoluten Allgemeingültigkeit, obwohl die Anbieter nur mit angelernten Systemen arbeiten, oder woanders abgeschrieben haben. Da wird meistens „0" eigenes inneres Wissen vermittelt. Das kann nicht wirklich funktionieren, da die jeweiligen Teilnehmer mit all ihren Energien, Themen und Herausforderungen, Karma etc. faktisch aussen vor bleiben und dann häufig hinterher versuchen an anderen Menschen mit den eben angenommenen Techniken selber rumzudoktern. Dieses schematische Arbeiten ist die reine Geldschneiderei, zumal ganz viele Inhalte, wie gesagt, auch noch von Kollegen, oder den Großen der Branche, allen voran Tony Robbins, einfach abgeschrieben werden und als eigen verkauft werden.
Dann sollte man lieber zum Original gehen.


Nachmachen wird auf Dauer nicht belohnt, Du musst Dich immer, mit all Deiner Energie und Deinem ganz eigenen authentischen Wissen voll einbringen.

Große Ausnahme hiervon, ist nach meinem Dafürhalten Dr. Joe Dispenza. Der geht den Themen sehr gut, tief und wissenschaftlich auf den Grund und was er dann propagiert, hat wirklich Allgemeingültigkeit . Deshalb hatte ich Anfang `17 auch die Idee, mir meine Lebensaufgabe benennen zu lassen

# 03.1 HALTUNG BEWAHREN

Diese Lebensaufgabe hat nach meinem Gefühl zu mir gepasst, wie Arsch auf Eimer. Ich konnte auch sofort damit etwas anfangen und verbinden. Ami hat mir dieses Haltung Bewahren perfekt vorgelebt und beigebracht.

Es gab für mich nicht den geringsten Zweifel an der Richtigkeit dieser Lebensaufgabe und daher sofortige 100%-ige Annahme. Ich habe damals allerdings, aus meiner Sicht, den Fehler begangen, auch zu glauben, dass dies nun auch meine Thema nach draußen ist und deshalb habe ich dann auch mein bisheriges Thema als Coach sofort über Bord geworfen, die Homepage aus dem Netz genommen, incl. Fanpage bei Facebook. Und einmal alles in neu für „Haltung Bewahren".
In den drei Jahren danach und angewandter Praxis habe ich aber auch festgestellt, dass hinter einer Lebensaufgabe und der ersten Meinung / Interpretation dazu, dann doch noch deutlich mehr steckt. Es KANN eine Initialzündung sein, aber kein fertiges Produkt, sondern der Beginn eines Prozesses. Es ist eben nicht so, dass dadurch alle Themen in Dir und ungeklärte Fragen sich automatisch auf einmal beantworten und auflösen. Du hast für Dich eine Überschrift, unter der Du deutlich klarer und fokussierter nun Deine innere Arbeit gestalten und vorantreiben kannst.

Was auch unbedingt zu empfehlen ist. Dafür ist dann auch eine Anbindung ans Universum und das Quantenfeld unablässig, die man sich auch erschaffen kann.

Es kann sich aber auch, nach einer gewissen Wirk- und Entwicklungszeit herausstellen, dass Deine Lebensaufgabe eben doch nicht Deine Lebensaufgabe, sondern nur Dein persönliches Lebensthema ist. Das ist keine Wortklauberei, sondern ein himmelweiter Unterschied. Im ersten Fall entspricht es gleichzeitig Deiner Berufung für diese Inkarnation und damit auch Deiner idealen, beruflichen Tätigkeit, im zweiten Fall ist es ausschließlich Deine persönliche Lernaufgabe hier, ohne jeglichen Bezug zu Deiner Berufung und somit auch nicht für Dritte. So wie in meinem Fall.

Für diese Erkenntnis habe schon etwas länger gebraucht, eine Freundin von uns und meine Frau hatten das schneller für sich geklärt.

Ich habe dann meine Tätigkeit unter dieser „Flagge" auch wieder beerdigt und weiter nach MEINER Berufung gesucht.

Im Frühjahr 2017 waren wir dann zu dritt noch mal ein paar Tage in London, bei Tony Robbins. London war schön, die „Üfte-Üfte"-Veranstaltung in meinen Augen eine Katastrophe. 15.000 Menschen in einer Lagerhalle, total schlecht organisiert, er selbst hat nur zwei der vier Tage auf der Bühne gestanden, der Großteil des Publikums jüngere, osteuropäische, angehende Neureiche, die sich hier den letzten Schliff holen wollten, wie man egobezogen durchstarten kann und unmenschliche laute Musik. Wir haben viele Teile des Programms geschwänzt und uns lieber in London rumgetrieben, schade um die Zeit und das Geld.

Die Ausrichtung dieser Veranstaltung ist weniger in Persönlichkeitswachstum, als mehr in eigenen Energieaufbau, teilweise auch von Aussen. Ziel setzen, sein Business vorantreiben und viel Geld verdienen. Leider auch kein ganzheitlicher Ansatz.

Um die selbe Zeit habe ich in der Lambert Akademie einen Ausbildungsgang für Internet Marketing gebucht und begonnen. Aber auch da waren die Elemente der echten Persönlichkeitsentwicklung immer im Hintergrund und Herr Lambert hat die große Gruppe auch nur ständig unter Druck gesetzt und sich beim Tempo an zwei, drei gut vorgebildeten Gruppenmitgliedern orientiert und so den Rest sukzessive „über Bord" geworfen. Nach vier Monaten war ich da wieder raus.

In dieser Zeit habe ich auch kleinere Seminare und Workshops besucht und dabei für mich festgestellt, dass Gruppengrößen von maximal 20 Personen meins sind.
Da wird jeder gesehen, kann seine persönlichen Themen und Fragen einbringen
und wird mehr zu sich und seiner Seele geführt. Zu dem, was Du bist und Dich ausmacht. Weg vom angelernten, hin zum verlernten und ureigenen mitgebrachten authentischen Wissen.

Ich habe dann darüber nachgedacht, ob und wie man Kontakt zur eigenen Seele bekommen kann. Ausgehend vom Gedanken dass wir alle mit einer Seele hier inkarniert sind, müsste es doch auch einen Weg geben mit dieser Seele zu kommunizieren. So habe ich mich immer wieder auf die Couch gelegt und versucht mit meiner Seele in Kontakt zu treten.
Meine Kontaktversuche haben tatsächlich nach einiger Zeit Erfolg gehabt und ich habe einen Weg gefunden, mit meiner Seele zu „sprechen".
Kein echtes Gespräch im klassischen Sinne, sonder ich stelle, wie bei Selbstgesprächen, im Geist meiner Seele eine Frage, eine geschlossene

Frage, die nur mit „JA" oder „NEIN" zu beantworten ist. Als Antwort für das „NEIN" erfolgt in meinem Körper keine Reaktion, für das „JA" kommt eine zarte Körperreaktion, die immer gleich ist. Es funktioniert etwa so ähnlich wie ein Körperpendel.

Diese Reaktionen/ Antworten sind sicher von Mensch zu Mensch unterschiedlich.

Sei es ein stärkeres Kribbeln in einem Arm oder Bein, ein Schauer im Rücken, oder ein Schauer / Kribbeln im Kopf.

Falls Du das auch mal ausprobieren willst, fang mit dem Körperpendel an. Stell Dich aufrecht hin, fester Stand, breite die Arme seitlich aus, auf Schulterhöhe, schließe Deine Augen und lass sie geschlossen. Dann stellst Du eine Frage, laut oder still im Kopf, die nur mit JA oder NEIN zu beantworten ist. Du bewegst Deinen Körper nicht. Als Antwort wirst Du entweder, wie von Geisterhand, leicht nach vorne, oder leicht nach hinten gedrückt. Vorne ist JA, hinten ist NEIN.

Wenn Du Dich da einigermaßen sicher fühlst, kannst Du auf die Couch wechseln und dort dann Deine Fragen stellen und auf eine wiederkehrende, körperliche Reaktion warten. Wichtig ist es, das häufiger zu überprüfen, mit banalen Fragen, bis Du ganz sicher merkst, es ist immer die gleiche Reaktion im selben Bereich.

Für die Seele ist die einzige Ausdrucksmöglichkeit der Körper. Deshalb kreiert sie uns auch Krankheiten, wenn wir ihre entsprechenden leichten Hinweise  in unserem Aussen-Leben zu lange ignoriert haben.


Die Kunst dieser Kommunikation ist es , vorweg mir die Themen so eng wie möglich vorzubereiten, damit dann nur Ja / Nein-Fragen übrig bleiben.

An einem Tag im Sommer 2017 habe ich mal wieder einige Fragen von meiner Seele beantworten lassen, u.a. auch welche zu meinem damaligen Auto. Die Antworten waren so verwirrend, dass ich mit sehr viel Zeit, schnell geht da nichts, dem Thema nun gründlich auf die Spur kommen wollte. Am Ende stand das klare Ergebnis, das alte Auto verkaufen und ein ganz bestimmtes Auto, mit spezieller Ausstattung und speziellen Extras, anzuschaffen. Ich habe bis heute aber nicht rausbekommen, was es genau ist, das meine Seele an diesem Auto einen Narren hat fressen lassen. Denn ich hatte vorher noch nie in so einem Auto gesessen, oder mal irgendwann darüber nachgedacht. Seis drum, im Oktober 2017 habe ich es dann gekauft.

Inzwischen hatte sich mein neues Thema wunderbar entwickelt, ich hielt Vorträge und Workshops ohne Script oder Programm, alles fand auf der Basis verlernten Wissens und ohne Systeme, intuitiv, situativ und geführt statt. Das ist ein sehr angenehmes Gefühl zu wissen, es kommt immer genau das Richtige für jeden Gegenüber raus. Das, was es gerade braucht.

So gleicht auch kein Workshop oder Coaching einem anderen.

Da setzt eine riesige Entspannung ein, wenn Du merkst, egal was ist oder kommt, Du bleibst immer bei Dir und hast immer eine Antwort.

Ich dachte zu der Zeit auf einem guten Weg zu sein, die tiefsten Punkte schon durchschritten zu haben und auch gesundheitlich und finanziell würde es nun deutlich besser werden. Deshalb haben wir uns dann für Anfang 2018 eine schöne neue Wohnung im Hafen von Hamburg-Harburg angemietet.

Um nun diesen positiven Prozeß zusätzlich zu unterstützen und unser aller mentales Wachstum mit positiven Impulsen zu versehen, sind wir Mitte März 2018 für fünfzehn Tage nach Brasilien, zu Joao de Deus, oder auch bekannt als John of God, geflogen.

Er gilt als der bekannteste und größte Heiler aktuell auf diesem Planeten.

Er selbst betont aber immer wieder, dass er nicht heilt, sondern nur als Medium für verschiedene Wesenheiten (Seelen von ehemals gelebten, herausragenden Persönlichkeiten) seinen Körper zur Verfügung stellt, um denen ihr Weiterwirken zum Wohle der Menschheit zu ermöglichen. Joao sagt, Gott heilt durch ihn..

Für Interessierte, bei Amazon gibt es einen Film über sein Wirken, „Healing".

Es waren wirklich wunderbare und außergewöhnliche zwei Wochen, in einer großen Gruppe von Menschen, die alle spirituell interessiert, aus allen Ecken der Welt dorthin gefahren sind, um dort unterschiedlich lange an ihrer persönlichen Entwicklung und ihrer Heilung zu arbeiten.

Das Ganze findet auf einem großen, extra für diesen Zweck bebauten, Casa- Gelände statt, mit diversen unterschiedlichen Gebäuden. Und es gibt dort eine große Anzahl von Menschen aus vielen Nationen, die dort leben und drei Tage die Woche, meist unentgeltlich, helfend und unterstützend tätig sind.

An den drei „Behandlungstagen" traten zwischen 1.500 und 5.000 (Karfreitag) Menschen vor die Wesenheiten.

Wir haben alle sehr viele erstaunliche Erlebnisse dort gehabt, die auch hinterher noch weiter von den Wesenheiten begleitet wurden und immer noch wirken.

Leider, für viele Hilfesuchenden dort, haben die Wesenheiten häufig eine total andere Reihenfolge in der Bearbeitung Deiner „Baustellen", als Du selbst. So passiert es schon häufiger, dass das persönliche Ansinnen, wegen dessen man dort hingefahren ist, gefühlt nicht bearbeitet wird. Aber eben etwas anderes, von dem man nicht weiß, was es denn ist. Deshalb kommen sehr viele Menschen immer wieder, oder bleiben Monate lang.

Leider sind Ende `18 Vorwürfe gegen Joao erhoben worden, durch eine Holländerin, ehemalige und rausgeworfene Casa-Guide, dass Joao sie vergewaltigt haben soll. Daraufhin hat die brasilianische Presse da riesen Storys draus gemacht, die dazu geführt haben, dass weitere 600 Frauen, alle mit identischen Geschichten, nun auch Anzeige erstattet haben.

Joao saß seit dem in Untersuchungshaft in Sao Paulo und bestritt jeden einzelnen Vorwurf.

Es ist sehr bedauerlich, dass nun die komplette Casa, samt Belegschaft, aber auch die ganzen notwendigen „Nebenbetriebe", Unterkünfte, Bars, Shops etc., in ihrer Existenz bedroht sind. Die Besucherzahlen haben sich mehr als halbiert, hauptsächlich durch Wegbleiben von Brasilianern, für die war Joao ein Heiliger.

Alles nur, weil eine enttäuschte ehemalige Prostituierte aus Holland, mit einer Geschichte um die Ecke kommt, die auch noch vor über 10 Jahren stattgefunden haben soll.

Aber Jesus wurde auch von einem Freund verraten und ans Kreuz genagelt, so sind die Menschen wohl. Neid und Rache sind seit tausenden Jahren anscheinend unverändert starke Triebfedern.

Zwischenzeitlich ist Joao im Hausarrest zu Haus, die meisten Anzeigen haben sich als haltlos erwiesen, aber entschieden ist noch nichts.

Die Casa und ihre Helfer arbeiten weiter und die Pilger treten ohne Joao vor die Wesenheiten, die auch weiter helfend arbeiten. Es gibt Stimmen, die sagen, dass die Energie und Hilfe heute sogar noch stärker ist.

Obwohl ich hauptsächlich wegen meiner Colitis Ulcerosa nach Brasilien fuhr und sich an dem Krankheitsbild keine großen Veränderungen zeigten, so habe ich doch ca. Sechs Wochen nach der Rückkehr meine Brille ablegen können, die ich über zwanzig Jahre getragen habe. Heute benutze ich sie nur noch bei stundenlangem Schreiben am Computer zur Entspannung, es würde auch ohne gehen.


Im Mai waren wir in Kärnten, Österreich, zu einem Workshop. Dort ist mir in einer Meditation der Impuls gekommen, dass ich ein Buch schreiben soll und auch welche Themen es haben soll.

Also habe ich mich dann im Sommer an die Tastatur gesetzt und angefangen zu schreiben. Der tiefen inneren Stimme, Seele, sollte man immer folgen.

Alleine für mich und meine Entwicklung war es eine wunderbare Hilfe mit sehr vielen neuen Erkenntnissen, ein Buch zu schreiben. Ich habe so viel mehr Klarheit über mich, meinen Körper und Gesundheit, innere Themen, berufliche Zukunft, Menschen und Situationen erhalten. Das unterstützt mich sehr bei der Transformation meiner Herausforderungen. Ich bin heute, Dezember 2019, ein anderer, als im Sommer 2018. Dieser Prozeß des Schreibens hat auch immer wieder von vorne angefangen und deshalb auch so lange gedauert. Die erste Version war, wie geplant im September schon fertig, aber nicht veröffentlicht. Jetzt schreibe ich am zweiten Buch und lerne noch mehr über mich.

Meine schlichteste Erkenntnis ist, das Leben fängt jeden Tag wieder neu an und jeder Tag ist ein eigenes abgeschlossenes Leben. So kann ich mich jeden Tag auch neu entscheiden und ich bin vom Ballast der Vergangenheit befreit. Am besten für mich ist es, wenn ich die Vergangenheit, Gestern, ausblende und möglichst viel Zeit und Fokus im Jetzt halte. Und das Leben geht immer weiter, egal was passiert, weiter und weiter, egal welche Entscheidung ich treffe. Es geht weiter, auch wenn wir nicht mehr sind.

# Wozu dann Sorgen machen ?

Abschließend noch das Jahr 2019. Nachdem ich vier Monate über den Jahreswechsel völlige Ruhe im Darm hatte und schon geglaubt habe, dass die Innenschau und die lektinfreie Ernährung mir dauerhaft einen gesunden Darm beschert hätten, kam die Colitis dann im Februar doch zurück. Das war dann für mich der „Weckruf" meine Selbstverantwortung zu übernehmen und mich doch mit einem Arztwechsel zu beschäftigen. Von einer Bekannten mit Morbus Crohn bekam ich einen Tip, ein jüngerer Gastroenterologe im ländlichen Gebiet südlich von Hamburg. Den habe ich dann auch aufgesucht und war schwer begeistert. Statt ständiger Darmspiegelungen untersucht er den Darm hauptsächlich mit einem modernen und hochauflösenden Ultraschallgerät. Das ist viel aussagekräftiger, man kann die Dicke der Darmwand messen, ohne Vorbereitung möglich und das Beschädigungsrisiko der Darmwände ist natürlich auch gleich Null.

Außerdem arbeitet er auch an Krankenhausstudien mit und kannte dadurch ein völlig neues Medikament in Tablettenform, statt Infusionen, das seit Ende 2018 erst auf dem Markt ist. Im Gegensatz zu den Immunsystemdämpfern meines alten Professors, habe ich bisher keinerlei Nebenwirkungen gespürt, vor allem keine Persönlichkeitsveränderung. Das anfänglich, gegen das drohende Fieber, erhöhte Kortison bauten wir schnell wieder ab und dieser Schub verlief erstaunlich ruhig und stabil. Seit Mai habe ich völlige Ruhe im Darm, habe die Dosierung der Tabletten schon halbiert und fühle mich, körperlich und geistig, wieder wie vor der Krankheit. Meinen Körper, ich hatte rund 13 Kg Gewicht verloren, hauptsächlich Muskelmasse, musste ich dann aber durch fünfmal die Woche Yoga und zwei Wochen Reha-Sport erstmal wieder gerade und belastbar bekommen. Durch das Kortison hatte ich schon einen Rundrücken.

Das hat wunderbar geklappt, für die Beweglichkeit, Gleichgewichtssinn und geistige Koordination mache ich das jetzt weiter. Ich will ja nicht mit achtzig senil am Rollator durchs Pflegeheim schlurfen.

Es ist nach fast drei Jahren Colitis ein unbeschreibliches Gefühl, acht Monate ohne irgendeine Entzündung und ohne Schub. Keine Gedanken an Toiletten in der Nähe und nur noch ein Medikament. Es fühlt sich für mich wie völlig gesund an.

# Ein Traum !

Seit kurzem trinken wir morgens, auf nüchternen Magen, auch noch frisch gepressten Selleriesaft, incl. allem Grün. Der Saft ist eine Empfehlung von Anthony William, einem medizinischen Medium und Buchautor, und hat eine  stark entgiftende Wirkung in Darm und Leber. Zusätzlich fühlt man sich durch den Saft auch noch fitter.

Im Frühjahr hat meine Frau mal wieder mit unserem indisch - vedischen Astrologen Kontakt aufgenommen. Dabei ist rausgekommen, dass unsere neue Wohnung aus energetischer Sicht, vorsichtig ausgedrückt, suboptimal liegt. Schlafzimmer und Küche waren nach Norden ausgerichtet und sollten besser nach Süden ( Küche ) und Westen ( Schlafzimmer ) gelegen sein.

# Ein Traum!

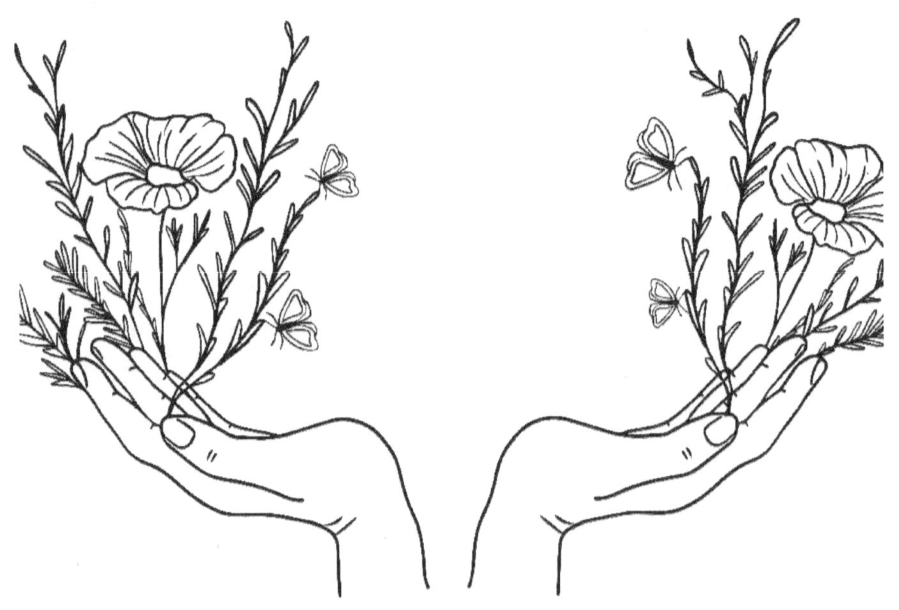

Also haben wir in unserer Anlage gesucht, bis wir was geeignetes gefunden hatten. Leider noch etwas teurer als die alte Wohnung, aber eine Seite der Wohnung ist komplett direkt am Hafenbecken und voll verglast, incl. Loggia. Ein herrliches Wohngefühl. Im Juli sind wir umgezogen.

Leider hatte sich der Zustand meiner Mutter, sie lebte mit 92 Jahren immer in einer Wohnung, Ende 2018 deutlich verschlechtert. Die Demenz konnten wir nicht mehr übersehen und ich hätte sie gerne in einem Pflegeheim untergebracht. Sie wollte nicht.

Also habe ich beim Amtsgericht eine Betreuung  für sie beantragt und nach einem Hausbesuch des zuständigen Richters auch am 1.4.19 erhalten. Dann habe ich sie im Pflegeheim auf die Warteliste gesetzt. Leider zu spät. Am 30.4. st sie in ihrer Wohnung schwer gestürzt und am 1.5. hat sie im Krankenhaus einen Schlaganfall bekommen. Nun konnten wir nichts mehr wählen und sie kam ins nächste, freie Pflegeheim.

Im April hatte ich mich mit ihren Papieren und Konten beschäftigt, nun kam noch die Wohnungsauflösung, Entrümpelung und Sichtung aller Habe dazu. Hinzu kamen alle möglichen Anträge. Obwohl sie seit Oktober `18 schon Pflegestufe 3 hatte, wurde da nie was abgerufen. Sie wollte keine „Fremden" um sich haben. Jetzt hatten sich alle ihre schwärzesten Alpträume auf einmal realisiert.

Ein schönes Beispiel für die Konsequenzen aus nicht gelebter Selbstverantwortung und immer alles beiseite schieben.

Ich hatte durch diese Veränderungen im 2. Quartal quasi einen Full-Time-Job mit ihr. Und das gerade, nachdem ich realisiert hatte, wie unsere Beziehung tatsächlich über sechzig Jahre war und dass sie sich die ganze Zeit als Energievampir bei mir angedockt hatte. Wieder hatte sie mich in eine Position der Machtlosigkeit gebracht. Meine Schwester saß in USA und konnte wegen Problemen mit ihrer Tochter nicht weg und ich konnte mich nicht durchringen alles über einen amtlichen Betreuer regeln zu lassen. Dann wäre vermutlich auch vom Erbe nichts mehr übrig geblieben. Also Augen zu und durch.

Zum Ende ging dann der Verfall meiner Mutter recht schnell, durch den Schlaganfall saß sie im Rollstuhl und konnte nicht mehr richtig sprechen. Am 2.9. ist sie dann, nach vier harten Tagen Endverfall, endlich erlöst worden.


Im Frühjahr hatte ich ein paar Sitzungen bei einer Traumatherapeutin, die Traumata im Körper auflösen kann. Es brachte mich etwas weiter, aber das war es doch noch nicht.

Dann begann meine Frau im Mai eine Ausbildung zur Speakerin bei einer Firma, die nur mit Frauen arbeiten.

Da bekam sie, dann ich auch, den Kontakt zu einem wunderbaren Medium in Bremen. Filomena arbeitet hauptsächlich mit Aufstellungen, per Skype, in denen sie stellvertretend für den Klienten steht.

Sie arbeitet mit unserer ganzen Familie und unserer Freundin aus Bremen. Mit der waren wir auch mal zu einem gemeinsamen Live-Tag bei Filomena.

Seit dem ist etwas mehr Tempo in die Aufarbeitung von Ahnenthemen, Karma und persönlichen Negativerlebnissen gekommen, so auch die Themen Mutter und Vater.


Leider war das gemeinsame Tempo nicht schnell genug für mich. Seit Mitte Mai hatte ich angefangen mit Währungen und Rohstoffen Live-Trading am Computer zu betreiben. Das lief auch acht Wochen ganz ordentlich, dann kam mal ein größerer Rückschlag, den ich aber ausgesessen habe und zum Erhalt des Grades noch mal Geld nachgeschossen hatte. Danach lief es wieder super und ich hatte innerhalb von acht weiteren Wochen aus $ 18.000 dann $ 45.000 gemacht. Die waren dann mit zwei Trades, parallel, auf einen Schlag weg. Da war es wieder, das Gefühl von Machtlosigkeit und Ohnmacht. Ich saß vorm Bildschirm, wie das berühmte Kaninchen vor der Schlange, wie gelähmt und nicht fähig irgendetwas dagegen zu tun.

Es war das erste mal in meinem Leben, dass ich über Selbstmord nachgedacht habe. Aber nur im Stillen für mich.


Für meine Frau waren die letzten Jahre extrem belastend, zumal sie stark von Ängsten getrieben, ein großer Sicherheitsfanatiker ist. Sie betreibt eine gutgehende Kosmetikpraxis und macht auch Wimpernverlängerungen. Dem Umzug in den Harburger Hafen hatte sie nur zugestimmt, weil sie davon ausging, dass ich Weihnachten 2017, zu den Höchstkursen, meine Cryptowährungen auch verkaufe.

Ich meinte es damals besser zu wissen und habe nur ein Drittel verkauft und bin mit den anderen zwei Dritteln dann voll mit in die Talfahrt gekommen.

Da ich krankheitsbedingt über einen langen Zeitraum nicht arbeiten konnte, hatte ich seit längerem keine Einnahmen mehr und durch die Umzüge, neue hohe Miete, Selbstbeteiligungen an den Krankheitskosten etc. waren die Mittel aus dem Cryptoverkauf nun aufgebraucht. Einer der Gründe, warum ich mit dem Traden angefangen hatte, um kurzfristig Geld zu verdienen. Der Re-Start als Trainer und Coach mit neuem Thema dauert deutlich länger, bevor da Geld in die Kasse kommt. Und das Buch war zwar einmal schon fertig geschrieben, aber hinter der ersten Fassung stand ich innerlich nicht mehr und an der zweiten Fassung schreibe ich noch. Und die Vermarktung dauert dann auch noch mal.

Das alles ging mir durch den Kopf, nach dem Ölcrash, ich fühlte mich total scheisse und musste nun beichten gehen.

Das Gespräch mit Anja verlief dann so einigermaßen, ich hatte ja auch gerade von meiner Mutter € 50.000 geerbt. Wir einigten uns darauf, dass ich noch mal $ 35.000 bei der Plattform einzahle, mich etwas zurücknehme beim Handeln, und es noch mal versuche. Drei Wochen weiter waren es wieder $ 55.000 und die gingen dann auch wieder den Bach runter. Diesmal über eine Woche und die Experten der Plattform hatten mir auch noch tolle Ratschläge gegeben, um dagegen an zu steuern. Wieder alles weg. Wieder ausgeliefert gefühlt, ohne Macht.

Mir ist natürlich völlig klar gewesen, ich war derjenige, der das Geld da hin getragen hat, der die Trades abgeschlossen hat und für all das Elend verantwortlich ist. Genau aus diesem Grund wurde jetzt der Gedanke an Suizid so stark und präsent in mir. Ich war ein gottverdammter Loser, eine unnötige Belastung für meine Frau, krieg nichts auf die Reihe und verspiele das letzte Geld und treib alle an den Abgrund. Jetzt war ich wirklich völlig am Ende.

Abends hab ich dann Anja alles auch genau so erzählt und sie hat ganz erstaunlich reagiert. Sie hat hat wohl gespürt, dass in mir nichts mehr war. Wir haben dann die nächsten zweieinhalb Tage tolle, nicht immer angenehme, Gespräche geführt. Dadurch habe ich mich dann wieder gefangen, hatte aber immer noch keine Idee, womit ich nun kurzfristig Geld verdienen könnte.

Zwei Tage später hatte sie mit ihrer Coachin eine Telefonsitzung, der ich beigewohnt habe. Da kam dann von der die Frage an Anja, „was war/ ist Dein größter Schmerz?" Die hab ich mir natürlich auch gestellt und bin da gedanklich wieder bei äußeren und bekannten inneren Dingen durchgegangen, ohne ein überzeugendes Ergebnis. In einem anschlie-ßenden längeren Gespräch mit Anja sind wir dann auf das Thema ge-kommen, Machtlosigkeit und Ohnmacht.

Das hat mich durchzuckt wie ein Energiestrahl, ja dass war MEIN Thema. Meine größte Verletzung ist auch gleichzeitig meine Berufung und mein Weg in die Freiheit.

Seit dem bin ich energetisch ganz anders unterwegs und sitze wieder am Computer, um mein Buch nun zum zweiten Mal zu schreiben.

Wir sind hier auf der Schlossinsel im Juli noch einmal umgezogen, in eine Wohnung, die energetisch besser ist. Die Küche ist nun nach Süden ausgerichtet und das Schlafzimmer nach Süd-West. Unser vedischer Astrologe aus Indien hatte uns dringend dazu geraten, auch wegen meiner Gesundheit.

Nach dem Umzug fühlte sich für uns die neue Wohnung tatsächlich deutlich besser an.

Während ich nun im Dezember wieder an meinem Buch schrieb und darüber nachdachte, wie ich es dann auch am besten vermarkten könnte, saß Anja an einem Sonntag abends vor ihrem Laptop und hörte sich ein Webinar an. Da sprach einer über das Schreiben von Büchern und wie man sie am besten und erfolgreich auf den Markt bringt. Ich hörte ein paar Sätze mit, holte mir einen Block zum mitschreiben und setzte mich dazu. Es handelt sich um Ricardo Biron, die Heldenreise. Ich war extrem „angefixt" und habe dann alle fünf Abende an der Webinarreihe teilgenommen. Ricardo lieferte sehr viel Content und was er sagte und darstellte war für mich absolut einleuchtend und überzeugend.

So überzeugend, dass ich für mich eine sehr weitreichende und extreme Entscheidung traf. Ich habe mich entschlossen, mein letztes Geld in sein Acht-Monatsprogramm zu investieren und mir von ihm und seinem Team zeigen zu lassen, wie man erfolgreich ein Buch vermarktet, und sich selbst. Gemeint sind damit weitere Produkte rund um das Buch und meine Dienstleistung als Trainer und Coach.

Nun habe ich also eine Entscheidung ohne doppelten Boden und Hintertür getroffen, alles auf eine Karte gesetzt und bin total gespannt, dass es am 2.Januar 2020, im neuen Jahrzehnt, nun endlich losgeht.


Halt, ich habe noch etwas großartiges Vergessen. Sascha, Anjas Sohn aus ihrer ersten Ehe, ging ja Anfang 1996 in das Heilpädagogium an der Ostsee, in Eckernförde. Er hatte sich dort, dank seines Gruppenleiters, auch körperlich und geistig ganz gut entwickelt, für sein Krankheitsbild. Leider musste er diese prima Einrichtung dann 2006, wegen Erreichen der Altersobergrenze verlassen. So kam er dann nach Rethem in eine privat betriebene Einrichtung, in der alle den selben Gendefekt haben. Wir waren der Meinung, dass dort, durch Gleichbehandlung aller, das niedrigstmögliche Konfliktpotential sei und somit die Gefahr seiner gefürchteten, höchst aggressiven Ausraster sehr gering sein würde. Das war leider ein großer Irrtum.

Aus Gewinnmaximierungsgründen wurden dort ausschließlich junge Berufsanfänger als Betreuer beschäftigt, hauptsächlich weibliche. Dieser Umstand führte dann dazu, dass Sascha sich denen schnell überlegen fühlte und nichts sagen lassen wollte. Mehrmals standen am Ende solcher Situationen dann gewalttätige Aktionen von Sascha, die mehrmals auch mit deutlichen Verletzungen der Betreuerinnen endeten.

Anja war nicht nur seine Mutter, sondern auch seit seinem 18. Geburtstag seine amtlich bestellte Betreuerin für Geld, Gesundheit und Aufenthaltsort. Und Anfang 2016 bekam sie nun von der Einrichtung die Nachricht, dass sie dort den Heimvertrag aufkündigen würden und sie für Sascha ein neues Zuhause suchen müsse.

Das war ein Schock, zumal sein Werdegang ja komplett aktenkundig war, incl. einer amtsärztlichen Ruhigstellung und Einweisung für mehrere Tage in eine Klinik, nach dem letzten großen „Auftritt".

Anja schob Panik pur, man hatte ihr dort gesagt, wenn sie keine neue Unterbringung für ihn finden würde, dann müsse sie ihn eben nach Hause holen.

Alle Versuche unsererseits etwas Neues zu finden schlugen fehl, spätestens nach Durchsicht seiner Akte. Die Panik wuchs, das Kündigungsdatum rückte näher.

Als Lösung habe ich dann Anja vorgeschlagen, sie solle die Betreuung an das Amtsgericht zurück geben und die müssten dann einen Berufsbetreuer ernennen, der sich mit dieser ausweglosen Situation rumschlagen müsste.

Nach kurzem Überlegen hat sie den Vorschlag umgesetzt. Als sich dann der neue Betreuer bei ihr meldete und ihr mitteilte, dass er sich nun um eine neue Unterbringung für Sascha kümmern würde, wich die Panik langsam. Er hat ihr auch klar erklärt, dass die Einrichtungen zwar Verträge kündigen dürfen, aber den Bewohner so lange beherbergen müssen, bis eine neue Einrichtung gefunden ist.

# Hier siehst Du wieder, wir haben immer eine Wahl und es gibt immer mindestens eine gute Lösung.

Im Herbst war es dann soweit und Sascha zog um nach Sottrum, in eine Einrichtung für Behinderte mit erhöhtem Aggressionspotential.

Dort hatten die professionellen Betreuer Sascha dann immer unter Wind und er gewöhnte sich dort ganz ordentlich ein. Hilfreich war sicher auch, er musste dort täglich arbeiten, in der angeschlossenen Gärtnerei und Werkstatt.

Ganz offenkundig tat es ihm gut, weniger Zeit zum dumme Gedanken entwickeln zu haben und auch eine sehr starre Tagesstruktur. Sein Verhalten wurde immer ruhiger und angenehmer.

Anfangs gefiel ihm natürlich alles überhaupt nicht und er war sauer auf Anja, weil sie die Betreuung abgelegt hatte, das war ein Affront gegen ihn und er zog sich für einige Monate von uns zurück. Als er sich dann meldete und wir uns wieder trafen, war Sascha deutlich zugänglicher und einsichtiger. Seine geistig, mentale, positive Entwicklung ist zwischenzeitlich soweit gediehen, dass wir ganz wunderbare Gespräche mit ihm führen und er, nachdem Anja ihm mal erklärt hatte, wie es zu seinem Auszug 1996 gekommen ist, total verständnis- und liebevoll zu ihr sagte:

„Mama, Du brauchst Dir keine Sorgen machen, Du hast immer alles für mich getan, was Dir möglich war."

Da haben wir alle geheult, vor Überraschung, Freude und auch etwas Stolz, dass er so eine Wandlung, trotz seines Handicaps, hinbekommen hat.

# Für mich der Beweis, es gibt keine aussichtslosen Fälle. Wenn Du wirklich willst, dann geht IMMER was.

Diese völlig subjektive Lebensgeschichte meiner ersten Lebenshälfte :) habe ich vor allem erst mal für mich geschrieben und sie hat mir in meiner eigenen Entwicklung sehr geholfen, mein Leben zu reflektieren. Als rein therapeutische Maßnahme würde ich heute jedem Menschen raten, mal seine Lebensgeschichte niederzuschreiben. Ganz in Ruhe, immer mal wieder alles durchlesen und Veränderungen und Ergänzungen einarbeiten und dann weiterschreiben. Das bringt Dich enorm weiter mit Dir selbst. Veröffentlichen ist ja kein Muss.

Ich habe mich entschieden nur noch Dinge zu tun, weil sie mir Spaß machen und ich völlig von ihnen überzeugt bin. Die Frage, die ich mir dazu immer stelle ist, dienlich für mich oder nicht dienlich ? Nicht kommerziell gemeint, sondern auf mein Wachstum und meinen Weg bezogen.

Und natürlich möchte ich mit diesem Buch auch andere Menschen wie Dich erreichen, anregen, inspirieren und ermutigen. Jammern, um Mitleid heischen u.ä. ist definitiv nicht mein Ziel. Damit kommen wir alle im Leben nicht weiter. Wachsen ist ja die Devise, da sonst das Sterben einsetzt.

Ich habe für mich festgestellt, dass mein Leben doch  schon früh aus dem Ruder gelaufen ist und ich keine glückliche Kindheit hatte, wie ich sie mir bis hierhin immer in meiner Erinnerung eingebildet hatte, auch ein Ergebnis des Schreibens.

Aber verdammt, eine beschissene Kindheit ist doch kein lebenslanges Etikett, hinter dem man sich verstecken, ausruhen und alles entschuldigen kann. Ab Anfang zwanzig, Jungs, als Spätentwickler, spätestens mit Ende zwanzig, sind wir alle für uns selbst verantwortlich. Und das geht schon mit dem Gesichtsausdruck los. Ich entscheide, ob ich fröhlich aus der Wäsche gucke, oder grimmig, wie meisten.

Jeder von uns entscheidet dann auch, ob er die Verantwortung für sein Leben übernimmt und Gestalter wird, oder ein ewig in Abhängigkeit vor sich hin jammerndes Opfer der Umstände, anderer Menschen und seiner Machtlosigkeit sein will. Und dadurch auch gleich jeden Anspruch auf Selbstverwirklichung aufgegeben hat.

Ja, ich habe auch Phasen von Flucht und Betäubung gehabt, sehr früh, und ich habe auch viel Mist gebaut, vieles falsch gemacht und mich ernsthaft mit Selbstmord beschäftigt. Meine Geschichte zeigt aber, solange man die Verantwortung für sich und sein Leben übernimmt, kann man sich auch ändern und neue Wege beschreiten, selbst im fortgeschrittenen Alter. Jeden Tag beginnt für mich ein neues Leben und ich treffe deshalb auch jeden Tag wieder ganz bewusst meine Entscheidungen. Die haben dann mit gestern gar nichts zu tun.

Wenn ich neue Entscheidungen treffe, dann verändere ich mich und dann ändert sich das Aussen auch, automatisch, und macht alles wieder lebenswert.

Das ist wie bei einem Teppich mit z.B. 1000 Knoten. Wenn sich nur ein Knoten verändert, dann verändert sich automatisch der komplette Teppich.

# Veränderung ist positiv und IMMER möglich! Es liegt in Deiner Hand.

Ich hoffe, dass ich Dich mit meiner Geschichte erreichen konnte und den einen, oder anderen, Gedanken, Gefühl oder Prozeß in Dir angeregt habe.

Vergiss nicht den roten Faden für Dein Leben, Machtlosigkeit ist nur ein momentanes Gefühl und keine unumstößliche Tatsache.
Du kannst Deine Machtlosigkeit überwinden und Gestalter Deines Lebens werden.

# Mach was daraus !

# UMKEHR

# 04 DER ÜBERGANG

Im Rahmen meiner Lebensgeschichte habe ich schon viele Hinweise und Anmerkungen gegeben, mit dem Ziel, Dir zu verdeutlichen, was für ein selbstgestaltetes Leben in voller Selbstverantwortung wichtig ist.

Hier im zweiten Teil geht es jetzt ausschließlich um Dich und was Du tun kannst, um aus der Opferrolle und der gefühlten Machtlosigkeit herauszukommen.
Wie Du der aktive, selbstermächtigte Schöpfer und Gestalter Deines Lebens werden kannst.

Alles, was ich hier darstelle, sind Wege und Möglichkeiten, die ich selber gegangen bin und ausprobiert habe. Für mich mit Erfolg.
Es gibt darüber hinaus, wie immer im Leben, sicherlich noch zig andere Alternativen, um in die völlige Eigenverantwortung für sein Leben zu kommen. Mir geht es aber nicht darum eine Art Enzyklopädie zu schreiben, sondern einen Praxisratgeber für Jedermann.

*Ich hoffe, dass mir das für Dich gelungen ist.*

# 05 WESENTLICHE BEGRIFFE NACH MEINEM VERSTÄNDNIS ERKLÄRT

Es macht Sinn, denke ich, einige häufig verwendete Worte aus meinem Verständnis heraus zu erklären und auch ihre Bedeutung in einen Kontext zu bringen. So kannst Du besser verstehen, was ich meine und worum es mir geht, und auch für Dich entscheiden, ob Du damit arbeiten willst.

Ich hoffe, dass wird Dir noch besser verdeutlichen, wie das Leben nach meinem Verständnis funktioniert und an welchen Schrauben Du drehen kannst, um Deinen individuellen und persönlichen Erfolg und Wachstum zu erreichen.

Selbst habe ich diese Erkenntnisse alle erlebt und mir erarbeitet, nicht aus Büchern anderer zusammengetragen. Ich bin diesen Weg gegangen, mit Erfolg.

Es gilt hier auch für Dich die Lebensregel,

**„Was einer kann, können alle."**
**Du musst es nur wirklich wollen!**

# 05.1 SELBSTLIEBE

Ein heutzutage schwieriges Thema, an dem es den meisten Menschen mangelt.

Nach meinem Eindruck, mehr denn je. Ich führe das auf die unzähligen äußeren Reize zurück, die uns davon abhalten uns mit unserem Inneren und dem eigentlich wichtigen zu beschäftigen.

Selbstliebe ist nicht zu verwechseln mit Egoismus, das ist eine krankhafte und übersteigerte Form von Selbstsucht, basiert auf einem starken inneren Minderwertsgefühl und ist total egogetrieben.

Wir kommen alle auf die Welt, sind vollversorgt und voller Selbstliebe. Das ist quasi unser aller Grundausstattung. Wir kennen noch keine Zweifel, das Gegenteil von Glauben und Vertrauen. Weil wir so rundum zufrieden und voller Selbstliebe sind, lieben wir auch alles andere. So ist es gedacht und sollte ein Leben lang so bleiben.

Tut es aber nicht! Wir werden durch unsere Umwelt konditioniert und unsere ersten, bis zu zehn, Lebensjahre im Unterbewusstsein fremdprogrammiert. Dadurch erfahren wir, durch Verhalten oder Worte, was alles angeblich falsch ist an uns, in uns und an unserem Verhalten. Wir tadeln schneller und häufiger, als loben.

Da setzen dann die Zweifel ein, das hab ich falsch gemacht, das kann ich nicht etc. Jedes „Nein" oder „Oh Gott", „Nicht" verstärkt die Zweifel und führt zu dem Gefühl nicht richtig zu sein und reduziert unsere Selbstliebe. Wer kann schon etwas lieben, dass offenkundig falsch ist ?

Hier wäre das Gegenteil richtig, bestätigen und loben und zeigen, dass es auch anders geht. Stärken unterstützen und fördern, Schwächen einfach annehmen. So lange wir uns in „Erziehungsinstituten" aufhalten hört dieser Prozess nicht auf. Für viele nie, er geht im Beruf und Familie häufig weiter. Daher ist es kein Fehler, oder womöglich eine Frage von Schuld, die es nicht gibt, wenn wir uns eingestehen, dass wir eindeutig viel zu wenig Selbstliebe haben. Es ist einfach die Anerkennung einer Tatsache, die uns im Aussen auf keinen Fall verändert. Im Innen ist damit jedoch die Basis gelegt, nun gezielt an dem Thema arbeiten zu können. Diese Bestätigung kann man sich auch pausenlos innerlich selber geben, wenn man weiß, wie wichtig das ist. Selbstloben !!!!

Der bessere Umgang mit Menschen generell und mit Kindern im Speziellen, erfordert viel Geduld und Zeit. Beides Dinge, die wir glauben nicht zu haben und uns ständig weniger nehmen, da unser selbstgemachter Druck viel zu groß ist und weiter steigt.


Ein „Killersatz" in der Kommunikation veranschaulicht das schön, „Ja, aber......". Damit wird alles eben geäußerte negativ weggewischt, was wir / der Gegenüber gerade gesagt hat. Wenn ich mit der anderen Meinung nicht vollständig übereinstimme, wäre es besser zu sagen „Ja, und ......". Das lässt die Aussage unangetastet im Raum stehen und ergänzt sie um einen weiteren Punkt / Sichtweise. Das ist wertschätzend und hinterlässt ein positives Gefühl.


Ohne über das Thema Selbstliebe zu reflektieren, ohne wertschätzende Kommunikation und ohne Loben und Anerkennen sind Millionen Menschen mit sehr geringer, oder gar keiner Selbstliebe entstanden. Da sie alle unbewusst dieses Defizit fühlen, sind sie alle auf der Suche, im Aussen, nach der Liebe und Zuneigung / Bestätigung der anderen. Zur Erinnerung, es gibt nur zwei Gefühle, Liebe und Angst. Und wir sind alle hier auf der Erde inkarniert, um Emotionen zu erleben. Und natürlich möglichst viele positive, also Liebe. Das Fatale ist aber, wer sich nicht wirklich selbst  annehmen kann, so wie er ist und mit allen Fehlern und Macken, ist auch nie in der Lage, einen anderen Menschen wirklich, d.h. bedingungslos, anzunehmen und zu lieben. Ohne Bedingungen heißt, immer, egal wie der andere sich gerade verhält. Wer kann das schon ?

So begegnen sich permanent Menschen auf der Suche nach Liebe im Aussen um die fehlende Selbstannahme und Selbstliebe zu kompensieren und hoffen, dass zwei Becher mit gerade bedecktem Boden, zusammen einen vollen Becher Liebe ergeben. Und bei jeder Art von Konflikt kommt es dann sehr schnell zu diesen Erpressungssituationen, „wenn Du mich nicht liebst, dann liebe ich Dich auch nicht" und „Du musst aber zuerst, bevor ich...."

Das ist Kleinkinderverhalten. Hier begegnen sich vom Wesen her zwei rund fünfjährige Menschen, ohne es zu merken. Das ist das Ergebnis des jahrelangen Selbstliebe-Aberziehungsprozesses unserer Kindheit und Jugend und der gleichzeitigen Programmierung unseres Unterbewusstseins durch die Erwachsenen unserer damaligen Umwelt.Deshalb halten heute die meisten Beziehungen / Ehen nur noch relativ kurz. Wir suchen uns lieber was Neues, als über uns und das Alte nachzudenken und daraus etwas zu lernen. Wir tauschen in der Wegwerfgesellschaft mal eben das Spielzeug.

Was wir bei allen Trennungen und Kündigungen von Verträgen ignorieren ist, wir nehmen die ungelöste Aufgabe in uns mit und nach einer absehbar kurzen Zeit geht es auch in der neuen Beziehung / Job wieder von vorne los, täglich grüßt das Murmeltier. Wir haben ja nur die äussere Hülle gewechselt und nicht uns selbst.

Damit wir nun aber doch noch irgendwann was merken und die Herausforderung auflösen können, sind die Wiederholungen meistens jedesmal heftiger und steigern sich. Wir werden Profis im Abstumpfen, richten uns irgendwann frustriert in der Situation ein und bekämpfen den Frust mit Alkohol, Fremdgehen, Adrenalinsport oder Konsumrausch, häufig auch alles gleichzeitig, je nach Geldbeutel. Dabei erklären wir allen anderen, was für tolle Hechte wir doch sind und wie glücklich.
Teure Autos, große Immobilien ( am besten mehrere ) und sündhaft teure und exotische Reisen sind Ausdruck dieser Situation in uns und gleichzeitig Pflaster für unsere innere Verletzung / Bedürftigkeit.

Wir erzählen unsere „Erfolgsstory" gerne und häufig und in Wahrheit am meisten für uns selbst, wie ein Kind im Wald, das singt, weil es Angst hat.

Ein Weg zur Selbstliebe führt über die Annahme. Annehmen ist nichts weiter, als den Zustand im Aussen und im Innen anzuerkennen, alles so wie es gerade ist. Zusätzlich üben wir Verzicht auf jegliche Bewertung des jeweiligen Umstandes, auf das Vergleichen mit anderen und die Aufgabe jeglichen Widerstandes gegen das „Ist".

## Das ist die Basis, ich habe wenig / keine Selbstliebe!

Nicht zu verwechseln mit dem häufig angewandten Verdrängen. Das schafft nur Schattenbereiche und Potential für Krankheiten aller Art.

Wenn wir uns in der Annahme etwas geübt haben, indem wir alle möglichen Situationen im Aussen nicht spontan kritisieren oder niedermachen, sondern uns im Inneren still sagen, es ist einfach, dann folgt als nächster Schritt Dankbarkeit üben. Es geht hier nicht um intellektuelle Übungen, sondern um echte innere Annahme und Dankbarkeit, die sich in unseren Gefühlen spürbar machen.

Täglich richtig suchen nach vielen Kleinigkeiten, für die wir dankbar sein können. Nach einiger Zeit, wenn die Dankbarkeit dabei ist ein echtes inneres Gefühl zu werden, gehen wir dazu über, für ALLES dankbar zu sein, im Jetzt und in unserer kompletten Vergangenheit. Spätestens dann wird das Bewerten von äusseren Umständen stark nachlassen und es stellt sich ein Gefühl von Zufriedenheit und Fülle ein und diese Zufriedenheit betrifft dann ja auch uns und unsere Gedanken und Handlungen. Durch das Suchen nach positiven Dingen, Umständen und Ereignissen für Dankbarkeit , verändert sich unser Fokus und es fällt uns immer leichter, das Schöne zu sehen und zu fühlen.

Da wir nun alles aus einem anderen Gefühlszustand sehen und fühlen, sind wir mit uns selbst auch viel zufriedener, nachsichtiger und liebevoller. So kommen wir in die Selbstliebe. Loben sollten wir uns auch regelmäßig selber.

Das geht nicht von heute auf morgen, es ist ein Prozeß. Vielleicht der wichtigste in Deinem Leben.

Trau Dich, Du wirst begeistert sein !

Hilfreich ist es an dieser Stelle auch, Dein Selbst zu klären, WAS IST MEIN SELBST?

Wo hänge ich überall dran, womit bin ich verbunden ( egal ob positiv / negativ )?

Menschen - gesamte Familie, Freunde, Bekannte, Berufswelt, Kunden, Hobbys -,
Dinge - Immobilie, Auto, Gegenstände, Institutionen -,
Normen, Regeln, Gesetze und Glauben.

Alle diese Verbindungen prägen Dein Selbst und sind gleichzeitig riesige Verpflichtungen, oder besser gesagt ein Korsett / Zwangsjacke.

Der Weg den Du hier beschreitest , ist die Befreiung aus allen Zwängen zu Deinem authentischen Selbst und Leben.

Alles, was Du bewusst, freiwillig und gerne tust, ist dann Ausdruck Deiner Persönlichkeit.

# 05.2 SELBSTWERT

der nächste Schritt nach der Selbstliebe. Ohne Selbstliebe ist auch ein echter, innerer Selbstwert gar nicht möglich.

Während die Selbstliebe ein tiefes Grundgefühl in uns ist, das auch die Basis für den Selbstwert darstellt, kommt hier nun unser Bewusstsein, als auch das Unbewusste, hinzu. Auf der Grundlage von „ICH BIN GUT, SO WIE ICH BIN!" kommen nun unsere persönlichen Werte hinzu.

Der Selbstwert ist vor allem dann wichtig, wenn es um das liebe Geld geht und um unsere Zeit, der Währung von morgen. Und natürlich für unsere Beziehungen zu anderen Menschen.

Wir alle treffen täglich eine Unmenge von Entscheidungen, steh ich auf, geh ich arbeiten, ziehe ich mich an, wie die anderen es von mir erwarten, halte ich mich an alle Regeln, was mache ich in meiner Freizeit, wann gehe ich schlafen usw.

Die meisten dieser Entscheidungen laufen bei uns im Autopilot, wir treffen sie unbewusst und immer wieder automatisch. Das ist schon mal von Haus aus schlecht für uns. Normal, aber negativ.

Um so mehr dieser automatisierten Verhaltensweisen wir täglich durchziehen, desto stärker steuert uns die Kindheitsprogrammierung, um so

weniger berücksichtigen wir uns selbst und unsere wahren Bedürfnisse, wie unsere Tagesform und damit auch unseren Selbstwert. Wir haben unseren eh schon zu geringen Selbstwert auch noch durch dieses Leben im Autopilot selber runter gefahren. Und unser gesamtes Leben ist ein ständiges im Kreis laufen. Denn unsere negativen Gefühle aus der Vergangenheit steuern uns über den Autopiloten auch weiterhin in der Zukunft und lassen möglichst Veränderung nicht zu.
Für unser Unbewusstes ist Veränderung das Übel aller Übel.


Wenn wir unsere eigenen Vorstellungen und Wünsche und unsere Individualität einbeziehen, um möglichst alle Routineabläufe ganz bewusst jedes Mal wieder einzeln zu entscheiden, entwickeln wir das neue Gefühl, das ist MEIN Leben. Von mir gestaltet und entschieden.
Dadurch steigt der Selbstwert, umso stärker, je mehr einzelne Entscheidungen wir treffen. Wir durchbrechen dabei auch die Muster der alten Emotionen und können durch positive Erfolgserlebnisse beim Entscheiden nun neue fördernde Emotionen für die Zukunft entwickeln, die der Körper übernimmt.
Noch stärker steigt der Selbstwert natürlich dann, wenn ich auch mal gegen eine Regel entscheide und mir dadurch Zeit für mich schaffe, die ich dann auch nur nach meinen Bedürfnissen verwende und mich dabei dann richtig gut und mutig fühle. Ein „Nein" gegenüber den Ansprüchen anderer wirkt da wahre Wunder. Es ist sehr wichtig, sich auch ab und an gegen den großen Strom zu stellen und sein Ding zu machen. Zeit nur für Dich ist die höchste Selbstschätzung, die Du Dir selber geben kannst.


Auch Bescheidenheit und Demut steigern den Selbstwert. Nicht zu verwechseln mit allen Wünschen abzuschwören. Erstelle eine Liste mit allen Dingen, die Du in Deinem Leben erfolgreich geschafft hast, mit allen

Deinen Qualitäten, geistigen und körperlichen, sowie allen Deinen Fähigkeiten und Fertigkeiten. Dafür kannst Du dankbar sein und auch erkennen, wo Dich andere unterstützt haben. Wenn Du das anerkennst, ohne Deine eigene Leistung zu schmälern, dann bist Du demütig.
Und wenn Du dann erkennst und anerkennst, dass wir alle Teil eines großen Ganzen sind, alle miteinander verbunden sind und auch immer von einander abhängig sind und sehr viele Dinge Co-Produktionen sind, dann wirst Du auch bescheiden.

Auszahlen wird sich das für Dich vor allem bei allen finanziellen und beruflichen Themen. Gehst Du in ein Gespräch / Verhandlung voller Selbstliebe und mit einem guten Selbstwert, so wird Dich niemand über den Tisch ziehen können, d.h zu etwas bringen, was Du so nicht willst.
So ist es also auch für alle Angestellten und Selbständigen enorm wichtig, die Frage für sich zu klären, was ist mir eine Stunde meiner begrenzten Lebenszeit wert ? Scheißegal, was andere für Stundensätze haben. Andere sollten nie die Messlatte für Dich sein, nur Du selbst.

## Du bist doch der Gestalter Deines Lebens.


## 05.3 SELBSTVERTRAUEN

baut auf Selbstliebe und Selbstwert auf. Hier kommen jetzt zum Gefühl und dem Bewusstsein noch Deine Fähigkeiten und Fertigkeiten dazu.

Selbstvertrauen als Ganzes ist am Ende natürlich auch wieder ein Gefühl, ein sehr wichtiges. Wir reden hier aber von echtem inneren Selbstvertrauen und nicht über aufgesetztes, angenommenes. Hier meine ich alle diejenigen, deren Selbstvertrauen auf einem Namen, der Kohle oder der

Stellung des Partners bzw. der Eltern oder Familie etc. basiert, oder auf gekauften Titeln und Diplomen. Das ist nur angenommen, eine aufgesetzte Maske.

Selbstvertrauen ist ein tief verankertes Gefühl und nicht über den Kopf kreiert. Im Idealfall ist Dir ein größerer Teil Deines bei der Geburt mitgebrachten Urvertrauens erhalten geblieben. Dann hast Du es etwas leichter.

Selbstvertrauen hat grundsätzlich nichts mit Geld zu tun, sondern mit Erfahrungen. Erfahrungen, die Du durch Üben und Ausprobieren gesammelt hast, indem Du Deine Fähigkeiten und Talente ausprobierst und Dich damit anderen und ihrer Meinung präsentierst. Der wichtigste Punkt hierbei ist aber, wie zufrieden bist Du mit Deinen Fähigkeiten? Deine Begeisterung und Zufriedenheit sind Deine Messlatte. Positives Feedback von den anderen verstärkt natürlich zusätzlich das Wachstum Deines Selbstvertrauens und bringt auch mit sich, dass Du sachliches, kritisches Feedback neutraler verarbeiten kannst. So kannst Du besser werden und daran zu wachsen, und Dich nicht immer gleich persönlich angegriffen fühlen.

Letztendlich entscheidend ist aber immer Deine eigene Meinung zu Dir. Selbstvertrauen hat auch nichts mit Frechheit, cool sein oder dummdreistem Auftreten zu tun. Daran erkennt man die vielen Fakes und Dummköpfe, die glauben, Geld alleine regelt alles, egal woher es kommt und wie erworben. Sobald dann was schief geht und nicht über Geld, Eltern oder Beziehungen zu regeln ist, brechen diese Menschen sehr schnell ein.

# Du bist doch der Gestalter Deines

# Lebens

Menschen in Selbstliebe, mit Selbstwert und Selbstvertrauen sind ruhig und bestimmt, sie wissen wer und was sie sind was sie können und brauchen niemandem etwas beweisen.

Das kannst Du auch für Dich als innere Messlatte nehmen, solange Du sachliche, negative Kritik automatisch als persönlichen Angriff empfindest und entsprechend heftig reagierst, hast Du noch ein geringes Selbstvertrauen. Du brauchst Dich zukünftig in solchen Situationen nur versuchen selbst zu beobachten und an Dir zu arbeiten. Wenn Du jeder neuen und unbekannten Situation ruhig und interessiert gegenüberstehst und nach Deinen Werten handelst, statt auf die Situationen zu reagieren, dann hast Du echtes inneres Selbstvertrauen aufgebaut.

Mache Dinge, die Dir liegen und Freude bereiten, denn da bist Du automatisch gut.

Verplemper Deine Zeit weniger mit Dingen, hinter denen Du nicht wirklich stehst und bei denen für Dich der Spassfaktor gering ist.

Wenn Du Deine Selbstliebe und Deinen Selbstwert schon aufgebaut hast, sollte Dir dieser Schritt nicht schwer fallen. Betreibe die Dinge, die Dir gut von der Hand gehen, steigere den Schwierigkeitsgrad ständig etwas und lobe Dich regelmäßig selbst. Du wirst sehen, wie das wirkt und das Gefühl von Selbstvertrauen bei Dir Einzug hält und das Gefühl machtvoll zu sein.

Ein weiterer Faktor für Selbstvertrauen sind Glaube und Vertrauen. Wenn Du alle bisherigen Punkte und Schritte durchgegangen bist, dann solltest Du schon ein gehöriges Selbstvertrauen entwickelt haben und es Dir leicht fallen an Dich zu glauben. Für mich persönlich gibt es aber letztendlich noch eine Institution über uns. Egal wie wir sie bezeichnen, Manitu, Allah, Gott oder Universum, energetisch ist da noch etwas, das unser Leben beeinflusst und deutlich stärker ist als wir.

Wenn Du also Dir vertraust und an Dich glaubst, dann versuche doch diese Gefühle auch auf das große Ganze zu erweitern und fühle Dich da rein. Das wird Dein Selbstvertrauen noch mal auf ein deutlich höheres Level heben.

Geld ist dann das „Abfallprodukt" von Selbstvertrauen. Wenn Du Selbstliebe, einen klar definierten Selbstwert und Selbstvertrauen aus Deinem Inneren heraus hast, nicht über das Vergleichen mit anderen, dann bist Du auch in der Lage, bei jeder Gelegenheit die richtigen Worte und für Dich das optimale Verhandlungsergebnis zu erreichen, ohne die anderen dabei bloßzustellen oder über den Tisch zu ziehen.

Geschäftlich erfolgreich und machtvoll zu sein heißt, für Dich ein gutes Ergebnis zu erreichen und gleichzeitig das bestmögliche Ergebnis für alle zu erzielen, ohne jemandem was wegzunehmen. Einseitige Abschlüsse halten selten wirklich lange und beinhalten ständige Unruhe und den Verlust von Freunden und Kunden.
Auf dieser Welt ist tatsächlich von allem für alle reichlich vorhanden.
Die unterschiedlichen Bewusstseinszustände der Menschen erschaffen auf dieser Welt das eklatante und „ungerechte" Ungleichgewicht.
Dies würde sich auch bei einer völligen Gleichverteilung nicht nachhaltig ändern. Binnen kürzester Zeit hätten wir wieder die selben Zustände, wie zuvor, erschaffen. Ausser es verändert sich das Bewusstsein eines Großteils der Menschen.

# 05.4 SELBSTVERANTWORTUNG

mein Lieblingsthema und die große Voraussetzung für ein freies und selbstbestimmtes Leben. Ein Leben, in dem ich nach meinen Werten und

Normen handle und nicht einfach blind reagiere auf die Ereignisse im Aussen.

Dazu gehört auch das Wissen, dass wir uns nicht von allen Abhängigkeiten in der Gesellschaft lösen können und diesen Umstand anzunehmen und zu akzeptieren.

Das große Ganze ist eine  Co-Kreation aller.

Selbstverantwortung ist Haltung bewahren in jeder Situation und es eine Entscheidung. Deine Entscheidung, hopp oder top, wie will ich leben. In diesem Moment hast Du bereits Deine Gefühle von Machtlosigkeit überwunden und bist zum kraftvollen Gestalter Deines Lebens transformiert.

Klar ist, dazu brauchst Du Selbstliebe, Selbstwert und Selbstvertrauen, d.h. Du musst völlig davon überzeugt sein, in jeder Situation nach Deinen Kriterien bestehen zu können. Was nicht heißt, immer als Sieger vom Platz zu gehen, oder auf alles eine Antwort zu haben, sondern Deine Möglichkeiten zu kennen und immer das Beste zu geben. Manchmal ist die beste Antwort eben auch, „Die Frage kann ich gerade nicht beantworten, ich komme da später noch mal auf Dich zu". Es bedeutet auch, mit Niederlagen umgehen zu können und nicht in Angst, Verzweiflung oder Depression zu verfallen.

# Hauptsache, ich bin authentisch und bleibe bei mir.

Selbstverantwortung ermöglicht Dir immer im Hier und Jetzt zu sein, da die Vergangenheit erledigt ist und nicht zu verändern und die Zukunft

ist noch nicht da. Außerdem ist sie von so mannigfaltigen, unterschiedlichen Menschen und Faktoren abhängig, dass es eine Illusion ist zu glauben, dass Du Dich darauf schon heute einstellen kannst, damit Du womöglich alles im Griff haben kannst. Die Gegenwart kannst Du gestalten, indem Du an Deinen Vorstellungen arbeitest, dabei legst Du automatisch auch eine Grundlage für Deine Zukunft und gestaltest diese mit. Bleibe aber immer offen für jegliches Ergebnis.
Das ist selbstverantwortliches Agieren und Gestalten.


Wichtig sind dabei Dankbarkeit, Glauben und Vertrauen. Dankbarkeit für ALLES was ist. Mit einer selektiven Dankbarkeit wird es sehr schwer eine echte Dankbarkeit entwickeln zu können, wenn Deine Visionen Realität geworden sind.
Und Selbstverantwortung beinhaltet auch immer die Verantwortung für alles zu übernehmen, was Dir begegnet. Es ist von Dir erschaffen, bewusst oder unbewusst. Und Selbstverantwortung ist unteilbar.
Glauben an Dich, und ggf. an Deinen Gott oder das Universum, daraus schöpfst Du die Kraft zur Realisierung. Und Vertraue in Dich. Das Vertrauen beruht zu einem großenTeil auf Deinen Erfahrungen aus der Vergangenheit, Deinem Bewusstsein und auf Deinem Warum. Deinem Sinn und Antrieb für Deine Vision und Handeln.
Das Warum ist deshalb so wichtig, weil es Dein Antrieb ist. Umso größer es ist, desto höher Deine Realisierungschancen. Heißt auch, investiere bei allen Projekten viel Zeit in die Definition und Ausarbeitung Deines Warum, es zahlt sich aus und beschleunigt dann den Weg. Und je mehr Menschen von Deiner Vision profitieren, desto größer sind die Realisierungsaussichten.


Selbstverantwortung ist nicht teilbar, entweder ich bin ein Spielball der anderen und der Umstände, dann verstecke ich mich dahinter und bin ein Opfer. Oder ich übernehme die uneingeschränkte Verantwortung für

*Wesentliche Begriffe*

ALLES, incl. des Negativen, was auch delegierte Misserfolge einschließt, das in meinem Leben passiert, dann bin ich frei und ein Gestalter.

Wenn ich davon ausgehe, dass alles um mich in meinem Leben von mir kreiert wurde, dann weiß ich automatisch, dass ich auch die Macht habe, unangenehme Dinge zu verändern. Ich, niemand sonst.

So schräg es klingen mag, der die Verantwortung trägt, ist derjenige, der bestimmt, entscheidet und auch die getroffenen Entscheidungen korrigieren kann, durch eine neue Entscheidung. Er hat das Lenkrad in der Hand.


Alles in Deinem Aussen ist nur ein Spiegel Deines Innen und das Ergebnis Deiner Gedanken und Handlungen von gestern und vorgestern. Und das kannst Du nicht anfangen aufzuteilen, für Erfolge bin ich verantwortlich und für die Misserfolge sind es die Umstände, das wäre lächerlich. Das ist heute das Verhalten von Politikern, die dadurch eben auch nur noch lächerlich wahrgenommen werden.

Überall in Deinem Aussen ist Deine Energie drin. Und Dein Aussen ist schon ein anderes, als das Aussen Deines Partners, oder Deiner Eltern. Es ist schwer einzusehen, aber es existieren acht Milliarden Miniuniversen ( Aussen) auf diesem Planeten und jeder sieht alle Dinge aus seiner völlig eigenen Perspektive. Deswegen ist auch das ewige Bewerten und Verurteilen so sinnlos. Keiner kennt die Motive und Vorstellungen des anderen, ergo vergleicht er sie mit seinen eigenen und somit automatisch Äpfel mit Birnen.

Menschen, die völlig selbstverantwortlich leben, versuchen das auch weitestgehend zu vermeiden. Man erreicht dadurch auch mehr Zufriedenheit für sich selbst und stärkt damit wieder Selbstliebe und Selbstwert.

# Merkst Du, wie man sich auf diesem Weg zunehmend auch von den Urteilen anderer Menschen befreit ? Sie sind keine Messlatte mehr für Dich und dadurch wirst Du frei.

## 05.5 INNERE WELT – ÄUßERE WELT

Während der Embryophase und den ersten Jahren danach auf diesem Planeten leben wir noch vollständig angebunden an die Seelenwelt und befinden uns häufig in unserer inneren Welt. Dann nehmen wir zunehmend die Aussenwelt stärker war und sind neugierig, was uns da geboten wird. Dieses Aussen setzt nun, bei jedem, alles daran, uns vollständig in diese Welt zu ziehen und trennt uns dadurch von unserer inneren Welt. Das Unbewusste (fremdprogrammiert) und zunehmend die 5% Verstand übernehmen unsere Steuerung und Wahrnehmung.

Dadurch leben wir alle in der äußeren Welt und sind konditioniert uns daran zu orientieren, auszurichten. Was uns nicht beigebracht worden ist, dass das Aussen nur ein Spiegel unseres Innen ist, eine Projektionsfläche, an der wir das Ergebnis unserer Gedanken und Emotionen erkennen können, um sie dann ggf. zu korrigieren.
Viele Gedanken und Gefühle haben wir nicht aktiv entwickelt, sondern sind aus unserem Unbewussten, das ja fremdprogrammiert ist, entwickelt worden. Daher haben wir jederzeit die Möglichkeit, wenn uns das Aussen / der Spiegel nicht gefällt, eine Korrektur vorzunehmen indem

wir unsere bisherigen Emotionen aktiv verändern und dadurch unsere Zukunft durch die veränderten Visionen und neuen Gefühle von heute anders gestalten.


Wem diese Aussagen zu spooky sind und unglaublich, der sollte mal darüber nachdenken, warum bei einem Autounfall vier Zeugen, die alle an der selben Stelle standen, hinterher vier völlig unterschiedliche Aussagen zu Protokoll geben. Das beruht auf der Tatsache, dass wir alle völlig unterschiedlich in den ersten zehn Lebensjahren konditioniert wurden, mit verschiedenen Anlagen zur Welt gekommen sind und uns alle völlig individuell entwickelt haben und die jeweilige Gefühlswelt einzigartig ist. So kommt es zu den differierenden Wahrnehmungen und Erinnerungen und am Ende zu den vier Aussagen. Und keiner hat Unrecht, oder mit Absicht falsch ausgesagt. Daher ja auch meine Meinung, dass es acht Milliarden Universen auf dieser Welt gibt.

Es gibt keine objektive Wahrheit auf dieser Erde, sondern nur eine Menge subjektiver Wahrheiten. Wenn wir diesen Gedanken annehmen und er für uns zur Tatsache wird, werden wir auch in der Lage sein, andere Meinungen, Aussagen und Standpunkte viel entspannter anzuhören und zu akzeptieren. Akzeptieren heißt nur zur Kenntnis nehmen, nicht zustimmen. Es ist immer nur eine mögliche Sichtweise, genau so wie unsere eigene eben auch. Daher auch der Rat im Gespräch kein „aber" (Plattmacher) zu verwenden, sondern „und" als Erweiterung der unendlichen Möglichkeiten.

Die häufig zu beobachtende Leidenschaft an der Rechthaberei ist also nur überflüssige Zeitverschwendung, es gibt kein allgemein gültiges Richtig oder Recht haben.

Selbst die menschliche Erfindung von Gesetzen und Recht funktioniert auch nicht pauschal. Jeder noch so gleiche Fall ist anders interpretierbar.

Sonst wäre die Juristerei längst eingeschlafen und Computer würden Urteile fällen.

Unsere Welt ist also ein Puzzle, bestehend aus diversen Einzelwelten, die immer in jedem Moment ein Ganzes ergeben, für uns. Für Deine Umgebung ist das Ganze schon wieder anders. Und das ist der Grund, weshalb Du Dich nicht an dem Aussen ( Puzzle ) orientieren solltest, sondern an Deiner inneren Welt, dem was Dich ausmacht, Deinen Ideen, Deinen Gefühlen und Vorhaben, eben allem, was Dein Aussen gestaltet.

Aussen ist Dein Spiegel von Innen, ob bewusst oder unbewusst kreiert. Wenn Du also im Aussen Dinge oder Themen siehst, die Dir nicht gefallen, dann kannst Du versuchen sie im Aussen zu ändern, durch Kampf und Krampf. Der Ausgang ist eher ungewiss und der Energieeinsatz enorm. Besser ist also die Abkürzung, nach Innen gehen und da die Veränderung erschaffen. Zumal Du da keine Gegner mit anderen Vorstellungen hast.

Es kommt nur auf Deine innere Welt an, und um so intensiver Du Dich mit ihr beschäftigst, desto besser sind Deine Möglichkeiten DEINE äussere Welt in Deinem Sinne zu gestalten. Du wirst viel gelassener, aller Stress ( ist immer selbst gemacht im Kopf ) fällt ab und Du hörst auf, auf alles im Aussen zu reagieren. Du beginnst Deine Macht für Dein Leben zu übernehmen und zu agieren.

In der Natur und bei allen Lebewesen kannst Du es auch beobachten, LEBEN entsteht immer von INNEN nach AUSSEN. Jede Art von Ei oder Samen wird immer von innen durch einen Riss geöffnet, nicht mit dem Hammer von aussen.

# 05.6 ANNEHMEN UND LOSLASSEN

Zwei Begriffe aus vielen asiatischen Lehren, bei denen ich lange gebraucht habe, bis ich für mich ein Verständnis dazu entwickelt habe. Annehmen ist für mich mehr als akzeptieren. Es beinhaltet zum wertfreien Ansehen noch die innere liebevolle Umarmung und Bestätigung, ja es IST und darf sein. Das ist die große Schwierigkeit, alle Dinge, auch Umstände, Unglücke, Verluste und Krankheiten, also landläufig negative Dinge, positiv anzunehmen. Sie nicht zu verdrängen oder zu bekämpfen, sondern in ihnen den positiven Punkt, oder das Geschenk, zu suchen. In allem vermeintlich Negativen steckt immer auch etwas Positives, das uns weiterbringt. Manchmal auch nur Deine Erkenntnis, wie es für Dich nicht geht.  Denke an Yin und Yang, es gibt nicht nur schwarz, da ist immer auch etwas weiß. Und in allem Unglück liegt immer etwas für Dich positives. Sonst wäre es Dir nicht passiert. Um das finden zu können, müssen wir den Weg über die Annahme gehen. Und manchmal auch etwas Zeit vergehen lassen, bis wir offen sind für die Aufarbeitung und einen anderen Blickwinkel.

Nach meiner Überzeugung haben alle Krankheiten und sonstigen Desaster seelische Ursprünge, wir haben vorher die zarten Hinweise immer beiseite geschoben und uns vor unserer Selbstverantwortung gedrückt. Es war immer wer anderes, oder die bösen Umstände. Es ist für uns und unsere Entwicklung wichtig, die Botschaften darin zu erkennen und dann daraus unsere Schlüsse zu ziehen.

Deshalb ist es so irrsinnig wichtig in die Selbstverantwortung zu kommen, denn solange wir diese nicht hundertprozentig übernehmen, zur not auch nur im Stillen für uns selbst, funktionieren Annehmen und Loslassen nicht und damit der gesamte Veränderungsprozess von Innen nach Aussen.

Alternativ kannst Du auch in Irgendwelchen Systemen rumwurschteln, oder Dir hier die angenehmen Komponenten auswählen und damit arbeiten. Es wird in Deinem Aussen nicht funktionieren. Es bleibt eine geistige Übung, Veränderung hat nicht stattgefunden, es ist nur ein bisschen Wissen dazu gekommen.

Nach der Annahme können wir loslassen. Wirklich loslassen beinhaltet den Verzicht auf ständiges Wiederkäuen meiner Herausforderung und den Verzicht auf das Fragewort „Warum". Alle Fragewörter sind beim Nachdenken hilfreich, nur das „Warum" nicht. Ausgeschrieben heißt das „Warum ausgerechnet ich?" Und schon bist Du wieder im Opferdenken und entsprechendem Fühlen und Verhalten. Also ab sofort das Wort am besten streichen.

Danach sind wir frei für die Veränderung. Wir haben die Verantwortung übernommen, ob sie uns gefällt oder nicht, und können jetzt erst neue Visionen unserer Zukunft entwickeln und da soviel Emotionen drauf bringen, wie irgend möglich. Und immer Dein Warum klären und mit reinbringen.

Wir verhalten uns unserer Entscheidung entsprechend, verändern automatisch unseren Fokus und vertrauen. Wir geben den „Vorgang" an Gott oder an das Universum ab, ohne die Lösung für den Weg vorzugeben.

Wir sind zu begrenzt in unseren Vorstellungen und denken immer nur aus unserem Universum. Da aber rund acht Milliarden andere Universen neben uns existieren, gibt es ganz bestimmt ein paar Lösungswege, die wir nicht ansatzweise in Betracht ziehen können. Da wäre es ja ausgesprochen dumm von uns, wenn wir durch unsere geistige Begrenztheit die Realisierung und Materialisierung unserer Vision behindern würden.

Da ja Vertrauen KEINE Kontrolle beinhaltet, machen wir uns nun auch keine weiteren Gedanken zu dem Thema und kauen es nicht ständig wieder durch, weder verbal, noch gedanklich.

Überhaupt ist das ständige Wiederkäuen von tendenziell negativen Ereignissen und Gedanken der sicherste Weg stehen zu bleiben und/ oder krank zu werden.

Und es ist eine absolute Überbewertung unserer 5% Verstand / Geist. Gegen 95% Unbewusstes , das Körpererinnerungssystem und die Seele kannst Du die 5% vergessen.

Wir versetzen uns zusätzlich damit in schlechte Gefühle, die auch wieder unsere Zukunft negativ gestalten. Kein Wachstum bedeutet in der Natur zwangsläufig den Tod, da alles abstirbt, das nicht mehr wächst.

Häufiger mal in der Ruhe unsere neue Vision aufrufen und ordentlich viel positive Gefühle reingeben ist gut.

So entsteht der Weg von Innen nach Aussen zu gestalten und aus Fehlentwicklungen zu lernen, sie zu korrigieren, neue Entscheidungen zu treffen und positiv weiter zu gehen und zu wachsen.

## Das ist Leben !

# 05.7 DANKBARKEIT

Die „Mutter" aller meiner Wege. Damit habe ich angefangen. Der Rest kam dann, Schritt für Schritt, manchmal wie von alleine. Ohne Dankbarkeit sind alle Wege , um von Innen nach Aussen Gestalter Deines Lebens zu werden, zur Erfolglosigkeit verdammt.

Damit ist nicht die selektive Dankbarkeit gemeint, für die Dinge und Ereignisse denen wir den Stempel „Gut" aufgedrückt haben. Das flutscht von alleine. Schwierig  wird es, dankbar zu sein für alles andere, häufig negativ bewertete. Sind wir das nicht, dann funktioniert es nicht !
Dankbarkeit muss ein tief sitzendes Gefühl sein, keine geistige Übung, a la Beichte. Man kann sich aber dem Thema geistig nähern und es täglich praktizieren und üben, dann entwickelt sich das Gefühl langsam von alleine. Beim ersten Üben kann man noch selektiv vorgehen, um überhaupt rein zu kommen und sich täglich an Ereignisse, auch Kleinigkeiten und Gedanken und Gefühle erinnern, die man positiv empfunden hat. Manchmal hilft es auch, zum Start, dies abends schriftlich zu tun. Da sich der Fokus dann darauf ausrichtet, kannst Du nach einiger Zeit das Üben im Geiste fortsetzen. Mit der zunehmend besseren Grundstimmung und neu einziehender Zufriedenheit, solltest Du dann auch die negativeren Dinge hinterfragen, „Was kann ich daraus lernen ?" oder „Wofür ist das passiert ?"
Dann bist Du für alles was ist dankbar und dann entwickelt sich das tiefe Gefühl in Dir.
Dankbarkeit ist ebenso unteilbar, wie die Selbstverantwortung. Wenn ich ungeteilt die volle Verantwortung für mich, meine Gedanken, mein Tun und mein komplettes Leben übernehme, dann bin ich auch in der Lage vollkommene Dankbarkeit zu leben.
Mir hat es auf dem Weg dahin sehr geholfen, das Leben nicht mehr als ein Ganzes zu sehen, sondern jeden Tag als ein einzelnes Leben zu betrachten. Damit hatte ich jeden Tag schon mal was zum dankbar sein, in Bausch und Bogen, ein neues Leben und einen neuen geschenkten Tag. Und in jedem Tag steckt immer etwas gutes und etwas, auf das man spontan auch gerne verzichten würde. Mit unseren Gedanken von gestern haben wir uns aber ALLES selbst kreiert und mit der täglichen vollumfänglichen Dankbarkeit nehmen wir es in Selbstverantwortung an

und automatisch werden die unerwünschten Ergebnisse weniger negativ und leichter zu akzeptieren. Mit der Zeit wandelt sich das noch weiter und Du erkennst in den spontan unschönen Ereignissen immer mehr den positiven Kern für Dich.

Es gibt natürlich auch Erlebnisse der weniger schönen Art, die mit Dir nichts zu tun haben, sondern evt. mit Deinem Partner / Partnerin. Das kannst Du leicht dadurch überprüfen, indem Du die Reaktion des Partners beobachtest. Wenn die recht stark ist, dann ist er mit dem Ereignis in Resonanz. Nun klärst Du, was das mit Dir macht. Solltest Du da emotional unbetroffen sein, dann brauchst Du da nicht weiter in Dir forschen und nimmst das Ereignis einfach neutral an.
Mitleid hilft keinem weiter, nur Mitgefühl.

# Es ist, wie so häufig eine Co-Kreation.

Wenn dann noch langsam das Bewusstsein wächst, dass jeder Einzelne von uns in dieser Welt und im Laufe der Geschichte auch nur ein Fliegenschiss ist und wir uns schon aus dieser Tatsache nicht so überwichtig nehmen sollten, dann bist Du auf dem Weg zur Demut. Nicht zu verwechseln mit Unterwürfigkeit oder sich selbst kleinmachen.

Mit Demut und Dankbarkeit ( und Selbstliebe, Selbstwert, Selbstvertrauen und Selbstverantwortung ) bist Du dann auf einem sehr guten und erfolgreichen Weg, Deine Herzenswünsche ins Leben zu tragen und erfolgreich umzusetzen. Und Dich gleichzeitig immer mehr von Deiner Vergangenheit und deren Zukunftsauswirkungen zu lösen.
Und glaube mir eins, Deine Jobs und Beziehungen halten mit einem mal viel länger, weil Dir Dein Ego ( Unbewusst gesteuert ) nicht mehr im Weg steht.

Das Ego ist das Haupthindernis auf dem Weg in die Freiheit und Authentizität.

## 05.8 DIENEN

Ein heute völlig unmoderner und gefühlt eher negativ besetzter Begriff. Von vielen missverstanden als quasi sklavenmäßiges Tun und Abhängigkeit. Das ist es aber nicht. In unserer heutigen vermeintlichen Freiheit, der Wahl welchen überflüssigen Kram ich konsumieren kann und welches sinnfreie Programm im Fernseher ich mir anschaue, steckt viel mehr Sklaventum, als wir uns zugestehen wollen. Wir reden uns ja ständig ein, die großen Macher zu sein. Konsumieren bedeutet auch, verplempern, vergeuden und verprassen. Mindestens mal unser höchstes Gut, die Zeit.

Dienen hat nichts mit Abhängigkeit zu tun und genauso wenig mit unterwerfen. Es ist nur ein anderer gedanklicher Ansatz auf die Ausrichtung meines Tuns. Statt zu fragen, „Was bringt mir das ?", und damit einzig meine egoistischen Motive ins Zentrum meiner Gedanken zu stellen, frage ich mich, „Bringt mich das weiter und was ist der Nutzen für andere und wo hilft es ihnen ?". Der große Vorteil dabei ist, ich beschäftige mich mit Dingen, für die dann auch ein echter Nutzen / Bedarf vorhanden ist und ich betrachte das Für und Wider aus der Sicht zukünftiger Kunden/ meines Gegenüber. Damit bin ich automatisch viel dichter am Anderen und schaffe mir eine viel bessere Startposition für meine Vorhaben. Die Erfolgsaussichten für jedes Projekt sind vom Start weg viel größer und damit auch für mich der Spassfaktor und am Ende auch der Erfolgsfaktor.

Als Titel des Buches hätte ich auch „Das Gegenteil ist richtig" wählen können. Das steht dafür, dass fast alles, was uns beigebracht wird, für uns tatsächlich falsch ist und uns nicht dient. Ergo sind die Fragen, „Was kann ich für Dich tun und Dich bei Deinen Plänen unterstützen ?", oder „Was kann ich für die Firma, die Kollegen und die Kunden am besten tun ?" oder „Wie kann ich meinem Land am besten dienen ?" oder „Wo liegt der Sinn für so viele Menschen wie möglich ?"
der richtige Ausgangspunkt für einen erfüllenden und erfolgreichen Lebensweg, das gilt natürlich auch im Beruf.

Dein persönliches Wachstum erfolgt dabei natürlich auch mit viel größeren Schritten, wenn Du das Allgemeinwohl mit im Blick hast und Du erlebst viel weniger Widerstand. Dadurch entwickelst Du ganz großartige Gefühle in Dir. Denn dafür sind wir hier, persönliches Wachstum und emotionale Erfahrungen.

# 05.9 GLAUBEN

Glauben ist ein weites Feld und das Wort wird sehr vielfältig verwendet. Wie bereits geschrieben, habe ich mit allen Religionen und deren Dogmatismus, der da dranhängt, sehr große Probleme. Mein Hauptthema sind dabei die Menschen, die da überall drin und zwischen stecken und ihre sehr persönlichen Motive. Z.B. die Bibel ist erst von Mensch zu Mensch mündlich weitergetragen worden, mit allen Übertragungs- und Erinnerungsrisiken, und dann irgendwann hat sich jemand hingesetzt und alles fein säuberlich aufgeschrieben, in seiner Sprache. Die konnten aber nicht alle Menschen lesen und verstehen, also wurden Übersetzungen angefertigt. Zu der Zeit hatte sich aber schon eine Kirche gebildet, die nun vorgeben wollte, in welche Richtung das alles zu laufen hat............ Es gibt eindeutig zig verschiedene Bibelübersetzungen von irgendwelchen Menschen, die alle auch ihre Absichten verfolgten. Das Ergebnis sind mehr als zehn größere christliche Kirchen und eine Unmenge Splitterkirchen, unzählige Glaubenskriege, im Namen der Liebe und Gottes, eine katholische „Männerkirche", die überall in der Welt am Pranger steht, für den sexuellen Missbrauch an jungen Männern und ihren unbeschreiblichen Reichtum. Und ein tolles Ritual, die Beichte, die den sogenannten Gläubigen ermöglicht ein Doppelleben zu führen, von Montag bis Samstag gegen alle Gebote verstossen und Sonntags beichten. Das ist die Grundlage aller Doppelmoral, wie wir sie heute auch in der gesamten Gesellschaft vorfinden und in der Politik am allermeisten.

Früher gab es dazu noch den Ablasshandel. Völlig gegen den christlichen Glauben, aber finanziell für die katholische Kirche extrem erfolgreich.

Das gilt natürlich auch analog für die Moslems und den Islam, da gibt es mit großer Wahrscheinlichkeit auch zig verschiedene Übersetzungen und auch da interpretiert jeder Imam den islamischen Glauben nach seiner Mütze. Sonst würde es ja auch dort nicht so viele unterschiedliche Glaubensströme und -kriege geben. Und es gibt in allen Kirchen, oder wie immer wir sie nennen, keinen Menschen, der die uneingeschränkte Lehre auch wirklich zu 100% vorlebt.
Ausnahmen davon kann man, wenn überhaupt, in Asien finden.

Es ist eine Tatsache, dass wir alle, als Menschen, in der Dualität leben und diese auch in uns vereinen. Es gibt KEINEN nur guten Menschen und natürlich auch nicht einen durch und durch schlechten Menschen. Das sind menschliche Erfindungen, um uns das Leben in Schwarz - Weiß leichter zu machen, für unser Gott spielen = Richten, Urteilen über andere. Da fast alle Religionen das Urteilen und Richten auf dem Papier ausschließlich Gott vorbehalten, sollten wir uns alle selber mit dieser Tätigkeit sehr stark zurückhalten. Auch wenn wir alle nach Gott erschaffen wurden. Es ist absolut nicht notwendig und auch nicht göttlich.

Nach meiner Überzeugung ist es nur menschlich, um mich selbst, ohne echten Selbstwert, besser zu fühlen als andere. Gott urteilt und richtet nicht, er lässt alles zu, was Menschen tun. Deshalb ist er auch für nichts verantwortlich, was hier in dieser Welt passiert. Das ist alles von Menschen erschaffen, die aus dem Paradies geflohen sind. Dort wäre er verantwortlich. Deshalb ist auch die ganze Klagerei in Richtung Gott völliger Schwachsinn, Du hast es Dir erschaffen. Die Welt ist ein großes Versuchslabor, dass sich immer weiter vom Göttlichen entfernt hat.
Und in jedem Schlechten steckt immer auch etwas Gutes und umgekehrt. Wie bei Yin und Yang.
Selbst Mafiabosse sind super Väter, oder Bombenleger tolle Ehemänner.

Glauben ist eine innere und tiefe Überzeugung, für die es keine Beweise gibt.
Glauben hat zwar immer mit „Glauben an ......." zu tun, aber es ist völlig egal an was jemand glaubt, Gott, andere Götter, das Universum, irgendwelche Naturgesetze, oder an sich selbst.
An sich zu glauben mag dem Einen oder Anderen abwegig erscheinen, aber es hat nichts mit Egoismus zu tun und , da wir alle ein göttlicher Funken sind, ist es ok und viel dichter am Glauben an Gott, als die meisten vordergründig vermuten.
Was uns vom Glauben an uns selbst meistens abhält ist die fehlende Selbstliebe etc., oder die Angst ein Narzisst zu sein, siehe meine Ausführungen dazu.
Wichtig ist es, überhaupt einen festen Glauben zu haben, der hilft mir schwierige Situationen auszuhalten, einen klaren Kopf zu behalten und

an Lösungen zu arbeiten, statt meine Energien in Klagen, dem „Warum?"
und Vorwürfe zu verschwenden.

Glauben ist also nichts, mit dem wir Gott gefallen können und uns vor
Strafe schützen, sondern mit dem wir uns selbst weiterhelfen. Glauben
macht das Leben leichter und häufig auch einfacher. Es ist das Funda-
ment Deines Hauses.
Meine Maßstäbe sind die Messlatte, an die ich alles halten kann, um
dann zu sagen „ dienlich für mich oder nicht dienlich". Undienlich ist
keine Abwertung und kein allgemein gültiges Urteil, sondern nur für
mich gültig und es hilft mir, mich schneller im Leben zu recht zu finden
und meine Entscheidungen bewusster und klarer zu treffen.

Uns allen geschieht nach unserem Glauben und alles ist demjenigen
möglich, der fest im Glauben ist.
Und Glauben kann auch etwas total tröstliches sein.
Zumal Glauben die Voraussetzung für Vertrauen ist.

## Also glaube, egal an was, aber glaube!

# 05.10 VERTRAUEN

Ohne Vertrauen gibt es quasi kein Leben. Unsere Existenz bestünde ausschließlich aus dauerndem Kampf. Selbst Tiere haben so etwas wie Vertrauen, woraus auch immer sie es ableiten. Aber Tatsache ist, mindestens ihrer eigenen Rasse vertrauen sie. Und auch Führungskämpfe im Rudel widersprechen dem nicht, denn danach ist Ruhe und jeder nimmt den zugeordneten Platz und Funktion ein, ohne Hinterlist, oder ständigen Frust. Wir aber haben die Anlage uns untereinander nicht zu vertrauen , bzw. halten uns für schlauer als andere und wollen häufig alle anderen übervorteilen. Dahinter steckt Neid, Gier und ein fehlender Selbstwert. Ein Hauptgrund für die vielen Schwierigkeiten und Herausforderungen im Leben.

Häufig ist unser fehlendes Vertrauen auch das Ergebnis dessen, dass wir uns selbst nicht über den Weg trauen. Denn wer sich selbst nicht vertraut, kann auch anderen nicht vertrauen. Wie bei der Liebe, wer sich selbst nicht lieben kann, wie soll der denn andere wirklich lieben ? Und was ist es, das uns vom Vertrauen abhält ? Unsere Art kann es nicht sein, wenn wir zu 95% genetisch mit einer Banane identisch sind und demnach mit einem höheren Prozentsatz mit der gesamten Tierwelt. Es ist unser Geist, auf den wir uns so viel einbilden. Die ominösen 5% unseres Gehirns.  Genauer unser Ego. Denn der Geist an sich ist auch nicht auf Beschiss und Kampf programmiert, davon zeugen genügend menschliche Stämme und Gruppierungen, die ohne diese menschlichen Schwächen auskommen.
Es liegt also an jedem einzelnen, was er aus seinem Geist macht und wie er mit seinem Ego umgeht, wie er es sich entfalten lässt und ob er dem dann folgt.. Das Ego ist auch der Gegenspieler unserer Seele.

Wenn Selbstliebe, Selbstwert und Selbstvertrauen zu schwach ausgeprägt sind übernimmt das Ego dieses Vakuum. Es treibt uns dann, auf der Basis von Neid, der Triebfeder des Ego, zu allen möglichen sinnlosen Kämpfen, Übervorteilungen und Betrügereien. Alles nur im Aussen orientiert und der sinnlose Versuch, das in mir Fehlende, durch äussere Anhäufungen zu kompensieren.

Ein Mensch, der im Vertrauen ist und lebt, hat das nicht nötig. Er schafft sich von innen heraus alles was er zu seinem erfüllten Leben benötigt, ohne anderen etwas wegzunehmen, oder sie kleinzumachen. Er schafft auch nur soviel an, bis es für ihn reicht. Überfluss ist für ihn kein Ziel und wenn er den erschaffen hat, gibt er ab.

Er glaubt und vertraut sich, dem Leben und den anderen. Dadurch gelangt er zu großer Freiheit und wird auch viel erfolgreicher, als die anderen egogetriebenen Opferdenker. Er befasst sich ja nur mit den Dingen, die ihm wirklich wichtig sind, ist also viel fokussierter und kennt immer sein persönliches großes Warum, das ihn antreibt. Ausserdem ist er sehr geduldig, denn wer vertraut, der kann warten. Eine herausragende Eigenschaft aller Menschen, die glauben und vertrauen und unabdingbar für wirklichen und dauerhaften Erfolg. Du weißt doch, am Ende ist alles gut und wenn es noch nicht gut ist, dann ist es noch nicht das Ende.

Also arbeite an deinem Glauben, Vertrauen und Deiner Selbstverantwortung, dann hast Du Dich und Dein Leben voll in Deiner Hand! Wenn Du für Dich Selbstliebe, Selbstwert, Selbstvertrauen und Selbstverantwortung entwickelt hast, Deinen persönlichen Glauben geklärt hast, dann kommt das Vertrauen automatisch.

# Was schert es eine Eiche, wenn sich irgendein Schwein an ihr schubbert.

## 05.11 DEIN WARUM

### Warum tun wir etwas und tun gleichzeitig ganz viele Dinge nicht ?

Weil wir eine Entscheidung getroffen haben. Häufig leider im Autopiloten. Und wenn wir uns für etwas entschieden haben, entscheiden wir uns automatisch gegen mindestens eine, meistens mehr als tausend andere Möglichkeiten. Das liegt in der Natur der Dinge. Wie schon mal erwähnt, laufen aber viele Entscheidungen bei uns im Autopilot, also in dem Unbewussten. Weil wir dann Dinge tun, die „man" halt so macht, ist auch unsere Begeisterung entsprechend gedämpft. Besser für uns ist es, wenn wir uns unsere Entscheidungsfähigkeit und Entscheidungsmacht zurück holen und jede einzelne Entscheidung bewusst selber treffen.

Wie bereits beschrieben, stärken wir damit unseren Selbstwert und das Selbstvertrauen. Gleichzeitig werden uns aber auch die vielen Dinge klar, gegen die wir uns auch entschieden haben. Das schafft Bewusstsein über unsere grundsätzlich unendlichen Möglichkeiten und wertet uns zusätzlich auf. Es macht auch deutlich in welcher Fülle wir hier in Mitteleuropa eigentlich leben und für was wir alles dankbar sein können.
In dem Entscheidungsprozess, abwägen von Für und Wider, bleiben am Ende ja meistens zwei, oder drei, Möglichkeiten über und es bleiben

dann nur zwei Kriterien, nach denen wir dann entscheiden, Zwänge von Aussen oder Dein Warum. Oder auch, dienlich und nicht dienlich.

Beispiel: Morgens, der Wecker klingelt, 6.30h. Du bist müde und nicht ausgeschlafen. Wenn der Autopilot stark genug ist, springst Du aus dem Bett und quälst Dich durch den Tag an der Uni / Ausbildung / Job. Ist der Autopilot zu schwach, oder Du hast ihn schon erfolgreich abgestellt, dann liegst Du mit der Frage im Bett, Was tun ? Sind jetzt die Zwänge von Aussen sehr groß, drei mal fehlen keine Zulassung zur Prüfung, oder bereits abgemahnt, oder ähnlich, ist die Entscheidung schnell getroffen und ohne große Motivation wird aufgestanden und das Programm erledigt, siehe Autopilot.

Wenn aber keine äusseren Zwänge existieren sieht das anders aus. Egal wofür Du Dich entscheidest, Du wirst es gerne tun und viel motivierter sein, beim weiterschlafen genauso, wie beim Arbeiten in der Firma. Du hast Dich ja freiwillig so entschieden. Und das liegt an Deinem Warum. Hast Du einen Job / Ausbildung nur um Geld zu verdienen, wäre die Wahrscheinlichkeit sehr groß gewesen, dass Du Dich krank gemeldet hättest und im Bett geblieben wärst. Gehst Du einer Tätigkeit nach, die Dich interessiert, Dir Spass macht, wo Du etwas lernen und Dich entwickeln kannst und gefordert wirst, sieht das ganz anders aus. Da bist Du hoch motiviert und gehst natürlich zur Arbeit, weil Du es im Idealfall gar nicht als Arbeit empfindest. Du tust etwas, was Du liebst. Das ist der Idealfall. Und der ist nicht abhängig davon, ob angestellt, oder selbständig.

Deshalb ist es so wahnsinnig wichtig bei allen wichtigen Entscheidungen im Leben, Schule, Thema Ausbildung / Studium, Arbeitsverträg, Feste Beziehung / Ehe, Kinder, Wohnungs- / Hauskauf, Geldanlage, Altersvorsorge, Angestellter / Selbständiger, etc. sich VORHER selber nach seinem Warum zu fragen und sich dies selber, am besten schriftlich, zu beantworten. Dabei kannst Du sehr schön feststellen, ob Dir der Besuch bei, der mögliche Hauskauf etc. wirklich wichtig ist und für Dich einen echten Mehrwert hat. Dabei geht es auch wieder um Dein Gefühl, nicht den Verstand.

Geld ist definitiv kein Warum und auch keine dauerhafte Motivation, es ist launisch und flüchtig, von extrem vielen Faktoren abhängig, die wir selbst nicht in der Hand haben, es macht nicht glücklich und auch nicht zufrieden. Es verschafft Dir die Illusion von Sicherheit -Währungsschnitt und alles ist futsch- und es befriedigt ausschließlich das Ego. Es verschafft Dir dauerhaft keine starken, positiven Gefühle. Manchmal kurzfristig, wenn es auf Dein Konto eingeht.
Geld ist also das Kriterium für alle, die keine eigenen Überzeugungen haben, sich ständig vergleichen, alles bewerten (auf Geld reduziert), nur im Aussen unterwegs sind und kein persönliches Wachstum anstreben. Wir anderen suchen uns dauerhafte Antriebskräfte und möglichst mehrere Gründe, warum wir etwas unbedingt machen wollen. Je mehr, desto besser. Dieses schriftlich festgehaltene Warum ist dann unser Antriebskraftstoff für die nächsten Jahre, um so mehr Oktan Du da entwickelst und im Tank hast, desto schneller und größer ist Dein Erfolg.

Wie Du sicher schon erkannt hast, dies waren jetzt nicht nur meine persönlichen Definitionen und Erfahrungen, einer Reihe von wichtigen Begriffen für ein selbstgewähltes und authentisches Leben.
Hier hast Du gleichzeitig jeweils viele praktische Hinweise und Tips für Dich zur erfolgreichen Gestaltung Deines Lebens.

Dieses Buch schreibe ich ja nicht, um möglichst viele Missstände und Menschen auf die Anklagebank zu setzen und mich im Meckern und Kritisieren aus Opfersicht zu verlieren. Nein, mir geht es darum, alle Ungereimtheiten und Fehlentwicklungen klar und deutlich anzusprechen, um dann aber mit meinem Wissens- und Erfahrungsschatz daraus die richtigen Schlüsse zu ziehen, bzw. ziehen zu können. Deine Schlüsse können natürlich ganz  andere sein, als meine. Je nachdem, welche Schlüsse Du für Dich gezogen hast, hast Du hier auch gleich die Anwendung der Instrumente und Werkzeuge mitgeliefert bekommen.

Dieser praktische Bezug ist mir unheimlich wichtig, mir geht es nicht darum, Dir Dein Leben vorzuschreiben. Du bildest Dir Deine Meinung und suchst Dir das raus, was Dir zusagt. Schritt für Schritt wirst Du dann merken, wie sehr die einzelnen Begriffe und Themen ineinander greifen und das eine, ohne das andere, auf Dauer nicht wirklich was verändert.

Für alle, die sich nun mit der Gestaltung ihres eigenen Lebens aktiv beschäftigen wollen, hier noch ein paar weitere Informationen und Anregungen, deren Kenntnis und Berücksichtigung einem vieles im Leben einfacher und leichter machen kann.
Daher handelt es sich natürlich auch nicht um Schul- und Religionswissen.

# 06 DIE UNIVERSELLEN GESETZE

auch kosmische, geistige oder hermetischen Gesetze genannt.

Es handelt sich hierbei um unumstößliche Wahrheiten und Gesetzmäßigkeiten des Universums und somit auch unseres Lebens. Sie sind seit tausenden von Jahren bekannt sind und gelten immer, überall und gegenüber jedem Menschen. Da sie im gesamten Universum wirken und immer aktiv sind. Unwissenheit schützt also vor der Wirkung NICHT.

Leider wird uns dieses Wissen, dass das Leben auch ein Stück leichter machen kann, nirgends beigebracht, auch in keiner Schule oder Universität. Nachlesen kann man die sieben Prinzipien / Gesetze in „Das Kybalion", im Original.

Im Internet gibt es natürlich noch Unmengen von Interpretationen und Abwandlungen. Es ist schon erstaunlich, das so viele Menschen den Zwang in sich verspüren, einer vorgegebenen Darstellung unbedingt ihren persönlichen Stempel aufdrücken zu wollen und die Inhalte und Bezeichnungen dadurch stark zu verändern und teilweise auch zu verfälschen.

# Die Gesetze / Prinzipien im Einzelnen

1.  Das Prinzip der Mentalität
„Das All / Universum ist Mind."

In den meisten anderen Beschreibungen wird vom Gesetz des Geistes / der Gedanken gesprochen. Das trifft das englische Wort Mind aber nur unzureichend. Das Mind erschafft sämtliche für uns sichtbare Materie, Energien, Manifestationen und Erscheinungen in unserem Universum.

D.h. unser Mind ist das Zusammenspiel von Bewusstsein / Geist und dem Unbewussten und schafft die für uns sichtbare Welt und jede unserer Handlungen ist Resultat unseres Mind. Mind ist also auch viel mehr, als die deutsche Übersetzung Geist, der ist nur das Bewusstsein. Alles, was wir für wahr halten, zeigt sich in unserem Leben im Aussen. Wir erschaffen uns unsere komplette Welt durch unser Bewusstsein und unser Unbewusstes und sind somit auch dafür verantwortlich.


## 2. Das Prinzip der Entsprechung
„Wie oben, so unten; wie unten, so oben."

Eine weitere Bezeichnung hierfür ist auch Gesetz der Analogie. Mit diesem Prinzip kann man viel Unsichtbares und Unbekanntes aus der Entsprechung des Sichtbaren ableiten und erkennen. Es sagt natürlich auch aus, wie im Innen, so im Aussen. Wo Chaos im Aussen herrscht, ist also zwangsläufig auch Chaos im Innen, bzw. umgekehrt. Was wir denken und fühlen wird uns im Aussen gespiegelt, das Aussen ist der Spiegel unserer Gedankenwelt. Dein Aussen passt sich immer automatisch Deinem Innen an und spiegelt es Dir.
Alles entspricht sich im Großen wie im Kleinen und Innen wie Aussen! Alles ist Eins.


## 3. Das Prinzip der Schwingung
„Nichts ruht, alles bewegt sich; alles schwingt."

In anderen Darstellungen wird dieses Prinzip auch als Gesetz der Resonanz, der Anziehung oder der Vibration bezeichnet. Es sagt letztendlich aus, dass alles in Bewegung = Schwingung ist und nichts ruht. Es gibt einen sehr niedrigen Schwingungszustand, der fast wie Ruhe aussieht und das andere Extrem ist ein Schwingungszustand, der so hoch und intensiv ist, dass er ebenfalls für den Beobachter wie Ruhe wirkt. Dazwischen bewegen sich alle Millionen Schwingungszustände unseres Universums. Alles schwingt auf seiner Frequenz und alles, was auf einer gleichen Frequenz schwingt, zieht sich an. Du ziehst also das in Dein Leben, womit Du gerade gedanklich stark in Resonanz stehst und dadurch gleich schwingst. Denken wir also positive Gedanken, bzw. für uns wahre Gedanken, und haben dazu gute Gefühle, erhöhen wir unsere Schwingung und ziehen hochschwingendes Positives in unser Leben. Umgekehrt natürlich genau so. Entscheidend für das Ergebnis ist aber die Emotion, sie erzeugt die Schwingung.

## 4. Das Prinzip der Polarität

„Alles ist zweifach, alles ist Pole; alles hat seine zwei Gegensätze; Gleich und Ungleich ist dasselbe. Gegensätze sind ihrer Natur nach identisch, nur im Grad verschieden; Extreme begegnen einander; alle Wahrheiten sind nur Halb-Wahrheiten; alle Paradoxa können in Übereinstimmung gebracht werden."

Es ist wie bei einer Münze / Medaille, sie hat auch zwei Seiten und ist nur durch die beiden Seiten ein Ganzes. So sind eben auch alle Wahrheiten nur Halb-Wahrheiten, die eine Seite, und somit jede Wahrheit auch halb falsch, die andere Seite. Alle Gegensätze sind dasselbe, sie unterscheiden sich nur im Grad, in der Schwingungsfrequenz. Dieses Wissen sollten wir immer präsent haben, dadurch können wir vermeiden uns zu sehr auf einen Pol zu konzentrieren / ihm zustimmen. Denn dadurch wird der andere Pol dann automatisch in den Schattenbereich verdrängt und holt uns als Problem dann wieder irgendwann ein. Am Ende ist doch alles wieder eins. Polarität liegt eben in allem, ohne jede Wertung.

# Wie in Yin und Yang. Es ist einfach.

5. Prinzip des Rhythmus
„Alles fließt; aus und ein; alles hat seine Gezeiten; alles hebt sich und fällt, der Schwung des Pendels äußert sich in allem; der Ausschlag des Pendels nach rechts ist das Maß für den Ausschlag nach links; Rhythmus gleicht aus."

Das Gesetz besagt, alles fließt in einem ewigen Rhythmus, wie die Gezeiten Ebbe und Flut, nach dem Fortschritt folgt der Rückschritt ( und umgekehrt ), jeder Aktion folgt die Reaktion, Aufstieg und Verfall von Mächten und Ländern, Tag und Nacht. D.h. auch, auf schlechte Zeiten folgen wieder gute Zeiten. Wir müssen uns dies nur immer wieder bewusst machen und mental daran arbeiten. Auch schlechte Gefühle haben eine Berechtigung, sie machen uns die die guten Gefühle doch erst richtig bewusst. Allem Werden folgt das Vergehen und bringt wieder neues Werden hervor.

6. Prinzip von Ursache und Wirkung
„Jede Ursache hat ihre Wirkung; jede Wirkung hat ihre Ursache; alles geschieht gesetzmäßig; Zufall ist nur ein Name für ein unerkanntes Gesetz, es gibt viele Pläne von Ursachen, aber nichts entgeht dem Gesetz."

Durch diese Gesetzmäßigkeit wird jedem klar, dass es keine Zufälle geben kann. Es geschieht ja nur etwas als Ursache oder Wirkung, immer in einer direkten Abhängigkeit voneinander. Zumal Zufälle ja nur die Bezeichnung für unerklärbare Phänomene sind, bei denen der dreidimensionale Verstand für andere Erklärungen nicht ausreicht. Und auf „Glück" trifft diese Erklärung natürlich genau so zu, Glück im eigentlichen Sinn kann es gar nicht geben. Alles hat einen Grund. Alles in Deinem Leben ist in diesem Moment genau so, wie es sein soll. Für ein anderes Ergebnis hätte sonst etwas anderes vorher passieren müssen. Und alles ist so passiert, aufgrund Deines schöpferischen Mind.

# Wie ich in den Wald rein rufe, so schallt es zurück. -Volksmund-

Wir erhalten immer das, was wir selbst verursacht haben.
Will ich also die Wirkung verändern, so muss ICH eine andere Ursache schaffen. Und will ich mich diesem Gesetz entziehen, so muss ich versuchen, auf alle unangenehmen Ursachen im Aussen NICHT zu reagieren, sondern nach reiflichem Überlegen völlig ruhig und überlegt, gezielt zu agieren, also eine neue Ursache zu setzen. Das Ist ein wesentlicher Aspekt von machtvoll handeln ! Dieses Prinzip erklärt auch wunderbar das Wesen von Karma. Karma ist keine göttliche Strafe ( oder Belohnung ), die abgearbeitet werden muss, sondern eine Zwangsläufigkeit aus meinem Handeln, die mich nach diesem Prinzip irgendwas später konfrontiert.

7. Prinzip des Geschlechtes
„Geschlecht ist in allem; alles hat sein männliches und sein weibliches Prinzip in sich; Geschlecht offenbart sich auf allen Plänen."

Andere Bezeichnungen sind Gesetz der Entwicklung oder des Heranreifens. Es besagt, dass das männliche und das weibliche Prinzip immer tätig sind, nicht nur auf der physischen Ebene, sondern auch auf der mentalen und spirituellen Ebene. Das Prinzip wirkt immer in Richtung von Zeugung, Neubildung und Schöpfung. Über dieses Zusammenwirken bringen wir Materie hervor. Jeder Mensch enthält immer männliche und weibliche Anteile. Das Weibliche ist annehmend, passiv, unser Unterbewusstsein / Unbewusstes, die innere Stimme und die Intuition. Das Männliche ist aktiv und will die Richtung vorgeben, es ist das Bewusstsein, der Gedanke, die Idee und der Wille. Durch das harmonische Zusammenspiel der weiblichen und männlichen Aspekte in uns, können wir zum Schöpfer unserer Herzenswünsche werden. Nach Meinung einiger schlauer Köpfe gibt es innerhalb der universellen Gesetze eine Art Hierarchie. Sie sind alle uneingeschränkt, gleichzeitig und dauerhaft gültig, wobei das Prinzip der Polarität das Prinzip ist, das über allen anderen Prinzipien schwebt und immer vorrangig wirkt. Das ist besonders wichtig für alle Fans des Resonanzprinzips. Es reicht definitiv eben einfach nicht aus, nur positiv zu denken. Das Buch „The Secret" ist in seiner alleinigen Urform eine Veräppelung der Leser, weil es unvollständig ist und die wesentlichen Punkte zur Veränderung Deines heutigen Aussen NICHT darstellt.

Vieles liest sich wahrscheinlich für Dich ungewohnt und erscheint auch beim ersten Nachdenken erst mal unlogisch, oder wenig glaubhaft.
Doch wenn Du Dir im Netz diverse Erklärungen und Interpretationen hierzu durchliest und Dich immer nur mit einer Gesetzmäßigkeit zur Zeit beschäftigst, und Du versuchst konkrete Beispiele und Situationen aus Deinem Leben zu erinnern oder Dir vorzustellen, dann dämmert Dir langsam das jeweilige Prinzip und wie richtig es tatsächlich ist. Wie bereits gesagt, es wäre wichtig und hilfreich für alle, wenn diese Gesetze

ganz früh in der Schule als Stoff für alle Schüler vermittelt werden würden. DAS ist Wissen für das Leben ! Deutlich wichtiger, als viele Gedichte oder ähnliches. Für Dich ist jetzt spätestens die Zeit der Unwissenheit vorbei und Du kannst nun dieses Wissen in Dein alltägliches Leben integrieren.

# 07 WIE KANN ICH NUN MACHT-VOLL MEIN LEBEN GESTALTEN?

Im ersten Teil des Buches habe ich im wesentlichen, anhand meiner Lebensgeschichte, das Auf und Ab, bzw. Hin und Her eines Lebens in Machtlosigkeit und ohne völlige Selbstverantwortung deutlich zu machen. Klar erkennbar hat da hauptsächlich die frühkindliche Fremdprogrammierung meines Unbewussten die Regie über mein Leben geführt. Ich habe ein Leben, in Reaktion meiner Gefühlswelt, auf äußere Ereignisse geführt. Ich habe zwar in einigen schwierigen Situationen, aufgrund der Erziehung meiner Großmutter, mit Haltung bewahren reagiert, aber eben reagiert und nicht agiert. Und vom wesentlichen Kern, der 100%-tigen Selbstverantwortung für mich und mein Leben, war ich da noch meilenweit entfernt.

Im zweiten Teil, Erklärung und Darstellung der wichtigsten Begriffe, sowie der Universellen Gesetze, habe ich Dir die Basis präsentiert, auf der wir hier alle auf diesem Planeten unterwegs sind. Sozusagen die „wahren" Gesetze und Regeln für ein authentisches und selbstgestaltetes Leben.

# Wie kann ich nun

# machtvoll

# mein Leben gestalten?

Das Entscheidende für Dich ist jetzt aber, kannst Du diese andere Sichtweise annehmen ? Bist Du bereit Dich darauf einzulassen, ab sofort Deine eigenen Entscheidungen zu treffen, die Verantwortung für Dein komplettes Leben, auch die Vergangenheit, zu übernehmen und Deine Zukunft auf der Basis dieser neuen Informationen aktiv zu gestalten ? Ich wünsche es Dir sehr, denn darum geht es jetzt für Dich. Was kannst Du für Dich, völlig unabhängig von allem da draußen, tun? Was für Wünsche, Ideen und Visionen hast Du und welche Wege kannst Du zu ihrer Realisierung beschreiten? Aus meiner Sicht ist der wichtigste Punkt, Deine grundlegende Entscheidung zu treffen: Ich bin für mich selbst verantwortlich und ich kümmere mich um MICH!
Denn, wenn sich jeder liebevoll um sich selbst kümmern würde, wäre am Ende ja für alle gesorgt.

## Achtung: Eigenverantwortung ist unteilbar, sie ist immer 100%. Ein Hin und Her, je nach Laune und Verfassung, ist letztendlich eine Fortsetzung der Opferrolle mit gelegentlichen Unterbrechungen.

Alles was ich denke, plane, entscheide und in die Tat umsetze, basiert ausschließlich auf meinen Visionen, Fähigkeiten und Fertigkeiten und meinen Überzeugungen. Ich lasse mich von den heutigen Gegebenheiten im Aussen dabei nicht manipulieren und beeinflussen. Denn morgen kann ja alles aus einem heute unbekannten Grund schon ganz anders sein.
Ungebetene Ratgeber ( meistens tatsächlich völlig inkompetent zu Deinem Thema ), es gibt sie massenhaft, schmeißt Du am besten gleich ganz raus. Sie haben alle nicht Dein Leben gelebt und denken nur aus

ihrer Hose. Was anderes können wir so richtig alle nicht. Daher sind fremde Empfehlungen so problematisch. Wenn Du aber Fragen hast, suche Dir Menschen, die in dem Bereich unterwegs sind und alleine dadurch kompetent sind. Die, die überhaupt keine Ahnung von Deinem Thema haben, vergiss sie ! Du fährst ja auch nicht mit dem kaputten Auto zum Bäcker zur Reparatur. Deswegen scheiden Eltern und Freunde, so gut wie immer, aus. Es sei denn, Dein Lebensplan besteht aus erben und übernehmen.

Wir kommen alle hier auf diese Welt und haben alles, was wir zum Leben benötigen, schon in uns. Vor allem ALLES authentische Wissen. Es wird uns aber systematisch wieder abtrainiert, d.h. verschüttet. Aber es ist immer noch da ! Also macht es Sinn viel Zeit mit der Selbstanalyse zu verbringen, was interessiert mich, was kann ich gut, worüber weiß ich mehr als die meisten Menschen die ich kenne, wo fühlt sich die Beschäftigung mit ... nicht wie Arbeit, sondern wie Spass an ? Sag jetzt nicht, da gibt es nichts oder das weiß ich nicht. Das ist eine faule Ausrede, um sich nicht mit Dir selbst zu beschäftigen. Was allen Menschen am schwersten fällt, deshalb wurschteln die meisten Menschen im Leben anderer rum und haben für jeden Urteile, Tips und Besserwissereien parat. Noch besser, ihr Leben besteht aus „Anderen helfen". Damit haben sie ein Alibi um sich nicht mit sich zu beschäftigen und schaffen sich selbst ein gutes Gefühl, es ist ja so edel sich in den Dienst der Anderen und Hilfebedürftigen zu stellen. Das ist krasser EGOISMUS, auf einer versteckten Ebene. Zumal sie alle mit ihrer Art zu denken und zu handeln, erst das Heer der Hilfe- und Pflegebedürftigen energetisch erschaffen, damit sie was zu tun haben.

Das alles gilt nicht für alle helfenden und pflegenden Berufstätigen, sondern nur für die, die aus ihrer Tätigkeit Zusatzrechte ableiten, Anspruch auf Lob und Anerkennung und die über ihre eigentliche Tätigkeit hinaus im Leben anderer rumpfuschen. Mit Heiligenschein.

Jeder Mensch, wirklich jeder, hat „Leistungsinseln", selbst Menschen mit einem Handicap. Falls Du mir nicht glaubst, sieh Dir den Film „Rain Man" an, dann verstehst Du, was ich meine.

Es geht hier, in dieser frühen Phase der Selbsterkenntnis, überhaupt nicht darum, irgendetwas gleich wieder zu verwerfen, „kann man kein Geld mit verdienen", „braucht niemand" oder ähnliches. Du sollst einfach feststellen, dass es Dinge gibt, die Du gut kannst, die Dich interessieren und/oder Dir richtig Spass machen. Das Internet ist voll mit Menschen, die ihr Hobby erfolgreich zum Beruf gemacht haben. Wenn Du da was zusammengetragen hast, frag Dich, „wie fühlt sich das für mich an?" Stell Dir vor, unabhängig von Geld, wie es wäre, wenn Du den ganzen Tag nur mit diesem Thema beschäftigt wärest? Vertraue Deinem Gefühl, lass den Kopf draussen und wenn er sich meldet, das tut er sicher, schmeiß ihn wieder raus. Für den Prozeß ist er so wichtig wie ein Kropf. Er spült nur Deine alte Konditionierung hoch und verunsichert Dich. Wenn es mehrere Themen gibt, geh alle durch und erstelle dann eine Liste in der Reihenfolge, bei welchem Thema war das total gute Gefühl am stärks- ten, noch besser, wofür brenne ich richtig ? Das ist die Frage nach dem WARUM. Umso größer Dein Warum, desto mehr Energie und somit mehr Erfolg wirst Du mit Deiner Vision dann haben. Was kannst / willst Du der Welt geben ?

Sollte allerdings ausschließlich Geld Dein Warum sein, dann kannst Du hier spätestens abbrechen. Verrat an Deiner Vision, Bestimmung, Seele, ist nicht mein Ziel. Davon laufen schon Millionen Irre in der Welt rum, die glauben dass Geld ein ausreichendes Warum ist.  Das ist es leider nicht. Geld kann, auch in großen Mengen, das angenehme Abfallpro- dukt einer Tätigkeit, eines Projektes oder einer Unternehmung sein, aber

NIEMALS das Warum. Es gibt nicht ohne Grund die vielen Midlife-Krisen von finanziell erfolgreichen Menschen. Geld kann Dir nie Deine tiefen inneren Bedürfnisse erfüllen, macht nicht glücklich, maximal beruhigt es. Denn echte Sicherheit kann es Dir auch nicht geben. Morgen kann es theoretisch schon wieder weg sein, aus einem Grund, den Du nicht in der Hand hast,

Wir kommen alle als reine Liebe auf diese Welt und dieser wunderbare Zustand wird uns durch unsere Umwelt abtrainiert. Und alle Generationen vor uns haben da absolut gründlich gearbeitet. Hier musst Du funktionieren, alles andere ist Hobby für die Freizeit. Und die Einstellung ist falsch, sie basiert ausschliesslich auf mangelnder positiver Vorstellungskraft und führt zu einer hauptsächlich freizeitorientierten Welt, die versucht das berufliche immer stärker zurückzudrängen. So, wie wir es gerade erleben.

Wenn wir auf die Welt kommen sind wir ein unbeschriebenes Blatt und reine LIEBE. Jeder spürt das, wenn er ein kleines Baby auf dem Arm hat. Die Welt, incl. unserer Eltern, trainiert uns das leider wieder ab. Unsere Aufgabe im Leben ist es, uns diesen Zustand wieder zurückzuholen. Denn alles, was wir mit Liebe tun, wird immer gut. Und das ist auch gleichzeitig die einzige Messlatte für Dich, solange es noch nicht gut ist, ist es noch nicht zu Ende. Es geht noch weiter und wird gut. Ganz sicher.

So wie wir eben auch alles für uns notwendige Wissen schon mitbringen. Das müssen wir uns, nachdem es von unserer Umwelt verschüttet wurde, auch von innen wieder rausarbeiten. Nur Sprachen, sie liegen meistens auch schon tief in uns, und besondere Techniken, müssen wir hier erlernen. Damit wir völlig frei, an jedem Platz der Welt, unsere Vision leben können. Ganz wichtig in diesem Prozeß ist auch die Frage: Was habe ich dem Leben zu geben? In dem Grundversorgungspaket, mit dem wir geboren werden, liegt bei jedem Menschen auch seine einzigartige Berufung. Und die haben wir nicht mitbekommen um uns daran zu erfreuen, oder vom Leben zu erwarten, dass es uns lebt und viel gibt, leider der Zustand der meisten Menschen. Nein, das Gegenteil ist richtig.

Wenn alle Menschen ihre Berufung kennen und leben würden, müsste keiner „arbeiten" und es wäre für alle gesorgt. Da das gegenwärtig nicht der Fall ist, kannst Du Dich natürlich in den Schmollwinkel zurückziehen und sagen, „dann ich auch nicht". Tatsache ist aber, es macht riesigen Spass sich der Berufung hinzugeben und Du führst ein sehr entspanntes Leben. Ausserdem hast Du durch dieses Leben quasi eine Erfolgsgarantie. Diese ist wiederum für Deinen Dreiklang von Körper, Geist und Seele sehr wichtig, denn sie ist gleichzeitig ein Schutz vor inneren und körperlichen Leiden. Eine Tatsache, die der Gesellschaft und der Medizin nicht gut in ihre Konzepte passt. Wie immer Du Dich auch entscheidest, Hauptsache Du triffst die Entscheidung alleine, Du bist von ihr überzeugt, hast ein gutes Gefühl und Du hast Spass Deinen Weg zu gehen. Dafür kommen nun Tips, Anregungen und einiges Wissenswertes, um Dir maximalen Erfolg zu ermöglichen. Gehe also immer Deinen Weg und tue die Dinge, die Dich am stärksten verunsichern bzw. vor denen Du Angst hast und am liebsten weglaufen möchtest. Genau da ist für Dich am meisten Wachstum und Erfolg möglich ! Genau an dem Punkt knicken die meisten Menschen ein und ziehen sich in ihre Komfortzone zurück, bequem und sicher. Und gerade deswegen bleiben sie in der erfolglosen Masse stecken.

# Und wenn Du durch die Unsicherheit durch bist, dann hast Du auch richtig viel Spass.

# 08 VISIONEN UND ENTSCHEIDUNGEN GESTALTEN DEIN LEBEN

Je nachdem, wo Du gerade stehst in Deinem Gefühl der Machtlosigkeit und was Du zukünftig tun willst und welchen Weg Du beschreiten wirst, um nach Überwinden der Machtlosigkeit Dein Leben aktiv selber zu gestalten, solltest Du Dich auch mit unserer Berufswelt auseinandersetzen. Unsere westliche Wirtschaftswelt wird beherrscht von Zielen und vom Ziele setzen, Ziele verfolgen und natürlich auch vom Ziele erreichen. Das ist heute DIE Messlatte für Erfolg und die Basis für einen flüchtigen Moment des glücklich seins. Das dem so ist, können wir alle auch an der riesige Zahl von entsprechenden Coaches und Trainern und deren unendlichem Seminarangebot sehen. Man hat das Gefühl, ohne Ziele kann man kein Leben erfolgreich leben und gestalten.

Dabei ist Zufriedenheit, die dauerhaft möglich ist, viel wichtiger, als die kurzen Momente von Glück. Glück ist extrem flüchtig. Zufriedenheit bringt positive Stimmung und Gefühle mit sich und ermöglicht uns auch aus der Rastlosigkeit rauszukommen. Dadurch triffst Du bessere Entscheidungen, aus der Ruhe und Balance. Zufriedenheit ist nicht an irgendwelche Erfolge oder irgendeinen Status gebunden.
Zufriedenheit kann man durch Dankbarkeit erlangen und Du kannst Dich darin üben und ständig weiterentwickeln.

Mal abgesehen davon, dass die meisten Ziele in unserem Leben gar nicht unsere eigenen sind, sondern die Ziele anderer, Gesellschaft, Politik, Kirche, Vorgesetzter, Partner, Kinder etc., die uns also übergestülpt wurden, haben diese fremden Ziele auch sehr häufig noch den unangenehmen Nebenaspekt, uns gefühlt zu gängeln und im Hamsterrad festzuhalten, Veränderung und Wachstum bei uns zu verhindern und sie dienen auch unserer ständigen Kontrolle durch andere. Denn wir bekommen meistens auch gleich den Weg mit vorgegeben, wie wir diese Fremdziele auch gefälligst zu erreichen haben. Dadurch sind wir gedanklich ständig auf für uns wirklich unwichtige Dinge ausgerichtet und von uns selber und unseren Bedürfnissen weit entfernt. Ausserdem sind wir durch den vorgegebenen Weg auch gleich an die Begrenztheit des Denkens / der Vorstellung des anderen gebunden. Wenn wir dem unkritisch gegenüber stehen und uns dieser Problematik nicht bewusst sind, bleibt wenig Platz und Zeit für die Beschäftigung und Verfolgung unserer eigenen Vorstellungen und Wünsche, bzw. Erreichen der Ziele des anderen auf unserem Weg und mit unseren Mitteln. Was aber macht die ständige Kontrollen durch die Menschen, die uns ihre Ziele umgehängt haben, eigentlich notwendig und warum wollen wir alle auch unser eigenes Leben am liebsten komplett kontrollieren ?

Nach der Geburt sind alle Menschen quasi ein völlig unbeschriebenes weißes Blatt Papier. Es ist noch nichts in uns abgespeichert, ausser die Erfahrungen der Geburt. Wie bekannt ist, hat der Mensch ein Bewusstsein, auch Verstand genannt, auf den sich viele Menschen extrem viel einbilden. Dabei ist er nur für 5% unseres Denkens und Handelns verantwortlich, die anderen 95% steuert unser Unbewusstes, auch Unterbewusstsein genannt. Das arbeitet auch zig mal schneller als der Verstand, es ist angelegt wie ein riesiges Archiv, nur leider erfolgt die Ablage chaotisch und nicht nach Sachgebieten und es gibt kein Verzeichnis darüber. Daher auch unsere Schwierigkeiten, dem auf den Grund zu gehen und dort etwas zu finden. Zum Lebensstart ist also das Unbewusste ebenfalls leer.

Zwischen Bewusstsein und Unbewusstem gibt es eine Kontrollinstanz / Wächter, die entscheidet, was ins Unbewusste rein kommt, abgelegt wird und fortan unsere Handlungen mit beeinflusst. Hier lagern auch alle unsere Erfahrungen, vor allem Gefühle, und Automatismen.

Zum Lebensbeginn existiert dieser Wächter aber noch nicht, so dass in den ersten bis zu zehn Lebensjahren dort alle Erlebnisse, Erfahrungen, Gedanken, aber auch die Einstellungen und Glaubenssätze unserer Eltern, Geschwister, Großeltern, Erzieher und Lehrer ungeprüft einfach abgelegt werden und nun in uns dauerhaft wirken und unser Verhalten und Gefühle wesentlich ausmachen und steuern. Daher auch die vielen behindernden Glaubenssätze in uns, die wir uns nicht wirklich erklären können und dann ein Leben lang korrigieren müssen, damit wir UNSER Leben leben können.

Durch diese Vorprogrammierung unseres Unbewussten durch andere Menschen in den ersten Lebensjahren glauben wir kritiklos, dass Kontrolle unseres Lebens, unserer Handlungen und Ziele, unsere Erfolgsaussichten zum Erreichen und Realisieren unserer Vorhaben und Wünsche deutlich vergrössert.

Dabei ist das ein riesiger Schwachsinn, das Gegenteil ist gerade richtig. Die Kontrolle begrenzt und beraubt uns ständig neuer, ungeahnter Möglichkeiten. Das ist uns aber alles nicht bewusst. Kannst Du Deine Vergangenheit kontrollieren ? Nein, sie ist abgehakt, erledigt und nicht mehr veränderbar. Daher sollten wir uns gedanklich auch so wenig wie möglich dort aufhalten. Kannst Du Deine Zukunft kontrollieren ? Nein, auch nicht, weil Deine Zukunft von tausenden anderen Menschen und

Faktoren mitbestimmt ist, die Du vielfach nicht in der Hand hast. Du kannst sie aber gestalten, was was anderes ist.

Was bleibt ? Die Gegenwart, das Jetzt. Kannst Du das kontrollieren ? Ja, wenn Du zu 100% mit Deiner Aufmerksamkeit im Hier und Jetzt bist. Deshalb ist es so wichtig, möglichst mit Deinem Fokus, Deiner Konzentration und Deinen Gedanken im Hier und Jetzt zu sein. Damit kannst Du dein Leben in diesem Moment gestalten und Du beeinflusst auch zusätzlich Deine Zukunft. Denn die basiert auf dem, was jetzt ist und wird immer auch durch Deine jetzigen Gedanken und Gefühle entwickelt. Das entscheidende für Deine Zukunft sind allerdings die Gefühle, die Du mit Deinen Gedanken verbindest. Das bewusste Verbinden von positiven Gefühlen mit Deinen Gedanken hat aber überhaupt nichts mit Kontrolle zu tun, die immer vergangenheitsbezogen ist. Um so positiver Deine Gefühle im Jetzt sind, desto besser wird Deine Zukunft sich gestalten. D.h. eben auch, Deine jetzige Realität hast Du Dir in der Vergangenheit selbst erschaffen, meistens unbewusst. Aber sie ist Dein Werk.

Diese Sichtweise ist extrem wichtig, um die Selbstverantwortung für das eigene Leben zu erkennen und nun bewusst  zu übernehmen und zum aktiven Gestalter Deines zukünftigenLebens zu werden.


Wir sind aber auf Erfolg, Vergleich und Kontrolle gedrillt, speziell Männer. Und was ist, wenn der Erfolg ausbleibt, oder droht deutlich kleiner als erwartet zu sein ? Oder Kollegen, Familie, Freunde sind der Meinung, „...das schaffst Du nicht!" Wir fangen an zu zweifeln und ungute Gefühle machen sich in uns breit. Und welches Gefühl steht hinter Zweifel, Unsicherheit, Unbehaglichkeit, es ist Angst. Um diese Angst zu verbannen arbeitet die Gesellschaft mit Kontrolle. Die soll uns von aussen die fehlende Sicherheit im Innen ersetzen und die negativen Gefühle von uns fern halten.

Spontan werden das jetzt die meisten Leser sicher verneinen. Wir sollten uns aber bewusst machen, dass es in letzter Konsequenz nur zwei Arten von Gefühlsbereichen gibt, Liebe und Angst.

Dabei sind hier grundsätzliche Gefühlszustände gemeint und nicht das, was viele Menschen meinen, wenn sie von der wahre / einzige Liebe sprechen, oder der Liebe des Lebens. Das ist häufig mehr eine Sehnsucht, und damit nur eine künstlich erzeugte Vorstellung, die auf Bildern der Werbewirtschaft oder Hollywood- Filmen basiert.
Falls es sich um ein echtes Gefühl handelt, dann ist es auf jeden Fall ein sehr personengebundenes und zielgerichtetes Gefühl, das mit dem Grundgefühl Liebe nicht gemeint ist. Das liebt alles und alle und nimmt auch alles an, was und wie es  ist.

## Erinnere Dich, wahre Liebe ist bedingungslos.

Wie wir alle wissen gibt es diverse unterschiedliche Ausdrucksformen und Zustände von Liebe. Liebe der Eltern, der Kindern, Geschwister, Freunde und Verwandte und der jeweiligen Partner. Und selbst da sind immer individuelle Unterschiede gegeben, aber sie alle basieren auf dem Grundgefühl Liebe.

Alle uns bekannten und vielfältigen, unterschiedlichen Gefühle kann man also unter Liebe oder Angst immer subsumieren. Z.B. Wut und auch alle Arten von Aggressionen basieren am Ende auf Angst. Ein Mensch, der in sich ruht und vollständig im Vertrauen und zufrieden ist,  wird immer auf jede Situation / Konfrontation in Ruhe und ohne Gewalt reagieren. Wenn einen aber das Gefühl beschleicht, dass man sich unterlegen fühlt, oder einem die richtigen Mittel / Argumente fehlen, dann kommen häufig Versagensängste, Unterlegenheitsgefühle, Unbehagen und Minderwert, eben Angst, hoch und eine entsprechend aggressive Haltung / Handlung ist dann das Ergebnis. Im Gegensatz dazu sind z.B. Freude, Mitgefühl, oder Spass, Gefühle der Liebe. Jeder Mensch, der sich in einem dieser Gefühlszustände befindet, wird garantiert nicht brüllen, oder das Messer zücken, sondern mit Verständnis auf den anderen zugehen und handeln, statt blind zu reagieren.

Welcher Zustand steht denn nun der Kontrolle / Angst gegenüber ? VERTRAUEN, und häufig damit verbunden GLAUBEN. Wer vertraut, befindet sich in der Liebe. Er wird von positiven Gefühlen, Gedanken und Erwartungen getragen und hat Kontrolle nicht nötig, er weiß ja, dass sein Vorhaben / Projekt gut ist und am Ende Erfolg haben wird.
Alles, was gut und richtig ist, hat immer auch ein gutes Ende. Und solange es das gute Ende noch nicht gibt, ist der Weg auch noch nicht zu Ende.

Und alle Vorgesetzten / Institutionen, die ihre Mitarbeiter / Bürger mit Kontrollen strapazieren und lenken wollen, haben fast immer selber in ihr Ziel selbst kein Vertrauen und schon überhaupt nicht in die Mitarbeiter / Bürger.
Zurecht, da erstens die Ziele von oben nach unten delegiert werden und auf jeder Stufe wesentliche Teile der Begründung und des Sinns verloren gehen.
Die Frage, die sich aufdrängt ist, was und wie soll sich eine Idee / Vorhaben positiv entwickeln, wenn schon der Initiator kein Vertrauen hat und aus lauter Unsicherheit, Mißtrauen und Angst zig Kontrollen und Mechanismen für den Weg zum Ziel einbaut ?
Diese Frage kann sich jeder Leser selbst beantworten. Solltest Du zu dem Ergebnis kommen, wie sehr viele Menschen, alles Quatsch, Kontrollen

sind super und müssen sein und mit Angst / Unsicherheit / Machtlosigkeit hat das alles nichts zu tun, dann kannst Du dieses Buch jetzt spätestens aus der Hand legen.

Unsicherheit, Zweifel, fehlender Glaube, fehlendes Vertrauen sind in letzter Konsequenz Angst und Dunkelheit. Stell dir mal vor, wie ein Kuchen schmeckt, der aus diesen Zutaten gebacken wird. Probiere ihn, Du spuckst ihn aus.

Der Erfolg einer Idee / Vision / Projekt steht und fällt nicht mit der Anzahl der Beteiligten oder den eingebauten Kontrollen, sondern mit der inneren Einstellung der daran beteiligten Personen und deren Begeisterung, aus dem großen Warum.

Es ist also extrem wichtig, dass jeder Initiator selbstsicher (in seinem Inneren, nicht als Maske im Aussen) ist, einen festen Glauben und Überzeugung hat, ein großes Warum, im unbeirrten Vertrauen ist und einen Sinn / Nutzen / Mehrwert in dem Vorhaben sieht. Nicht nur für sich und seine Ideen, sondern auch für alle anderen Beteiligten.

Aus diesem Gefühl heraus sollte er dann versuchen  Mitstreiter zu gewinnen, die er inspiriert und überzeugt. Dann ist der Erfolg vorprogrammiert und es besteht keine Notwendigkeit jedem Einzelnen nun auch noch den genauen Weg vorzugeben, den dieser zu beschreiten hat, enge Leitplanken zu setzen und immer wieder Erfolgskontrollen einzubauen. Das sind alles dämpfende Einflüsse, die die Zielerreichung verlangsamen, verteuern und  sabotieren.

Natürlich ist es, auf dem Papier, trotzdem möglich das ausgegebene Ziel mit Kontrollen zu erreichen, in dem man im Nachherein die Parameter noch anpasst, oder so lange an der Statistik rumschraubt, bis sie passt. Beliebte Hilfsmittel in Großkonzernen und Behörden.

Glaube keiner Statistik, ausser Du hast sie selbst gefälscht.

Fast überall in unserer Gesellschaft, Staat, Politik, Kirche und Unternehmen wird bis heute mit Zielen, gleich Gängelung und Unterdrückung, gearbeitet. Es gibt in der Regel nur den Weg von Oben nach Unten. Die Unten werden nur als ausführende Organe gesehen und gebraucht. Ausserdem haben sie „keine Ahnung", zu wenig Wissen, keinen Überblick und schon gar nicht die Übersicht für das „Große Ganze". Was könnten für Produkte, Dienstleistungen und Ergebnisse geschaffen werden, wenn der Weg von Unten nach Oben genutzt werden würde und die angeblich Ahnungslosen „Sklaven" ihre Ideen, Erfahrungen, Kundenfeedback etc. in Vorschläge und Projekte nach oben geben würden und dann natürlich auch selber an der Umsetzung mitarbeiten dürfen?

Beim alternativen Weg ist die Begeisterung und Kreativität aller, incl. Eigenmotivation,  so groß, dass jedes Projekt getragen und automatisch zum optimalen Ergebnis gebracht wird. Dann machen auch selbstgesteckte Ziele einen Sinn. Wobei ich das Wort Vision bevorzuge.

Dieser andere Weg basiert, nach meinem Verständnis, immer auf einer VISION.
Eine Vision ist eine gedankliche und stark mit positiven Emotionen verbundene Vorstellung / Wunsch, auf den man gezielt hinarbeitet.

Dieses Prinzip, durch VISION zum Erfolg, gilt im Großen und im Kleinen und es betrifft uns alle. Im Privatleben, als auch im Berufsleben. Und jeder kann und darf damit arbeiten.

Stell Dir also im Geist das fertige Ergebnis Deines Herzenswunsches / Idee vor und versuche es zu visualisieren, ein Bild vor Deinem geistigen

Auge entstehen zu lassen. Viele werden behaupten, das kann ich nicht. Stimmt, wenn ich schon glaube es nicht zu können, dann werde ich Recht haben und es nicht können.

Wenn ich aber bereit bin mir Zeit zu nehmen und es immer wieder auszuprobieren, wird es funktionieren. Falls nach zig Versuchen sich immer noch kein großes Bild einstellt, einfach mit dem Geist ein bisschen nachhelfen. Es wird auf jeden Fall ausreichen, dass sich dabei positive Gefühle im Körper einstellen, auf die es in Wahrheit tatsächlich ankommt. Diese Emotionen verbindest Du nun mit Deiner Vision, der Vorstellung. Damit ist Dein gesamtes System nun positiv auf die Realisierung ausgerichtet und Du kannst es im Körper spüren. In dem Moment, wo Du es fühlst, ist es quasi realisiert, für Deine sämtlichen Körperzellen und Dein Unbewusstes. Die „Lieferung" ist nur noch eine Zeitfrage und hängt davon ab, ob Du im Vertrauen bleibst und NICHT ständig anfängst zu kontrollieren.
Und nicht den Weg vorgibst, auf dem die Realisierung passieren soll.
Du kannst den Zeitfaktor aber unterstützen, indem Du Deine Vision immer wieder abrufst und sich automatisch die damit verbundenen positiven Gefühle wieder einstellen.

Dieses Vertrauen schafft dann auch den Mut, den Mut Dich zu 100% für die Realisierung zu entscheiden, ohne Netz und Hintertür, und dann eben auch alle sich nun auftuenden Gelegenheiten auf dem Weg einen Schritt weiterzukommen, auch zu erkennen und umzusetzen. Nur innerlich arbeiten reicht eben auch nicht aus, das Tun muss dann zwingend noch dazu kommen.

Weiterhin ist wichtig den Weg zur Realisierung Deiner Vision nicht mitzudenken und ihn nicht vorzugeben. Nur das Ergebnis ist wichtig, der

Weg spielt keine Rolle. Der Fokus Deines Unbewussten ist jetzt völlig frei auf Deine Vision ausgerichtet und wird jede Gelegenheit zur Realisierung erkennen und nutzen. Besser als Du es je könntest. Du musst nur abwarten, bis das gute Ende / Ergebnis da ist. Beschreite Deinen Weg in Deinem Gefühl und in Deinem Tempo.

Zeit spielt ja keine Rolle, da sie eine rein menschliche Erfindung ist, gibt es sie in Wahrheit gar nicht. Sie hat tatsächlich keine reale Bedeutung.

Mit der Wiederholung dieses Vorgangs, auch in Meditationen, kannst Du den Prozeß noch stärken und besser im Körper verankern.

# „Kümmere Dich um die Bestellung Deiner Felder und nicht um die Ernte !"
## -altes asiatisches Sprichwort-

Diese Materialisierung von Gedanken, die die meisten Menschen auf der westlichen Halbkugel im Großen für unmöglich halten, wird aber  sehr häufig und erfolgreich im Kleinen angewendet, auch von den Ignoranten, wenn es darum geht sich einen freien Parkplatz beim Fahrtziel zu bestellen. Warum aber soll nun das erfolgreiche Prinzip nicht auch bei anderen und größeren Wünschen / Vorstellungen funktionieren ? Die Erfolgszutaten sind immer die Selben. Alles im Leben funktioniert wie im Kleinen, so auch im Großen !

Und alles, was Du einmal geschafft hast, wirst Du immer auch ein zweites, oder drittes Mal hinbekommen. Herr Trump ist jetzt zum dritten Mal Milliardär , da er auch schon zwei Pleiten hingelegt hat.

# Im Kopf ist er immer Milliardär gewesen.

Übung macht den Meister und nach ein paar erfolgreichen Versuchen entwickelst Du automatisch ein Vertrauen in Dich und Deine Fähigkeiten. Und dieses echte SELBSTVERTRAUEN überträgt sich nun auf Dein gesamtes Leben, auf Deine Beziehungen zu anderen Menschen, Deine Gesundheit, Geld und die Größe Deiner Visionen.

Spätestens jetzt wirst Du Dich hoffentlich fragen, wozu muss ich irgendwas oder irgendwen kontrollieren, alles geschieht doch genau nach meiner Vorstellung. Wenn nicht, liegt es an Dir und Du übernimmst die Verantwortung dafür und startest den nächsten Versuch. Du musst nur für Dich eine Entscheidung treffen. Denn unser ganzes Leben besteht aus den Ergebnissen einer Aneinanderreihung von Entscheidungen. Echter Entscheidungen, die wir selbst und alleine getroffen haben, ohne Netz, doppelten Boden oder Hintertür. Umso klarer die Entscheidung, desto besser das Ergebnis.

Jede Verbesserung in Deinem Leben ist immer nur eine Entscheidung weit entfernt.

## Übernehme die Macht in Deinem Leben und gestalte es nach Deiner Vorstellung!

# **09** Der unberührte Beobachter

Du erinnerst Dich an die Begriffe „Selbstliebe, Selbstwert, Selbstvertrauen und Selbstverantwortung" ? Bei den Erklärungen dieser Begriffe habe ich Dir auch deutlich gemacht, wie man diese Eigenschaften entwickeln kann und dass sie aufeinander aufbauen und sich auch bedingen. Natürlich kann jeder für sich entscheiden, Selbstliebe und Selbstwert möchte ich haben und daran arbeite ich, Selbstvertrauen nehme ich dann ggf. als „Abfallprodukt" gerne mit, aber die Selbstverantwortung will ich für mich nicht übernehmen. Das muss man dann so akzeptieren, aber in Eigenmacht der authentische Gestalter Deines Lebens kannst Du so nicht werden. Du bleibst in der Opferrolle und wirst weiter Situationen von Ohnmacht erfahren.

Wenn Du die 100%-ige Selbstverantwortung und das Bewusstsein, dass Du alleine der Gestalter deines Lebens bist, entwickelt hast, hast Du in jeder Situation die Macht darüber, wie nehme ich das Aussen wahr, will ich es bewerten, ggf. wie, lass ich Unrat vorbei schwimmen oder reagiere ich ? Bleib ich Beobachter oder überlege ich mir eine angemessene Antwort ?

Du hast Dich nun davon gelöst, als Spielball des Lebens, der Umstände, fremder Meinungen und fremder Ziele zu leben und weitestgehend auf alles im Aussen nur zu reagieren, dann bist Du auf dem Weg zum unberührten Beobachter. Diese Entwicklung kannst Du nur erreichen, wenn Du die vollständige Verantwortung für Dich und Dein Leben zu 100% übernimmst.

*Der unberührte Beobachter*

Als unberührter Beobachter wirst Du nicht mehr auf allen Mist im Aussen prompt und emotional reagieren und Du wirst nicht mehr mit anderen Mitleid haben, Du leidest nicht mehr mit anderen. Du hast erkannt, dass Mitleid demjenigen, mit dem Du leidest, überhaupt nicht weiterhilft, Dich aber runterzieht. Wozu ? Der eine verschlechtert seine Energie für einige Zeit und dem anderen geht es nicht besser ? Was soll das, wo liegt da ein Sinn?

# Übernehme die Macht!

## Übernehme die in Deinem Leben und gestalte es nach Deiner

# Vorstellung!

Die generell richtige und angemessene Reaktion wäre Mitgefühl mit dem Leidenden. Das ist die richtige Emotion / Einstellung für uns.

Mitgefühl, ohne sich in die jeweilige Geschichte hereinziehen zu lassen, wird durch das unberührte, wie distanziertere, möglich. Es gibt Dir in jeder Situation die Chance, alle Möglichkeiten zu erkennen und abzuwägen, bevor Du eine Entscheidung triffst. Du agierst ganz souverän. Während Du im Mitleid mit drinnen hängst, und Du nur auf eine Art und völlig emotional reagieren kannst, so wie der Betroffene meistens selbst und die NIE weiterhilft. Du verengst Dein Blickfeld und Deinen Geist , wirst quasi blind.

## Eine kleine Geschichte vom Dalai Lama dazu:

Zu der Zeit, als China Tibet, das Land des Dalai Lama, überfallen und annektiert hat, hat sich der Dalai Lama zur Flucht durch den Himalaya entschlossen. Dafür hat er vier Sherpas ausgewählt, die ihn mit fünf Pferden über die Grenze bringen sollten. Die Flucht gelang im letzten Moment und die Sherpas haben Seine Heiligkeit unverletzt über die Grenze gebracht. Hinter der Grenze trennte sich der Dalai Lama von seinen Rettern, die wollten wieder zurück in die Heimat, zu ihren Familien.
Während Seine Heiligkeit seine Retter umarmte tauchte vor seinem geistigen Auge ein Bild auf, die fünf Pferde an einer Leine von Chinesen geführt und über vier Pferde hing jeweils ein blutiger Leichnam.

## Er verabschiedete sich mit den Worten: „Ich wünsche Euch eine gute Reise.“

Ja, das Beispiel ist extrem, aber gerade deswegen so aussagekräftig. Wenn ich davon ausgehe, dass alles um mich herum „nur" der von mir erschaffene Spiegel meines Inneren ist und jeder Mensch für sich und sein Leben und sein Schicksal zu 100% selbst verantwortlich ist, dann habe ich gar nicht das Recht in sein Leben, auf der Basis meiner Vorstellungen, einzugreifen, denn diese decken sich mit den Vorstellungen des anderen maximal teilweise.  Kein Coaching ohne Auftrag ! Und es besteht ja auch immer die Möglichkeit, dass ich mich irre, was dann ? Also habe ich Mitgefühl, aber kein Mitleid, ergo „Gute Reise". Die Entscheidung zur Rückkehr nach Tibet haben die Sherpas getroffen, also liegt auch die Verantwortung bei ihnen.

Viele werden an dieser Stelle den Unberührten Beobachter mit einer generellen Gefühlskälte gleichstellen, dem ist glücklicherweise nicht zwingend so. Kann in Einzelfällen aber sein. Wir sind auf diesem Planeten inkarniert, um Emotionen zu erleben und zu erfahren, die es in der anderen Welt nicht gibt. Generell alle Emotionen, d.h die angenehmen und die unangenehmen. Das Programm wäre für ein Leben wohl etwas groß, also geht es bei jeder Inkarnation um spezielle Emotionen, die dran sind, nicht alle. Viele Situationen bedingen mehrere Menschen, um sie überhaupt zu ermöglichen.
Und jeder hat dann in so einer Co-Kreation seinen Part und seine Emotion. Für uns geht es  aber um UNSERE Emotionen und nicht die der anderen. D.h. Mitleid zieht  uns nach unten, schlechte Schwingung und wenig Energie, plus verlorene Lebenszeit, hilft dem Bedürftigen leider in keiner Weise weiter. Und Dir auch nicht. Das Thema Mitgefühl hat im Buddhismus überhaupt eine große Bedeutung, da es jedem großartige Möglichkeiten eröffnet, sich negative Erfahrungen im eigenen Leben zu ersparen. Ich habe ja bisher in den Raum gestellt, dass der Mensch ( wir westlichen ) erfahrungsgemäß nur aus eigenen gemachten Erfahrungen wirklich etwas lernt. Das gilt für mich und auch so für die große Masse westlicher Menschen.

Eher wenige westliche Menschen haben aber trotzdem verstanden, dass es wichtig und vorteilhaft ist, aus Erfahrungen anderer zu lernen und sich Weiterzuentwickeln. Nicht nur um eigene Schmerzen zu vermeiden.

Das interessante ist, unsere Seele will während ihrer Inkarnation hier auf der Erde auch Erfahrungen sammeln, die sie nach dem körperlichen Ableben dann mitnehmen kann. Und Seelen sind glücklich, wenn sie viele Erfahrungen machen / sammeln können. Der Clou dabei ist, für unsere Seele macht es keinen Unterschied, ob es sich um eine reale, selbsterlebte Erfahrung handelt, oder um ein geistiges Durchleben. Wenn wir uns die Zeit nehmen und uns in allen Einzelheiten und in allen Schritten etwas vorstellen und möglichst visualisieren und dabei dann auch die dazugehörigen starken Emotionen spüren, dann hat die Seele ihre Erfahrung abgespeichert. Ihr reicht ja immer eine Erfahrung, egal ob körperlich durchlebt, oder geistig, und auch egal, ob eine schöne oder negative Erfahrung. Wir erinnern uns, Seelen inkarnieren um Emotionen zu erleben. Hauptsächlich solche, die sie bisher noch nicht erfahren haben. Und Seelen kennen keine Wertung, für die ist alles einfach nur. Ergo sind der Seele die negativen Erfahrungen und Emotionen genau so recht, wie die positiven Gefühle, nach unserer Wertung. Also ist sie nach dem geistigen „Durchleben" dann zufrieden und erspart Dir die konkrete Erfahrung in Deinem weiteren Leben selber real machen zu müssen.
Auf diesem Weg kannst Du auch alle Situationen und Dinge Schritt für Schritt abarbeiten, vor denen Du Angst hast. Nach dem virtuellen Erleben hat Deine Seele kein Interesse mehr, Dir diese Situation noch mal im „echten" Leben zu bescheren.

So leben Buddhisten also sehr stark ihr Mitgefühl aus und „schnorren" so aus den Erfahrungen der anderen und ersparen sich so viel Elend im

Leben. Der letzte wichtige Baustein dieser Überzeugung und Lebenseinstellung dreht sich um die Entscheidungen.

Die meisten Menschen haben sehr große Schwierigkeiten generell überhaupt Entscheidungen zu treffen. Das liegt an unserer Gesellschaft und unserer Familie. Da wird uns schon im Kindergarten beigebracht, immer in der Gruppe zu sein, nicht zu stören und auch sonst so angepasst und pflegeleicht wie möglich zu sein. In der Schule findet dann die Fortsetzung und Vertiefung statt. Und zuhause ? Gewohnheitsmäßig treffen bis zum Auszug aus der elterlichen Wohnung und der Unabhängigkeit vom elterlichen Scheck, immer andere die wichtigen Entscheidungen in unserem Leben, mindestens mal die ersten zwanzig Jahre. Und dann kommt es ganz dicke, jetzt müssen wir uns gleich um alles auf einmal kümmern und entscheiden. Das fällt, mangels Übung, den meisten Menschen schwer und ändert sich im Laufe des Lebens nur bei wenigen. Und weit und breit keine echten Ratgeber, alle anderen sind ja wie wir aufgewachsen.

Daher auch unsere Begeisterung für einen Sozialstaat, der uns fast alles vermeintlich abnimmt.

Das ganze Leben besteht aus einer Aneinanderreihung von Entscheidungen. Bei jedem ist das so und wir können davor nicht weglaufen. Wenn wir den Kopf in den Sand stecken und vermeintlich keine Entscheidung treffen, dann haben wir eben doch gerade eine Entscheidung getroffen, keine Entscheidung zu treffen.

# DAS IST DIE DÜMMSTE ENTSCHEIDUNG IN JEDEM LEBEN !

Die Qualität Deiner Entscheidungen bestimmt ganz direkt die Qualität Deines Lebens. Daher ist es so wichtig möglichst viele bewusste Entscheidungen immer wieder zu treffen, es fällt uns dann immer leichter und die Qualität der Entscheidungen verbessert sich immer mehr. Das Ziel ist es am Anfang, dass mindestens eine Entscheidung am Tag mehr richtig als falsch ist. Mit Vertrauen und Übung werden es dann irgendwann mal 80 bis 90% sein. Nur richtige Entscheidungen geht leider meistens nicht. Ist aber egal, da bei einer Quote von deutlich höher als 50%, der langfristige Trend Deiner Lebensentwicklung nach oben zeigt. Wir alle haben jede Sekunde immer wieder die Möglichkeit neue Entscheidungen zu treffen, auch völlig gegensätzliche zu den gestrigen. Warum nicht ? Wenn uns heute andere Erkenntnisse zu eigen sind, oder wir nur ein anderes Gefühl haben, dann los. Wichtig ist bei jeder Entscheidung, sie soll Dir dienlich sei ! Wenn sie auch für andere positiv ist, prima. Aber andere Menschen dürfen bei der Entscheidung selbst keine Rolle spielen. Du willst der selbst ermächtigte Gestalter DEINES Lebens werden.

Klar ist, jede Entscheidung für etwas, ist automatisch auch eine Entscheidung gegen alle möglichen Alternativen und wir wissen vorher meistens nicht, was für uns richtig ist. Aber wenn wir feststellen, die Entscheidung war nicht optimal für uns, hindert uns niemand daran eine neue, andere Entscheidung zu treffen.
Try and error, ist unser Weg durchs Leben. Mit zunehmender Anzahl bewusster Entscheidungen werden diese auch qualitativ deutlich besser. Es lohnt sich damit anzufangen.

**Verantwortlich ist man nicht nur für das, was man tut, sondern auch für das, was man nicht tut.**

**- Laotse -**

Dazu noch ein Satz, den Du bei jedem Deiner Vorhaben einsetzen kannst: „Ich kann ......(alles), auch wenn ich noch nicht genau weiß wie !" Der Fokus ist justiert und den Weg regelt das Universum / Gott.

# 10 KRANKHEIT, FLUCH ODER CHANCE?

Wie alles im Leben ist natürlich auch dieses Buch sehr subjektiv, die Meinung einer einzelnen Person, meine.

Da ich mich die letzten knapp vier Jahre auch kontinuierlich mit einer chronischen Darmentzündung und allen wunderbaren Begleiterscheinungen auseinandersetzen durfte, habe ich mir in dieser Zeit auch eine eigene Meinung zum Thema Krankheit gebildet.

Die ersten sechzig Jahre meines Lebens hat mein Körper gemacht, was ich ihm gesagt / von ihm verlangt habe, klaglos. Krankheit kam in meinem Leben nicht vor und war für die anderen. Ich habe fast immer Sport getrieben und mich schon seit über dreißig Jahren mit Nahrungsergänzungsmitteln beschäftigt. Mit Ernährung nur ansatzweise, bis ich vor ca. fünfundzwanzig Jahren langsam den Ursachen einer Migräne auf die Schliche kommen wollte und am Ende bei meinen Essgewohnheiten landete, fettes Grillfleisch und obendrauf Süsskram. Da rebellierte meine Galle und ich hatte am nächsten Tag Migräne. Seit dieser Zeit nie wieder. Seit dem, ganz langsam, wuchs auch die Bedeutung und Qualität meiner Ernährung.

Ansonsten war ich mit einem, für Männer, recht niedrigen Schmerzempfinden ausgestattet und hatte für die ganzen „Weicheier und Jammerlappen", die sich mit Schnupfen ins Bett legen, überhaupt kein Verständnis.

2010 hat ein Mitarbeiter aus Wermelskirchen ein ganz schönes Weihnachtsgeschenk für alle zu unserer Weihnachtsfeier in der Firma mitgebracht, die Schweinegrippe. Drei Tage später lagen alle flach, auch meine Frau und Tochter, die mitgefeiert hatten. Da es zu dieser Zeit um die Existenz unserer Unternehmensgruppe ging, Thema Bankenkrise, waren einige wichtige Termine mit Banken in den Tagen danach vereinbart, auch auswärts. Die habe ich alle wahrgenommen.

Heute würde ich das anders handhaben.

## Kurz, Gesundheit und Fitness liegen an einem selbst und sind eigentlich naturgegeben :).

Nach meinem großen Knall Ende 2012 und der dann langsam einsetzenden Neuausrichtung und Veränderung, lernte ich alle möglichen unterschiedlichen Energieformen kennen, eine ganz neue Art zu Denken und zu Fühlen und entschied mich für eine neue berufliche Ausrichtung als Trainer und Coach. Genau zu diesem Zeitpunkt meldete sich dann mein Körper und versuchte mich, anfangs ganz vorsichtig, an ihn und seine Bedeutung zu erinnern. Der Versuch schlug fehl, ich hatte eine Reise vor, die in keinster Weise gefährdet werden durfte, Körper Du musst warten, ich habe keine Zeit für Dich !

Er wartete natürlich nicht und die Colitis breitete sich immer weiter aus und gab immer mehr Gas. Mitte Dezember, bei Tony Robbins in Florida, musste ich fast stündlich auf die Toilette. Alle Ärzte, die ich danach dann konsultierte, haben mir ihr Unverständnis für mein Verhalten zum Ausdruck gebracht und klar erklärt, wärst Du gleich gekommen, das hätten wir ganz schnell wunderbar in den Griff bekommen. Es war meine Entscheidung und meine Verantwortung, ja, aber am Ende ist natürlich die gesamte Familie davon betroffen und es hätte wohl anders laufen können. Große Entschuldigung. Was Du hieran erkennen kannst, es reicht manchmal nicht, nur die Verantwortung zu übernehmen, sondern Du solltest auch jede Chance für verantwortungsvolles Handeln nutzen, Dir selbst gegenüber und allen anderen um Dich herum.

 WIE NUN SOLLTEST DU IM IDEALFALL
# 10.1 WIE NUN SOLLTEST DU IM IDEALFALL MIT KRANKHEIT UMGEHEN ?

Zunächst mal hier meine heutige feste Überzeugung zu dem Thema grundsätzlich. Richtige Krankheiten sind immer Ausdruck unserer Seele, die kein anderes Ventil oder Kommunikationsmittel hat, ausser den Körper. Unsere Seele ist uns vom Grundsatz her sehr wohlgesonnen und macht daher mit kleinen Warnzeichen im Körper auf sich aufmerksam. So lange und mit kleinen Steigerungen, bis Du innehältst und anfängst, um Dich zu kümmern. Dafür ist Krankheit da, mach Pause, ruhe Dich aus und kümmere Dich um Dich. Der Rest ist im Moment egal und muss warten. Um so früher Du die Hinweise erkennst und reagierst, desto besser für Dich und alle anderen. Nimm Dir diese Zeit und frage Dich, was soll mir diese Krankheit sagen und was steckt dahinter ? Wo bin ich von meinem Weg abgekommen, wann habe ich mich / meine Ideale verraten ? Lebe ich noch mein Leben, oder nur noch die Ideen und Ansprüche anderer ? Habe ich noch richtig Spaß an meinem Leben ? Die Wahrscheinlichkeit, dass Du Dir diese Fragen mit negativen Erkenntnissen beantworten musst ist sehr groß. Nutze also diese Zeit und räume in Dir auf und richte Dich neu aus. Das hilft auch bei Deiner Gesundung und schützt Dich vor weiteren Krankheiten und Steigerungen. Das ist selbstverantwortliches Handeln, zu dem auch gehört, dass Du entscheidest, ob Du einen Arzt aufsuchst, oder einen Heilpraktiker bzw. andere alternative Heiler. Und Du solltest Dich auch vorher über die entsprechende Person informieren und mit ihr jede Verordnung besprechen und Dir genauestens erklären lassen, mit allem Für und Wider. Und dann triffst Du die Entscheidung, ob Du die Verordnung befolgst, oder eben nicht. Frage auch immer nach Alternativen.

Ich habe meine explodierte Krankheit auch nur, Stück für Stück, durch diesen Weg in den Griff bekommen, unterstützt durch sehr viel innere

Arbeit. Dabei habe ich mir auch, immer wieder, Unterstützung von Aussen geholt. Um mehr Klarheit zu bekommen, oder auch um den Weg zu beschleunigen. Ganz besonders hat mir eine sehr spirituelle Aufstellerin aus Bremen geholfen, Filomena. Mit ihr kann man Termine vereinbaren und diese dann über WhatsApp Videoanrufe wahrnehmen. Da sind Familien- und Ahnenthemen hochgekommen, und auch Glaubenssätze und Blockaden, unvorstellbar. Aber Schritt für Schritt haben wir sie, in zig Sitzungen, aufgelöst und es fühlt sich hinterher deutlich besser und leichter an. Ein Tip noch dazu, den habe ich von einer ehemals schwer kranken Kundin meiner Frau, stell Dir vor, Du bist in Deinem Körper in dem kranken / geschädigten Bereich mit einem Pinsel unterwegs und reinigst mit dem Pinsel alle betroffenen Organe von innen und von aussen. Du pinselst alle kranken, degenerierten, abgestorbenen und entarteten Zellen einfach weg. Das wiederholst Du täglich, auch wenn das Krankheitsbild schon verschwunden ist, damit es nicht wieder kommt. Bis vor vierzig, fünfzig Jahren wurden noch fast alle Krankheiten durch Bettruhe kuriert, dann setzte die große Zeit der Pharmakonzerne ein, die uns in die totale Abhängigkeit ihrer Produkte getrieben haben und aus der Selbstverantwortung raus.

# Wie, fragst Du Dich ?

Durch ihre Medikamente. Nach meiner Meinung sind die meisten Medikamente eher ein Fluch, denn ein Segen. Frag Dich mal, oder google die Frage, wieso genau in dieser Zeit epidemieartig zig tausend neue Krankheitsbilder, Bakterien und Viren zu uns gelangten, die bis dato niemand kannte und schon gar nicht brauchte. Der gerade aktuelle Coronavirus ist dazu ein schönes Beispiel. Er wurde in 2019 in chinesischen Labors durch experimentieren künstlich hergestellt. Warum und wofür interessiert mich dabei nicht. Aber er ist den Chinesen aus dem

Ruder, sprich aus dem Labor, gelaufen. Und nun haben wir alle was davon.

Was aber generell viel schlimmer ist, es gibt heute kein Medikament, ohne irgendwelche, manchmal sehr extreme, Nebenwirkungen. Ich weiß, wovon ich hier schreibe, alles selbst erlebt. Diese Nebenwirkungen schaffen wieder neue Krankheitsbilder und müssen nach der Logik der Pharmazeuten und der meisten Ärzte, wieder mit anderen Medikamenten bekämpft werden. Ein wunderbarer Teufelskreis und so profitabel für die sogenannte Gesundheitsindustrie, die uns de facto nur in Sucht und Abhängigkeit hält und in einer Art Schwebezustand, zwischen leichter Verbesserung und neuer Krankheit. Das sogenannte Gesundheitswesen lebt komplett von Krankheit und nicht von Gesundheit. Das sollte man wissen und berücksichtigen, wenn es darum geht, wie will ich weiter leben. Der einzige Mensch, der ein echtes Interesse an Deiner dauerhaften Gesundheit hat, bist Du selbst. Ergo musst Du hier wieder, wie generell in allen anderen Bereichen auch, in die Selbstverantwortung kommen. Und das beginnt schon ganz weit vorne, bei der Ernährung und Bewegung. Es spricht aus meiner Sicht also alles dafür, sich möglichst gesund, abwechslungsreich und auf Bio-Basis zu ernähren. Nahrungsergänzungsmittel muss man heute fast zwangsläufig zu sich nehmen, da selbst in Bio-Produkten, Obst und Gemüse, nur noch rund ein Drittel der positiven Inhaltsstoffe und Vitamine enthalten sind, wie vor etwa fünfunddreißig Jahren.

Und die ganzen Pharma-Spritzmittel sind sicher nicht gesund.

Ob jemand vegan oder vegetarisch lebt, ist mehr eine Glaubensfrage. Alle möglichen Studien können heute allerdings belegen, dass der Genuss von rotem Fleisch das Darmkrebsrisiko deutlich erhöht. Zucker ist heute einer der größten Gesundheitskiller in unserer Gesellschaft. Es gibt immer in Nahrungsmitteln NUR zwei Geschmacksträger, Fett und Zucker. Heißt im Klartext, ohne einen dieser Stoffe, oder beide, schmeckt unser Essen nicht. Deshalb gibt es auch in diesen Verdummungsangeboten, zuckerfrei bzw. fettfrei, nie beides auf einmal. Es wird immer die Dosis des einen ersetzt, durch eine erhöhte Dosis des anderen. Daher auch die große Anzahl von über 120 Kg-Menschen, die sich ständig wundern, dass sie immer noch zunehmen, obwohl sie doch fettfrei essen, oder zuckerfrei. In vielen Fällen wird Zucker auch durch chemische Ersatzstoffe ersetzt, ganz super. Diese Ersatzstoffe haben dann zwar keine Kalorien, aber im Blut beim Stoffwechsel die selbe Wirkung wie Zucker. Sie öffnen die Zellen, damit dort Depots angelegt werden können, Hüftspeck. Heißt also, Fette ja, die braucht der Körper in einem gewissen Umfang. Aber keine Transfette, sondern gute, gesunde Öle, kalt gepresstes Olivenöl, Walnussöl, Leinöl und Hanföl. Zucker grundsätzlich nein. Wenn Du Speisen und Gerichte, oder Backwaren unbedingt etwas Süsse beigeben willst, nimm Kokosblütenzucker, Birkenblütenzucker, Bio-Honig oder Bio-Ahornsirup. Und verzichte, so viel wie möglich, auf „billige" Kohlehydrate, d.h. alle Arten von Teig- und Backwaren, speziell wenn sie auf Weizenbasis sind. Dein Körper verstoffwechselt diese Produkte faktisch wie Zucker. Das gleiche gilt für alle Arten von Süßgetränken und natürlich für jede Art von Alkohol. Täglich ein Glas Rotwein ist sehr gesund, durch das enthaltene OPC aus den roten Traubenkernen. Mehr schädigt in vielfacher Hinsicht. Alkohol ist im Stoffwechsel auch reiner Zucker.

Zusätzlich solltest Du Dich an der frischen Luft möglichst viel bewegen. Ergänzend dazu kann ich Yoga sehr gut empfehlen. Alle Arten von extremem Ausdauersport sind für Deinen Körper sehr schädlich, vor allem mit zunehmender Dauer und zunehmendem Alter. Sie laugen den Körper aus und lassen Dich schneller altern, hinzu kommen Risiken für Knochen und vor allem die Gelenke, große Ausnahme ist Schwimmen. Guck Dir mal Bilder von Triathleten an, oder Sebastian Schweinsteiger, mit

Mitte dreißig ist er grauhaarig und sieht älter aus, als mancher Fünfzig-jährige.

Zusätzlich, quasi zur Vorbeugung späterer größerer Erkrankungen, und zur inneren Entspannung, zwei weitere Punkte. Viel und regelmäßiger Schlaf, am besten noch deutlich vor Mitternacht, und Meditieren. Meditieren unterstützt Dich zusätzlich zu den positiven körperlichen Aspekten, auch auf Deinem Weg zu Deinem Inneren und zur Veränderung und zum persönlichen Wachstum.

Wer nach diesen Tips und Hinweisen lebt, schafft automatisch in seinem Körper ein recht hohes Energieniveau. Wenn Du das dann noch durch entsprechende innere Arbeit ergänzt und unterstützt, dann bist Du schon ganz weit vorne und in der Lage, Deine Zukunft und Dein Leben zu gestalten. Mit einer hohen Schwingung funktioniert das super.

## Alles selber ausprobiert und erfahren.

# 11 SYSTEME UND BEWUSSTHEIT, IHRE BEDEUTUNG FÜR DEINEN WEG

Zunächst einmal können wir ganz grob in zwei Arten von Systemen unterscheiden, die Ordnungssysteme wie Religionen, Hierachien im Staat, Unternehmen und anderen Organisationen, unser Bildungssystem etc. und die Arbeitsweisen, systematische und persönliche, individuelle und intuitive.

Alle Arten von Ordnungssystemen haben einen klaren Zweck, sie wollen diejenigen schützen, die sich das System ausgedacht haben, vor allen anderen. Es geht darum Macht, ggf. auch Geld, in einem möglichst kleinen Kreis zu halten und allen anderen den Zugang zu verweigern, oder den Zugang doch so schwer und langatmig wie irgend möglich zu machen. Das schafft man durch möglichst viele Ebenen, die nur schrittweise erklommen werden können und durch immer neue und schwierigere, meistens auch teurere, Qualifikationsanforderungen. Das kennt jeder von uns aus z.B. Stellenausschreibungen. Beim Staat und in politischen Parteien teilweise ersetzbar durch Dienstjahre. Das ist das schlimmste Kriterium, da es über den Menschen NICHTS aussagt und keine Qualität garantiert für die jeweilige Position. Zwanzig Jahre, davon beispielsweise die Hälfte krankgeschrieben, Erziehungsurlaub oder wegen anderer

Dinge freigestellt, das kann ja grundsätzlich keine Qualifikation sein. Unser Bildungssystem und damit seine Abschlüsse, ist da kaum besser. Im Grundsatz entstammt es noch aus Kaisers Zeiten, wer kann sich daran noch erinnern ? Es ist extrem auf Ruhigstellen, Gleichmacherei, Unterdrücken jeglicher Individualität und Kreativität ausgerichtet, persönliche Fähigkeiten, Fertigkeiten und Interessen haben dort keinen Platz. Es geht nur um Zeugnisse, die aber tatsächlich nichts aussagen.

Die inhaltliche Ausrichtung des bundesdeutschen Schulsystems ist total veraltet und vergangenheitsbezogen, man hängt noch an dem hundert Jahre alten humanistischen Bildungsideal. Ziel sind Abiturienten mit vollumfänglicher und guter Allgemeinbildung in allen unterschiedlichen Wissenschaftlichen Sparten. Da haben doch alle handelnden Politiker und Beamten den letzten Schuss nicht gehört. Vor vierundvierzig Jahren habe ich mein Abitur gemacht und schon damals war dieses Ziel faktisch unerreichbar. Jetzt mag mal jeder Leser darüber nachdenken, was es seit dem an Entwicklungen, Erfindungen, Entdeckungen und weltpolitischen und wirtschaftlichen Veränderungen auf dieser Welt gegeben hat. Davon hat quasi nichts Einzug in die Schulbücher, den Lehrplan, gehalten. Die meisten Schüler kennen sich mit aktueller Kommunikations- und Computertechnik besser aus als ihre Lehrer und sind auch größtenteils von zuhause besser equipt.

Trotzdem hat bisher kein Umdenken stattgefunden, geschweige denn Veränderung. Einzig das Uniwesen hat sich durch eine Vielzahl von privaten Hochschulen, explodierte neue Studiengänge und die neuen Abschlüsse ein Stück weit der neuen Zeit angepasst und verändert.
Das macht aber gleichzeitig die Sinnlosigkeit des Unterbaues, sprich Schulsystem, nur noch viel deutlicher. Ein System, im dem der reine geistlose Fleiß immer noch viel Erfolg und gute Zensuren, ermöglicht. Und wo das nicht reicht, treten die Helikopter-Mütter an und schreiben

ihren Kindern die Hausaufgaben und setzen die Lehrer wegen der „ungerechten" Zensuren massiv unter Druck. Kein Wunder, dass sehr viele Lehrer da frühzeitig kapituliert haben und alles daran setzen, möglichst vorzeitig in Pension zu kommen.

Das führt dann zu einer weiteren qualitativen Verschlechterung des Schulsystems, da der schon vorhandene Lehrkräftemangel weiter vergrößert wird. Von den meisten sogenannten Seiteneinsteigern bei den Lehrern kann man kaum eine adäquate Leistung erwarten.

Ich schreibe das alles noch mal recht ausführlich, um deutlich zu machen, in was für einem Umfeld wir leben und wie Systeme praktisch wirken. Sie halten uns klein, dumm und möglichst ruhig. Das ist allen Systemen gleich.

Aus meiner Sicht ist es wichtig, das zumindest mal zu sehen und zu erkennen, dass wir ja alle aus diesem System stammen und in ihm leben. Und nein, es ist nicht einfach sich innerlich daraus zu lösen und einen eigenen Weg zu gehen. Dazu gehört sehr viel Mut, Selbstvertrauen und eine klare Vision für das eigene Leben. Um aber ein selbstbestimmtes und in voller Eigenverantwortung selbst kreiertes Leben führen zu können, müssen wir uns von dem Alten zumindest innerlich lösen. Wichtig ist dabei aber auch zu sehen, seit Jahrtausenden läuft es auf diesem Planeten so und großartige Veränderungen, meistens kurzzeitig, sind nur dann eingetreten, wenn die Oberschicht den Bogen der Unterdrückung uns Ausbeutung zu sehr überspannt hat. Dann hatten zunehmend mehr Menschen das Gefühl, dass sie nichts mehr zu verlieren hatten. Solange wir noch gefühlt etwas zu verlieren haben, lehnen wir uns nicht auf. Vereinzelte Herrscher haben das erkannt, daraus wurde dann „Brot und Spiele" im Alten Rom. Heute ist das so ganz anders nicht, wir haben ein

Wahlrecht, und es ändert sich nie was, und ein unglaublich großes Freizeitangebot, dass vom Nachdenken ablenkt.

Hinzu kommt, dass die meisten Menschen Systeme lieben, sie geben ihnen vermeintliche Sicherheit, man glaubt immer zu wissen, woran man ist. Was darf ich, was nicht und wenn ich artig bin, bekomme ich ein Fleißsternchen. Uns wird das notwendige Eigendenken abgenommen. Das wichtigste im System ist aber die Sicherheit, nach der alle streben und die uns Menschen so wichtig ist. Das alles ist um so erstaunlicher, da wir alle, ganz tief in uns drin, wissen, dass es keine wirkliche Sicherheit hier gibt. Ganze zwei Dinge sind wirklich sicher, unser Tod, irgendwann, und die ständige Veränderung und Wandel. Wir müssen das System nicht bekämpfen und zum großen Revolutionär werden, aber frei davon. Wie bereits ausgeführt, ist es nicht nützlich gegen etwas zu sein und dagegen zu kämpfen, energetisch wird das Alte nur gestärkt. Und wir sollten die Grenzen im Bewussten und vor allem im Unbewussten sehen, die die Herkunft aus diesem System mitgebracht hat. Nur dann sind wir, jeder für sich, in der Lagen, diese Grenzen zu erweitern und uns innerlich zu entwickeln und zu wachsen.

Wenn eine Spezies, der Mensch, jahrtausende in Systemen gelebt hat und von Generation zu Generation frühkindlich entsprechend programmiert wurde, dann können wir davon ausgehen, dass dies für uns ein völlig normaler, unantastbarer Zustand ist, quasi wie Erbgut. Und dann ist es für alle darin lebenden auch völlig normal, dass von allen Menschen in ihren Bereichen auch systemisch gearbeitet wird. So weit so gut, aber ist es dann auch logisch, dass wir zur Veränderung des Systems, in uns, auch mit systemischen Programmen , Techniken und Tools arbeiten ? Meiner Meinung nach ist das der Versuch, den Teufel mit dem Beelzebub austreiben zu wollen, oder Feuer mit Feuer löschen zu wollen.

# Wer ständig das Gleiche tut, kann nicht im hundertsten Versuch ein anderes Ergebnis erwarten, als im ersten.

Im Rahmen meines Veränderungs- und Wachstumsprozesses habe ich eine Unmenge von Büchern, Workshops, Seminaren, Videos, Webinaren und Ausbildungskursen angesehen, gelesen, mitgemacht und durchlaufen. Dabei ist mir, nach einer längeren Zeit aufgefallen, dass viele Anbieter einen NICHT anleiten zu sich zu kommen, sondern einem auch nur wieder ein System umhängen wollen. Systeme, die auch wieder nur auf der Anwendung bestimmter Techniken beruhen, die angeblich jedermann helfen und auch von jedermann gelernt werden kann, um dann hinterher wieder neue „Jedermänner" zu akquirieren, um denen die Techniken gegen Geld beizubringen. Erstmal ein legitimes Ansinnen, wenn denn diese Techniken tatsächlich DAUERHAFT helfen würden und die Nutzer ihre Themen und Blockaden tatsächlich für immer aufgelöst hätten und sich ihr Gefühl und Energielevel kontinuierlich verbessern würde.

Nach meinen Beobachtungen tut es beides aber nicht und schon sind die zahlenden Teilnehmer in einer Art Abhängigkeit nach der Energie und müssen ständig neue Kurse buchen um high bleiben zu können.
Da ich noch heute mit jeweils einigen ehemaligen Kursteilnehmern in Verbindung stehe, hatte ich reichlich Gelegenheit meine Erkenntnisse mit anderen zu diskutieren. Deren Äußerungen haben mich dann in meiner Meinung deutlich bestätigt. Hinzu kommt, dass das Gros dieser selbstkreierten „Gurus" die Inhalte ihrer Programme schamlos bei Anthony Robbins abgeschrieben und kopiert haben.

Das ist dann wieder wie in allen unseren bestehenden Systemen, in diesem Fall das Schulsystem, ein halbwegs Wissender gibt an eine große Zahl Unwissender sein gelerntes, vermeintliches Wissen weiter und alle Zuhörer glauben dem Stein des Weisen gelauscht zu haben :).

Dabei wurde doch nur stille Post gespielt und was da am Ende raus kommt, kann sicher noch jeder aus seiner Kindheit erinnern. Wir wissen auch alle, dass nicht jeder Einser-Abiturient, der Medizin studiert, automatisch ein guter Arzt wird. Aufgehäuftes, nicht reflektiertes Wissen, nutzt halt am Ende nichts und bringt keine positiven Ergebnisse.

Heißt aus meiner Sicht, diese ganze Seminarindustrie ist eine riesige Abzocke, speziell wenn aufeinander aufbauenden Kurs- und Seminarsysteme dahinter stehen. Es werden dort nur Abhängigkeiten geschaffen, die Du bezahlen musst, und am Ende bist Du wieder nur in einem hierarchischen System eingestiegen, viel Geld los und es geht Dir kaum anders bzw. besser. Du hast nur Deine Umgebung gewechselt, aber keine persönliche Veränderung und schon gar kein Wachstum für Dich erreicht.

Ich hoffe Du bist jetzt nicht zu frustriert, es handelt sich nur um meine Meinung, nicht um die absolute Wahrheit. Die es ja definitiv nicht gibt. Gibt es denn Alternativen zu diesen kommerzialisierten „Suchtmodellen"? Natürlich gibt es die, auf drei verschiedene Arten. Zum einen gibt es Menschen, die mit einer besonderen Fähigkeit ausgestattet sind, wie z.B. Hellsehen, Hellhören, Hellfühlen. Oder sie haben zu Engeln, Wesenheiten und Seelen einen direkten Draht und bekommen aus dieser Welt Informationen und Hinweise. Diese Menschen leben auch häufig von ihrer speziellen Fähigkeit und lassen sich die Weitergabe ihrer Informationen über Bücher, in Sitzungen oder Seminaren auch bezahlen, was absolut in Ordnung ist. Wir leben ja alle nicht von Luft und Liebe. Hier werden aber klare, messbare und individuell bewertbare Informationen weitergegeben und keine Freibriefe an die Zuhörer verteilt, dass nun jeder befähigt ist, das selbe mit anderen Klienten durchzuführen. Und jedem zahlenden Zuhörer bleibt hinterher die Möglichkeit, die Aussagen in der Realität zu überprüfen.


Bei der nächsten Gruppe geht es um das jahrtausende alte Wissen bestimmter Naturvölker, und ausgestorbener Völker wie den Germanen und Kelten, das über ewig lange Zeiten von Mund zu Mund an ausgewählte Stammesmitglieder weitergegeben wurde, kurz den Schamanismus. Diejenigen Menschen, die sich für diesen Bereich interessieren, lassen sich in der Regel nicht nur von einem Schamanen ausbilden, sondern nacheinander von mehreren. Und sie werden immer angeleitet, alles an sich selbst auszuprobieren und zu erfahren und dabei ihrer eigenen Intuition und Gefühlen zu vertrauen. Meistens sind auch sehr unterschiedliche Wege und Erfahrungen das Ergebnis. Es wird also keine Doktrin vermittelt und verkauft, sondern ein individuelles erspüren und erfühlen. Jemand, der solche Ausbildung durchlaufen hat, wird dementsprechend feinfühlig und individuell mit seinen Klienten umgehen, falls er sich für diese Tätigkeit berufen fühlt.
Im weiteren Sinne gehört hierher auch das ca. fünftausend Jahre alte Wissen des Feng Shui und das dreimal so alte Wissen der Veden, Indien /Himalaya. Aus einem Teil dieses Wissens hat sich das Feng Shui regional später entwickelt. Auch hier handelt es sich um ewig mündlich überlieferte Inhalte, die dann sehr spät aufgeschrieben wurden. Es gibt dadurch auch diverse unterschiedliche Richtungen und jedem Praktizierenden ist dies bewusst. Ähnlich wie beim Schamanischen Wissen, wird jeder Nutzer mit der Zeit und Übung seinen individuellen Stil und Vorlieben entwickeln und seiner Intuition folgend damit arbeiten.

Die dritte Gruppe sind die Trainer und Coaches, die aufgrund ihres eigenen Lebens und Wachstums, natürlich auch mit viel Try and Error in der Szene unterwegs waren, keinerlei Systemen und Techniken vertrauen und ihre Klienten völlig persönlich und individuell betreuen und dabei ihrer eigenen Führung vertrauen. Hier wird auch sehr intuitiv gearbeitet. Mein Rat, wenn Du Dir Hilfe und Unterstützung suchst, um Dich weiterzuentwickeln und wachsen zu können, oder auch nur um einzelne Schritte zwischendurch zu beschleunigen, such Dir aus diesen Gruppen die für Dich passende Unterstützung. Da wird Dir nichts umgehängt , was evt. gar nicht  zu Dir gehört und nicht zu Dir passt.

Entscheidend für Dich und Dein Leben, seine aktive Gestaltung, ist der Stand Deiner Bewusstheit, nicht irgend welches angelesenes Wissen, oder vermeintliches Wissen, das Du auf Seminaren angesammelt hast. Das sitzt nur im Kopf. Bewusstheit ( Dein Mind ) ist unabhängig von sozialer Herkunft, finanziellem Hintergrund und angehäuftem theoretischen Wissen. Du musst sie fühlen und leben. Zur Erinnerung, unser Bewusstsein ist wie die Spitze eines Eisberges, da schauen auch nur ca. 5 % aus dem Wasser raus. Der Rest, unser Unbewusstes mit 95 %, ist unter Wasser. Da das Unbewusste zig fach schneller arbeitet als das Bewusstsein, steuert es die größte Anzahl unserer Gedanken, Emotionen und Handlungen. Basis ist hier aber in sehr großem Umfang die frühkindliche Fremdprogrammierung durch unsere damalige Umgebung. Wer das nicht weiß, oder ignoriert, wird sich also ein Leben lang auf dem Niveau eines fünf bis achtjährigen Kindes verhalten, reagieren und entscheiden. Trump, der sich, von Aussen betrachtet, wie ein egozentrisches, verwöhntes Kleinkind verhält, ist dafür ein wunderbares Beispiel. Er hat in der Zwischenzeit sehr viel gelernt und auch wirtschaftlich erfolgreich umgesetzt, aber er hat an seiner Bewusstheit nicht gearbeitet und verhält sich entsprechend.

Falls Du Dich also persönlich weiterentwickeln willst, solltest Du an diesem Thema arbeiten. Der Weg geht dabei, nach meiner Erfahrung, nur über die Auflösung der nicht förderlichen Glaubenssätze, der Auflösung von Blockaden und der Auflösung der überall vorhandenen Familien- und Ahnenthemen und -verpflechtungen.
Ohne diese Arbeit ist eine Veränderung und Wachstum von Innen nicht möglich, sondern eine rein äußerliche Maskenübung.

Erfolg ist nur über unsere Entscheidung für die eigene Veränderung möglich. **No risc, no fun :).**

# 12 TIPS UND REGELN FÜR EIN SELBSTBESTIMMTES UND ERFOLGREICHES LEBEN

Zum Abschluß, quasi als Zusammenfassung, hier noch ein paar praktische Tips für den Alltag und meine Lebensregeln für Dein machtvolles und erfolgreiches Leben.

## Zwanzig Tips

+ Gefühle und Emotionen sind der Grund unseres Daseins. Steuer sie immer in den positiven Bereich

+ In der Natur stirbt alles, was nicht mehr wächst. Also wachse jeden Tag ein kleines Stück

+ Entscheidend ist Deine Bewusstheit, soziale, finanzielle und bildungsmäßige Unterschiede haben keine Bedeutung

+ Befreie Dich vom staatlichen Bildungssystem, es hält Dich klein

+ Befreie Dich von Religion, nicht vom Glauben, auch sie will Dich klein halten

+ Unsere Seele ist reine Energie und Deine Möglichkeiten hängen von Deinem Energielevel ab. Also ernähre Dich gesund, treibe Sport und meditiere, so hälst Du Deine Energie hoch

+ Nie hatten wir Menschen mehr Möglichkeiten als heute. Entscheide Dich

+ Du kannst Dein Ziel nur erreichen, wenn Du alle Energie und Deinen kompletten Fokus darauf ausrichtetest

+ Beziehungen, die nicht auf Selbstliebe basieren, sind Kampf und Krampf. Lerne erst Dich selbst uneingeschränkt zu lieben. Die Grundvoraussetzung für alles

+ Übe Mitgefühl statt Mitleid für andere. Du ersparst Dir deren negative Erfahrungen

+ Nimm Deine Herausforderungen in Liebe an. Dann kannst Du Dein Geschenk darin entdecken und loslassen

+ Viele leben für die perfekte Nacht. Gestalte Deinen Tag perfekt

+ Bedenke, wir sind alle miteinander verbunden

+ Auch Krankheit ist eine Chance für Wachstum und Veränderung. Nimm sie an, nutze diese Zeit und übernimm die vollständige Verantwortung

+ Sei bereit den Menschen zu dienen

+ Machtlosigkeit ist nur ein Gefühl und Du kannst jedes Deiner
Gefühle verändern

+ Das Gegenteil von Leben ist Nebel, rückwärts gelesen. Nebel ist
Unklarheit und Ohnmacht, Leben ist Klarheit und Gestaltung

+ Entscheide Dich für die Liebe, die einzige Alternative ist Angst

+ Alles in deinem Aussen ist der Spiegel deines derzeitigen Innen

+ Zaubersatz für alle Deine Vorhaben:
„Ich kann ............., auch wenn ich noch nicht genau weiß wie!"

# Fünfzehn Lebensregeln

» Sorge immer gut für Dich

» Du hast immer eine Wahl, nutze sie

» Treffe klare Entscheidungen

» Sei dankbar

» Sei offen für Veränderung, sie ist die einzige Konstante im Leben

» Habe Visionen und arbeite an ihren Umsetzungen

» Bei allem was Du tust, kläre Dein Warum

» Bringe Dich vollständig ein

» Stehe für Deine Ideale und Überzeugungen ein, sei authentisch

» Gebe Dich vollständig diesem Leben hin

» Umgebe Dich möglichst nur mit positiven Menschen

» Sei zufrieden mit dem Erreichten und erfreue Dich daran, Zufriedenheit ist DAS Geheimnis

» Lasse Andere gerne an Deinen Erfolgen teilhaben

» Erwarte immer das Beste

» Übernimm die vollständige Verantwortung für Dein Leben UND Dein Geld

Dies sind Kernsätze für mich, an die ich mich versuche, täglich zu erinnern und deren Umsetzung ich ständig im Fokus habe.
Vielleicht hilft es Dir, diese fünfzehn Sätze in ein Vision-Board zu integrieren,
sie besonders hübsch auf einen Zettel zu schreiben, oder etwas ähnliches zu tun und sie dann so in Deinen Räumen aufzuhängen, dass Du immer wieder rauf schaust und erinnert wirst.
Sei nachsichtig mit Dir in der Umsetzung, der erfolgreichste Weg ist immer mit kleinen Schritten begangen worden.

Ein Leben zu gestalten und zu verändern benötigt Ausdauer und Geduld, Liebe und Vertrauen. Vor allem mit Dir selbst.

# Dabei wünsche ich Dir maximalen Erfolg.

# 13 MÄNNLICHE SCHÖNHEIT

In meiner letzten Aufstellung bei Filomena, mit ihr habe ich sehr viele Aufstellungen gemacht, hauptsächlich Blockaden, Familien- und Ahnenthemen, habe ich mein Buch aufgestellt. Ich dachte ich wäre schon fertig. Und siehe da, nein, ich war noch nicht fertig. Es tauchte dort eine Energie auf und sie wollte sich mir unbedingt präsentieren und auch in das Buch. Das ist ihr nun gelungen, das letzte Kapitel gehört ihr.

Dabei wünsche
ich Dir

# maximalen
# Erfolg.

Es ist die Männliche Schönheit, eine Liebesgnade und Urkraft und viel größer als Körper, Geist und Seele. Sie war Ewigkeiten begraben und ist das nun das Valentinstag Geschenk an meine Seele. Es geht ihr um die Schönheit der Männlichkeit, auch als Erkenntnis für die Frauen. So habe ich mich also mit ihr beschäftigt und skizziere hier, zum Abschluss dieses Buches, mal das Bild des „neuen" Mannes in dieser Zeit des rasenden Wandels und der Veränderung.

## Der neue Mann, die Männliche Schönheit von heute, ist:

- voller Selbstliebe, Selbstwert, Selbstvertrauen und übernimmt für sich und sein Denken und Handeln die volle Selbstverantwortung

- dadurch ist er innerlich frei und völlig authentisch und nicht käuflich

- er empfindet die Verantwortung für seine Familie nicht als Last

- seine Entscheidungen trifft er für sich, seine Frau trifft ihre Entscheidungen und beide gemeinsam treffen die Entscheidungen , die die Kinder betreffen

- er ist tolerant und nicht eifersüchtig, er vertraut

- er nimmt Rücksicht auf sich und seinen Körper und er nimmt auch Rücksicht auf alle anderen

- die Zeit der Vergleiche mit anderen und Competitions ist vorbei

- er ist nicht länger Sklave von Religionen, Ideologien, Systemen, Wissenschaft und Geld. Er sieht immer das große Ganze und bringt sich in Gemeinschaften ein

- er legt auf sein Äußeres wert, ernährt sich gesund und treibt Sport. Er pflegt auch seine Hobbys

- sich selbst und anderen gegenüber ist er treu und loyal. Die Bestätigung von Aussen sucht er nicht aktiv

- er ist sein eigener Antrieb, nichts von Aussen. Dementsprechend agiert er und reagiert nicht

- er lebt volle Bewusstheit und verschwendet danach weder eigene, noch fremde Ressourcen

- er lebt nach seinen Vorstellungen und nach seinen Werten, die Familie ist sein Ruhepol

- er nutzt alle sich ihm bietenden Möglichkeiten, in Übereinstimmung mit seinem Wertesystem. Er hängt sich aber nicht an sie

- bei seinen Visionen und Überzeugungen ist er aber sehr ehrgeizig

- er ist ein Schöngeist mit Interesse für Kunst, Musik, Literatur und Kultur

- er liebt die leisen Töne, die Zeit der Marktschreier ist vorbei

Soweit die Skizzierung der Männlichen Schönheit, die weit weg ist von den hergebrachten Idealen von vermeintlicher Männlichkeit.

**Mit der Hoffnung, dass Du Dich da wieder findest, oder zumindest angeregt wurdest darüber nachzudenken, welche Rolle für uns Männer zukunftsweisend ist, meine Bitte, schick mir doch dazu mal Deine Gedanken.**

alexander@knebel.li

Ganz lieben Dank.

# 14 DANK

Mein Dank gilt all denjenigen, die mir zu diesem Buch Mut gemacht haben und mich bei der Umsetzung tatkräftig unterstützt haben.

Für das mentale Wachstum gilt mein Dank besonders Anna Katharina und Filomena.

Ganz lieben Dank an Alicia, meine Tochter, für die technische Unterstützung und mein größter Dank gilt Anja, meiner Frau. Für alles, was sie mit mir durchgestanden hat, inhaltlich wäre das schon wieder ein neues Buch.

# 15 WEITERE INFORMATIONEN ERHÄLTST DU HIER

Bezwinge Deine Ängste… und gewinne ein neues Leben.

Dieses Buch beschreibt im ersten Teil meinen über sechzigjährigen Weg aus der Machtlosigkeit zum voll eigenverantwortlichen Gestalter meines Lebens.
Im zweiten Teil zeige ich DIR auf, durch welche Erkenntnisse und Tools mir diese Veränderung und Wandlung gelungen ist.
Du kannst hier miterleben, wie wunderbar Veränderung im Leben wirken kann.

**Mach was draus !**

Alexander Knebel
Trainer und Coach


Wenn Du Dich von diesem Buch und seinem Thema angesprochen fühlst und Du Dich dazu weiter informieren willst, dann gehe auf :

https://www.alexanderknebel.de/

Hier kannst Du ein kostenloses Ermächtigungsgespräch buchen.

**ERMÄCHTIGUNGSCOACHING**

Individuell, authentisch und frei von Lehren und Systemen

Ganz besonders würde ich mich freuen, wenn Du mir ein Feedback schickst, an:

alexander@knebel.li

**Haftungsausschluss**

„Die Verwendung der Informationen in diesem Buch und die Umsetzung derselben erfolgt ausdrücklich auf eigenes Risiko. Der Autor kann für etwaige Unfälle und Schäden jeder Art aus keinerlei Rechtsgrund die Haftung übernehmen. Haftungsansprüche gegen den Autor für Schäden jeglicher Art, die durch die Nutzung der Informationen in diesem Buch bzw. durch die Nutzung fehlerhafter und/oder unvollständiger Informationen verursacht wurden, sind ausgeschlossen. Folglich sind auch Rechts-und Schadenersatzansprüche ausgeschlossen. Der Inhalt dieses Werkes wurde mit größter Sorgfalt erstellt und überprüft. Der Autor übernimmt keine Gewähr und Haftung für die Aktualität, Korrektheit, Vollständigkeit und Qualität der bereitgestellten Informationen. Druckfehler können nicht vollständig ausgeschlossen werden. Weiterhin beruht der Inhalt dieses Werkes auf persönlichen Erfahrungen und Meinungen des Autors. Der Inhalt darf nicht mit medizinischer Hilfe verwechselt werden. Bei allen Erkrankungen ist immer die Hilfe eines erfahrenen Arztes, Psychotherapeuten oder Heilpraktikers hinzuzuziehen."

**Impressum**

© Autor : Alexander Knebel 2021
1. Auflage


Illustrationen: Lisa Aylin Kasch
Formatierung und Layout: Jana Schumann
Covergestaltung: Christina Reinwald /Pixabay
Kontakt: Alexander Knebel / An der Horeburg 19 / 21079 Hamburg
Telefon: 0175.7940081
Email: alexander@knebel.li
Homepage: www.alexanderknebel.de